知识与权力

明治民法立法过程研究

邹皓丹

／

著

东方出版中心

图书在版编目（CIP）数据

知识与权力：明治民法立法过程研究 / 邹皓丹著.
－上海：东方出版中心，2022.5（2023.3重印）
ISBN 978-7-5473-2000-6

Ⅰ. ①知… Ⅱ. ①邹… Ⅲ. ①民法－法制史－研究－
日本－近代 Ⅳ. ①D931.33

中国版本图书馆CIP数据核字（2022）第090963号

知识与权力：明治民法立法过程研究

著　　者　邹皓丹
责任编辑　刘　军
装帧设计　钟　颖

出版发行　东方出版中心有限公司
地　　址　上海市仙霞路345号
邮政编码　200336
电　　话　021-62417400
印 刷 者　昆山市亭林印刷有限责任公司

开　　本　890mm×1240mm 1/32
印　　张　10.5
字　　数　251千字
版　　次　2022年5月第1版
印　　次　2023年3月第2次印刷
定　　价　78.00元

序　言

　　本书借用了福柯"知识"与"权力"的研究视角，希望以明治民法立法过程为案例，揭示法律移植的复杂性。与福柯将知识与权力抽象化为哲学概念不同，本书更希望将知识与权力具象到历史人物的行为言说当中，探讨明治维新以后，明治立法者（官僚、政治家、法学者）如何将从西方舶来的知识体系与明治制度建设的现实需要相结合，实现政治现代化。

一、政治现代化的内涵

　　上文中提及的政治现代化，在十九世纪的历史脉络中常被理解为政治西方化，本书更倾向于在日本宪政史的语境中，将其诠释为"知识制度化"。一九八四年政治思想史学者山室信一出版了其代表作《法制官僚的时代——国家设计和知识历程》一书，论述了明治时代法制官僚在明治宪法体制形成过程中实现知识制度化的历程，其中写道：

　　　　在国民国家形成与知识制度化并行的时代中，身为披荆斩棘的先驱、以井上毅为首的法制官僚虽然关心政治，但却没有如政治家般华丽跻身政治舞台；他们虽然习得当时最新的知识，却并没有如思想家、学者般留下著作，因此，他们被埋没、忘却。但是，即使被忘却，当人们蓦然思及官僚在创造明治宪法体制和官僚制度的过程中所承担的功过得失以及所受的荫庇时，他们就会因为既是知识人又是官僚的身份而受到非难。但是，他们最充分地体现了明治时代日本的知识和政治，他们象征了时代精神，他们是法制官僚。①

在此，山室将法制官僚视为日本政治现代化过程中践行知识制度化的代表，在他们的时代，法政知识成为社会形成的动力和政治实践的推动力，给予政治行动以正当性，与国民国家的形成密不可分。

《法制官僚的时代——国家设计和知识历程》的出版，为考察知识制度化过程中知识对政治的影响提供了思路。而在《文明史中的明治宪法》中，国制史学者泷井一博以政治家伊藤博文为考察对象，探讨伊藤欧洲宪法调查对明治立宪的影响，该书也指出，受到奥地利行政学者施泰因的学说影响，"明治宪法之父"伊藤博文最终确立了明治宪法制定的基本走向。② 与此类似，明治民法典立法作为知识性立法与政治性立法最终形成民法制度的过程，也可以视为知识制度化过程的一部分。

与明治宪法立法不同的是，明治民法典立法并非由法制官僚、政治家主导，而是由法学者、法制官僚与政治家联手完成，也受到当时社会上流行的政治思潮，尤其是立宪思潮的影响。因此，本书主要讨论明治日本的立法者们（政治家、官僚与法学者）在国民国家建设的过程中，如何看待、思索、解决民法立法中以法律移植为核心的学理

---

① 山室信一：《法制官僚の時代 —— 国家の設計と知の歴程》，東京：木鐸社，1999 年（1984年初版），第 377 页。

② 瀧井一博：《文明史のなかの明治憲法》，東京：講談社，2003 年。

与政治之间的矛盾，在知识与权力的互动中最终完成明治民法立法，并从政治史的角度探讨明治民法得以成立的原因、背景及具体立法过程。

二、知识、权力与立法

之所以借用福柯的视角，是因为在我看来，福柯意识到单纯的法学话语中对法律的法条性解释早已无法应对现代性危机，故而从知识与权力的视角深化了"法律"的内涵，不过他从来都没有对"法律"进行过系统性的叙述，仅将其诉诸权力话语的字里行间、只言片语。我深知解析福柯笔下的"法律"概念是一项复杂的工程，此处仅就对我个人有启发的部分加以适当论述。

有学者指出，福柯对于法律的描述存在三个层次，它"首先是（以多种形式显现的）法律本身；其次是一种权力关系网络；最后是作为权力呈现自身的法则"。[①] 我宁愿将其概括为：作为本文的法律、作为知识的法律、作为制度的法律。

具体说来，福柯所指"法律"的第一个层面，是以具体的法律形式呈现出的法律，他在《规训与惩罚》中所描述的"法律"——特指具有强制规定性与肉体惩罚性的刑法——代表了他对这一层面"法律"的认识。十八世纪的公开处刑可以作为此一层面"法律"生效的典型事例。在福柯看来，这一层面的"法律"，究其法理学本质，它并非自然法意义上永恒不变的标准、并非韦伯所谓的理性化、并非历史法学主张的民族精神的体现、并非实证主义的社会科学，而是与权

---

① Victor Tadros（1998），"Between Governance and Discipline: The Law and Michel Foucault", in Ben Golder and Peter Fitzpatrick edited, *Foucault and Law*, Ashgate Publishing Company, 2010, p.156.

力相关的本文（text）^①。福柯写道："只要犯罪发生，惩罚就随之而来，体现法律的话语，展现既与观念相联，又与现实相联的符码。这种本文（text）中的直接联系，在行动中也应该是直接的。"^② 这也同时反映了作为本文的法律，其本身存在仪式性、象征性意义。

福柯所指"法律"的第二个层面，是权力关系网络中所反映出的"法律"，是知识作用于权力后施加给社会的"规训"式影响力。在《规训与惩罚》中，福柯指出，"法律"在传统权力体系中具有司法含义；在微观权力网络中则成为规训权力的体现，知识的表达方式，为"知识的形成和权力的增强有规律地相互促进，形成一个良性循环"^③。传统司法上的"法律"可以视为"保障原则上平等的权利体系的一般法律形式"^④，规训权力中的"法律"则"具有引进不可克服的不对称性、排斥相互性的作用"^⑤，因此更具有强权性。后者具有运作的"双重进程：一方面，通过对权力关系的加工，实现一种认识'解冻'；另一方面，通过新型知识的形成与积累，使权力效应扩大"。^⑥ 据此，福柯将知识的形成与权力的征服概括为"法律"的形成方式，为理解法律的形成提供了全新的维度。

福柯所指"法律"的第三个层面，被理解为维护或者破坏传统制度的权力关系秩序，在福柯《必须保卫社会》中有所体现。我们从中可以看出，福柯反对霍布斯基于社会契约论构建出的具有合法性的理想法律形态，揭露了法律转换的对抗本质，它"不是在最初牧羊人常

---

① "text"一词作为后现代主义的常用术语，在《规训与惩罚》中被翻译成"本文"；在格尔茨《文化的解释》中被翻译成"文本"，此处采用前者的译法。
② 米歇尔·福柯：《规训与惩罚》，刘北成、杨远婴译，北京：生活·读书·新知三联书店，2003年，第124页。
③ 米歇尔·福柯：《规训与惩罚》，刘北成、杨远婴译，第251页。
④ 米歇尔·福柯：《规训与惩罚》，刘北成、杨远婴译，第248页。
⑤ 米歇尔·福柯：《规训与惩罚》，刘北成、杨远婴译，第249页。
⑥ 米歇尔·福柯：《规训与惩罚》，刘北成、杨远婴译，第251页。

去的泉水旁从自然降生，法律降生自实实在在的战斗、胜利、屠杀和掠夺，他们都有自己确实发生的时间和令人恐怖的英雄；法律生自焚毁的城市和被踩躏的土地；它的诞生伴随着伟大的无辜者在太阳升起时的呻吟"。[①] 此种对抗无时无刻不在，因为权力无处不在，"权力就是战争，它是通过其他方法继续的战争"[②]，对抗激烈时，就形成了因战争实现制度变革从而形成新秩序的法律转换机制，因此"战争是使从一个法律系统过渡到另一个法律系统成为可能的传动器"。[③] 通过战争机制，福柯将法律、战争、权力联系在了一起。福柯还进一步强调，不能忽视法律的阶级性，它"是为少数人制定的，是用于对其他人施加压力的，原则上它适用于所有的公民，但它主要是针对人数最多而又最不开化的阶级；……是一个关心秩序的社会阶层审判另一个致力于动乱的社会阶层"。[④]

通过认识福柯法律观的三个层面，我们可以发现，福柯为法学者理解"法律"提供了更宽、更广、更深的维度。法律不再是"自由之保障"，而是作为历史政治话语的表达方式，具有谱系学的偶然性，是权力关系的结果。作为本文的法律体现了权力，需要通过仪式和象征的方式对其进行权力解读；作为知识的法律内化了权力，明确了法律知识形成背后的权力支撑；作为制度的法律解构了传统权力，使其不再具有合法性，而成为权力战争和阶级斗争的产物。

在知识与权力话语下，本书希望借用福柯法律观的第二个层面，即知识与权力在法律形成过程中的相互作用，分析明治民法立法过程。作为知识表现方式的法律，在民法立法过程中意味着舶来的西方法律体系。这种西方法律体系的"西学东渐"过程并非一蹴而就，而

---

① 米歇尔·福柯：《必须保卫社会》，钱翰译，上海：上海人民出版社，1999 年，第 44 页。
② 米歇尔·福柯：《必须保卫社会》，钱翰译，第 14 页。
③ 米歇尔·福柯：《必须保卫社会》，钱翰译，第 147 页。
④ 米歇尔·福柯：《规训与惩罚》，刘北成、杨远婴译，第 311 页。

是以明治时期的翻译书籍、留学运动、雇用外国法学者赴日讲学为载体，逐步传入日本学界的。无论是法国民法典，还是德国民法典，它们作为日本进行法律移植的蓝本，在明治日本的知识语境中，究竟代表了怎样的不同于其在法德两国各自本土学界的含义，这是本书希望探讨的第一个问题。明治民法的立法过程，经历了藩阀政治和明治宪政体制两个时代，不同时代具有不同的权力结构，政治家、官僚、法学家们在不同政治结构中如何对立法施加影响力，如何利用舶来的西方法律知识，宣传各自的政治观点，影响立法决策，这是本书希望探讨的第二个问题。

三、基本史料、章节架构及其他

本书主要依靠以下基本史料撰写而成：《伊藤博文关系文书》《大隈重信关系文书》《佐佐木高行日记》《南白江藤新平遗稿》《谷干城遗稿》《伊藤博文传》《公爵山县有朋传》《世外井上公传》《井上毅传史料编》《帝国议会众议院议事速记录》《贵族院议事速记录》《大日本外交人物丛书》等民法立法与条约改正的相关资料，《明六杂志》《共存杂志》《福泽谕吉全集》《涩泽荣一传记资料》《小野梓全集》《明治文化全集》《明治文化资料丛书》《日本近代思想大系》等法思想、法文化、法制度的相关资料，《日本近代立法资料丛书》《近代日本法制史料集》《民法要义》《民法原论》《法律进化论》等民法理论的相关资料，以及《明治新闻事典》《新闻集成明治编年史》《日本之法律》《明法志丛》等相关资料。

全文共分五章。第一章论述知识继受背景下藩阀官僚主导的旧民法起草过程。明治维新、文明开化的背景下，思想家、学者在对西洋法知识的继受过程中掀起了西方法律认识相关的社会思潮。藩阀政治家受此思潮影响，以内政外交需要为立足点，不断调整自身的立法方针，选择相应的学者进行民法立法。

第二章论述了旧民法颁布引起的思想、社会层面的民法典论争。受到外部条约改正的影响，民法典从受到些微关注一跃成为舆论焦点。学者们对此进行回应，围绕旧民法延期、断行而引发的民法典论争既是学理论争，更是政治斗争。法学家纷纷以法理为武器提出政治主张，并因其倾向的对立而形成了延期、断行两派。不过，与其强调延期派、断行派背后的英国法学者和法国法学者之间的学理不同乃至分歧，更应看到他们是因政治观点对立而形成的政见派别。他们以此为出发点，纷纷著书立说、游说演讲、合纵连横，主动将知识输入到政治决策过程中。

第三章论述了旧民法的政治审议过程，它既是民法典论争的延续、学者将法律知识输入政治决策过程中的结果，也体现了政治大环境下围绕旧民法审议而暴露的种种权力斗争。最终旧民法被权力所否定，成为废案，在权力面前夭折。

第四章论述了明治民法的起草过程，它是针对旧民法修正而形成的立法成果，其中，政治家在起草过程中对于立法大原则的规定起到了决定作用，法学者作为明治民法起草的主要承担者，也延续了西方舶来法学知识的独立性。

第五章论述了明治民法的审议过程，它在一定程度上体现了知识在审议过程中通过权力对民法内容作出的些微修正，也体现了政治家在审议过程中对于明治民法命运造成的重大影响。

从知识与权力的视角出发研究民法立法过程，不但对于日本近代政治史与法制史的研究具有意义，而且对于研究日本帝国在东亚的殖民统治同样具有意义。众所周知，在国内国民国家建构和对外殖民扩张中，日本帝国得以成立。在殖民统治过程中，日本政府延续了明治民法立法过程中旧惯调查的传统，名义上以旧惯调查为依据，进行立法，实施统治。无论在被强行郡县化的琉球（冲绳）地区，还是在被强行占领的中国台湾地区、被强行吞并的朝鲜半岛，以及后来被强行占领的中国东北地区，日本殖民者进行了大量的本地旧惯调查。这些旧惯调查为殖民者的立法和统治提供了所谓话语正当性，殖民者声称，他们的立法统治乃是基于各地的风土民俗，日本为这些受其殖民统治的地区带来了文明。这种所谓话语正当性的建立，依靠的是日本自身在国民国家建设过程中的政治实践，即日本本土就是通过将其风土民情纳入制度建设的过程而实现政治现代化的。需要指出的是，通过明治民法立法过程的研究，我们可以发现，在日本近代国民国家建设的过程中，其所谓的政治文明的建立，主要依靠的是西方的法政知识，而非本土的旧惯调查。日本殖民者在上述地方进行的旧惯调查，在日本帝国殖民统治中所发挥的作用，需要脱离"殖民文明"的语境，从知识与权力的视角出发进一步探讨。这也是本人下一步希望进行研究的主题。

另外，本书的成书源于本人硕士论文和博士论文，在此，谨向给予我悉心指导的硕士生导师、复旦大学历史系教授张翔先生，博士生导师、北京大学历史系教授王新生先生，博士研讨会期间对我的写作提出建议的同门们，致以深深感谢！在本书的出版过程中，东方出版中心的相关编辑提出了很多切实的修改建议，付出了大量心力，在此也同样致以深深感谢！

目 录

序　章

民法被誉为"私法之宪法"，它"是一个国家、社会全体人民的共同生活准则"，民法的立法轨迹在某种程度上与该国社会的发展脉络同步。法典是以成文典籍的形式综合性、逻辑性、系统性呈现的法律规范，是大陆法系法律中的一种普遍而重要的法律形式。近代民族国家兴起后，民法法典化是实现法律整合的重要方式之一，其编纂动机经常与国民国家建设（state building）及其参与全球市场经济活动密切相关。

追溯历史，迄今为止人类社会经历过三次民法法典化浪潮。第一次是六世纪查士丁尼的法典编纂，留下了诸如《国法大全》等罗马法研究的宝贵资料。第二次是十八、十九世纪资产阶级革命时期的立法活动，编纂了至今仍有深远影响的多部民法典，如《法国民法典》（1804）、《德国民法典》（1896）、《瑞士民法典》（1907）等。第三次民法法典编纂运动于二十世纪七十年代兴起，方兴未艾，形成了《新魁北克民法典》（1974）、《新荷兰民法典》（1992）、《俄罗斯联邦民法典》（1993）等体现二战后时代气息的民法典。

其中，法国民法典作为近代法典化滥觞的标识，不仅是法国私法的核心，也是此后世界各国私法法典编纂的首要参考范例。"作为世界上第一部（近代）法典，它决定性地克服了以往一切封建制度的羁绊和限制，并实现了法国大革命最重要的、孕育着未来的需求：市民权利的平等，家庭法的世俗化，土地所有权的自由，经济活动自由和家庭相关问题的保护等"[①]，具有划时代的伟大意义。

就本书研究对象明治民法典而言，它公布于一八九八年六月，已逾百年，在第二次法典化浪潮的影响下诞生，与早其两年公布的德国民法典一道，被视为近代法系法典化过程中继法国民法典之后的两部标志性民法典。明治民法典同时作为亚洲的第一部近代民法典，直接影响了包括我国在内其他东亚国家的民法发展。因此，研究明治民法典及其立法过程不仅在法学研究领域具有重大意义，同时也能为探究日本、中国乃至东亚地区法律整合、国家统一和复兴的历史提供启思与借鉴。

一、问题缘起

明治民法典不同于法国民法典与德国民法典，前者发源于与近代法系截然不同的受中华法系影响颇深的东亚，属于继受法；后两者则根植于本国深厚的大陆法、罗马法传统，属于固有法。明治维新前的日本并不存在所谓的近代法治传统，也不存在近代意义上的民法，更不存在民法法典化的传统与经验。相较于固有法，明治民法典作为继受法，其立法过程包含了西方法典形态与内容移植进入日本的过程。在此过程中，以西洋法典为母体，近代法系各国的民事法律规则、私法学说、法律技术，被大量移植进来。可以说，明治民法典本质是经过明治立法者的选择、加工和改造而形成的日本式的西洋民法。

明治维新时期，日本民族国家成立的过程中，其自身面临着本国

---

① K. 茨威格特、H. 克茨：《比较法总论》，潘汉典、米健、高鸿钧、贺卫方译，北京：法律出版社，2003年，第118页。

制度根本变革和被西方殖民地化的外部压力。因此，明治民法典的立法过程也充斥着内政与外交、进步与保守、传统与近代、本土与舶来交织的重重矛盾，体现了知识与政治的相克、法学流派的纠葛、意识形态的对抗，在激烈的政治、法理、思想的冲突对抗中一波三折，具有强烈的时代性、特殊性和复杂性。

可以认为，明治民法典立法体现了不同于西洋民法典编纂的双重特殊性。其一，作为继受法立法，明治民法典立法过程反映了固有法编纂中不存在的法律移植问题；其二，作为政治立法，其立法动机来源于特定政治因素刺激，其最终版本的成型受制于当时的社会氛围与政治条件。因此，本书主要讨论，作为后发现代化国家的日本，以明治政府为中心，立法者们（政治家、官僚和法学家）在国民国家建设、富国强兵理念指引的大背景下，如何看待、思索、解决上述以法律移植为核心的学理与政治矛盾，最终完成明治民法典的立法大业；并以此为切入点，从政治过程论的视角出发，探讨明治民法得以成立的原因、背景及具体立法过程。

二、研究综述

一九九八年，明治民法一百周年之际出版的《民法典的百年》第一卷第一章中，小柳春一郎提纲挈领地勾勒了明治民法典的形成过程：明治维新伊始，江藤新平提议模仿西方制定近代民法。一八九〇年，以法国学者博瓦索纳德为中心编纂的明治旧民法（即博瓦索纳德法典）公布。随后，"民法典论争"兴起，出现要求明治旧民法延缓公布施行的法典延期运动，尤其是穗积八束发表《民法出、忠孝亡》，尖锐指责旧民法违背了日本的"淳风美俗"，引起强烈反响。受此影响，明治二十六年（1893）第三次帝国议会通过旧民法延期案。进而，政府起草新的民法典编纂方针和条文，成立法典调查会重新编纂民法典。第九次和第十二次帝国议会重新对新编纂的民法典进行审议，明治三十一年（1898）通过了新的民法典，即明治民法。①可以看出，明治民法立法过程经历了从旧民法立法到明治民法立法两个时期，"民法典论争"则是此一过程的关键转折点。一直以来，学界聚焦于"民法典论争"的性质，围绕明治民法立法得以完成的根本原因展开研究。

（一）日本学者有关明治民法立法过程的研究

　　日本学者有关明治民法立法过程的研究成果，大致可以分为五个阶段。前三个阶段主要是通过当事人回忆，研究者整理明治民法立法资料，形成对明治民法立法过程的基本认识。其中，以穗积陈重为代表的一派学者将明治民法得以成立解释为以法理观念对立为线索的历史过程。与此相对，星野通将其解释为意识形态对立基础上的历史过程。到了第四阶段，马克思主义得到复兴与发展，受此影响，以"民法典论争"为核心的明治民法立法过程受到空前重视，产生了"中村—星野论争"，他将民法立法这一法学课题引入公共学术研究领域。然而，随着马克思主义在日本的衰落，明治民法立法过程的研究不再受到重视。②第五阶段，为纪念明治民法成立一百周年，学者们重拾明治民法立法过程研究，取得了大量新成果。

---

① 参见小柳春一郎：《民法典の誕生》，広中俊雄、星野英一编：《民法典の百年》第一卷，東京：有斐閣，1998 年。

② 第一阶段是民法典实施后，对民法典进行说明和注释的时段。其代表人物首举民法典起草人梅谦次郎（1860—1910）和富井政章（1858—1935）。第二阶段是根据德国民法学和德国民法的体系解释日本民法，从而构筑逻辑体系，是民法解释论成型的时段。其代表人物当推石坂音四郎（1877—1917）和鸠山秀夫（1844—1946）。第三阶段是由末弘严太郎（1888—1951）对上述朝德国法一边倒倾向提出批判的时段。促成学术转型的末弘严太郎虽然论文和著书数量并不多，但有资格代表整个时段。我妻荣（1897—1973）作为日本民法史上迄今为止独一无二的学者，也成长于此时段。第四阶段是第二次世界大战以后的时段。川岛武宜（1909—1992）、来栖三郎（1912—1998）、矶村哲（1914—1997）可被视为此时段的代表人物。参见渠涛：《星野英一先生访谈录》，《环球法律评论》，2002 年冬季号。

1. 民法科学诞生时期

明治三十一年（1898）明治民法典出台至明治末年，这一时期作为日本真正意义上的民法科学诞生的时期，涌现了穗积陈重、梅谦次郎、富井政章三位负责明治民法典起草的法学巨擘，他们的著作是研究明治民法立法过程的最基本资料。此外，很多参与民法立法工作的当事人回忆录也保留了明治民法立法过程的诸多片段。例如：井上正一《法兰西民法对我国的影响》（1905）出版于纪念法国民法一百周年之际，其中提到旧民法起草者博瓦索纳德的历史贡献；矶部四郎《民法编纂由来记忆谈》（1913）发表于《法学协会杂志》，简述了明治民法编纂的历史过程；穗积陈重《法窗夜话》（1936）以随笔方式记录了明治民法典立法过程的许多细节。

需要指出的是，鉴于"民法典论争"是旧民法延期、明治民法编纂的转折点，在星野通提出异议以前，穗积陈重对于明治民法典论争的论断一直主宰着学界对明治民法立法得以成立之原因的看法。穗积陈重把"民法典论争"类比于一八一四年德国法学家萨维尼与蒂堡围绕德国制定统一民法典而产生的论战，认为"民法典论争"起源于学派对立，"向来两学派所执根本学说的差异，实质上起源于自然法学派与历史法学派的争论。向来法国法学派信仰自然法学说，认为法的原则超越时间空间、无论何国何时编纂法典都应遵循同一的基本原理；历史法学派则重视国民性与时代性，所以理所当然反对以自然法学说为基础的博瓦索纳德法典。因此，该争议（'民法典论争'）与十九世纪初德意志的萨维尼、蒂堡之间的法典争议毫无二致"。[①] 自此以后，明治民法立法过程被理所当然视为以法理学观点对立为线索的历史过程。

---

① 穗積陳重：《法窓夜話》，東京：岩波書店，1980 年，第 342—343 页。

2. 反思德国法学时期

明治末期至大正初期，日本民法学深受德国法学影响，"深深打上了德国法学烙印"①。这一时期，穗积重远继承其父穗积陈重衣钵，致力于民法学尤其是家族法研究，以日文汉字创造了"法理学"一词，首次在东京大学开设法理学课程；并整理出版了《穗积陈重、八束进讲录》《穗积陈重遗文集》《续法窗夜话》，丰富了明治民法典立法在法理层面的原始资料。

3. 皇国史观主导时期

以二战结束为转折点，昭和时代"持有二重风貌"，"从皇国史观到反安保学生运动，对立思想奇妙地寄居于当时的人情风土中"。②战前，皇国史观居于意识形态的主导地位，深刻影响了这一时期的民法立法过程研究。岩田新坚守"皇道主义的法理论"，提倡"昭和新法学"。③他所著的《日本民法史——民法中的明治大正思想史》详述了从幕末到大正的民法学说和法规沿革，具有很高的史料价值。

与此同时，延续大正民主运动余波，星野通出版了《民法典论争资料集》（1942）、《明治民法编纂史研究》（1943）、《民法典论争史》（1944）。在上述论著中，星野通详述了明治前期江藤新平、大木乔任、井上馨等进行的旧民法立法活动——"民法典论争"、议会审议——民法典调查委员会、明治民法立法的经过，是战前有关明治民法典立法过程的最重要的研究。

值得注意的是，星野通虽然打着"国运伸长、宣扬先辈热情和伟

---

① 石井紫郎：《日本民法的 125 年（一）日本民法典的制定史》，朱芒译，《北大法律评论》第 4 卷第 1 辑，2001 年，第 348 页。
② 植村和秀：《昭和の思想》，東京：講談社，2010 年，第 1 页。
③ 参见赖松瑞生：《法律学に於ける昭和維新：岩田新、村井藤十郎、中島弘道》，《法学政治学論究：法律·政治·社会》，1993 年 9 月，第 227—258 页。

大业绩"①的旗帜，却从意识形态对立的立场出发指出，"民法典论争"
象征着"进步主义与保守主义的对立，自由民权主义与国权主义（藩
阀官僚主义思想）的对立，是一场有关社会、政治身份对立的思想论
战，从经年累积的英国法学派与法国法学派的对立中爆发出强烈的
情感冲突"②。这种以意识形态斗争为基础的二分法在战后一段时间
内成为解释明治民法立法成立原因的通说，并引发了"中村—星野
论争"。

4. 马克思主义思潮复兴时期

战后，马克思主义社会思潮在日本复兴。受此影响，倡导民主
社会主义理念的中村菊男重视条约改正与民法典编纂的关联，将明
治民法得以成立归结为"明治中期民族主义（情感）高昂之下的产
物"。在中村看来，星野通对于"民法典论争"的认识，"是私法
领域对于资产阶级民主主义要素的过高评价所导致的错误历史解
释"。③

一九五一至一九五三年，中村菊男相继发表《民法典论争的特
点》《旧民法及其特点》《旧民法及民法典论争》《旧民法与明治民
法——驳星野通教授》《民法典论争的经过和问题点》等文章，批判
星野通的主张。与此同时，星野通也发表《旧民法典及松冈康毅的身
份法论》《旧民法典及松冈康毅的身份法论补正》《旧民法人事编的特
点——再答庆应大学中村教授》《旧民法人事编特点论补考》《再说明
治二十三年民法人事编特点》《明治二十三年民法和明治三十一年民
法——问答于中村教授》等文章，为自己的观点辩护。此次论争被称
为"中村—星野论争"。

① 星野通：《明治民法编纂史研究》，東京：ダイヤモンド社，1943 年，序言。
② 星野通：《明治民法编纂史研究》，第 142 页。
③ 中村菊男：《近代日本の法的形成：条約改正と法典编纂》，東京：有信社，1956 年，第
296 页。

在中村菊男看来，博瓦索纳德草案经过法律取调委员会与元老院的审议，其进步性质已然发生改变，而明治民法得以成立尽管"最初起源于英国法学派与法国法学派的派阀对立，但后来却添加了有关条约改正基本立场的对立，这点从未改变"。① 与此相对，星野通坚持自己的观点，认为"论争中两派积郁多年的情感对立以法典问题为契机爆发出来，但是究其本质而言，是以围绕近代家族法特点形成的法理对立和法理战为外衣，归根结底是意识形态的斗争"。②

对于此次论争，后进学者重松优评价道："双方各持己见，绝不退缩，最后无疾而终，中村始终坚持有关民法草案（经审议后）变质这一新提法，星野也不得不认同。……直到目前，中村的观点得到了更多的认同，法学家圈内亦始终持续着对于民法典论争讨论的传统。"③ 可见，在明治民法立法过程的研究中，将条约改正引发的民族主义情绪问题纳入其中，将法学圈探讨的课题引入公共学术领域，中村菊男的新观点和新做法得到战后学界的普遍认同，众多学者参与到民法立法过程的讨论中。

在资本主义论争中与劳农派对抗的讲座派代表人物之一、马克思主义法学家平野义太郎更早关注到了明治民法立法的成因问题。在《日本资本主义的机构与法律》（1948）一书中，平野强调法与经济的联系，将明治民法立法过程视为资本主义上层建筑与半封建主义上层建筑的博弈。"脱离经济诸条件研究法律，其本身无论如何论证，这种思维、这种固有观念下的法律学对于明治法学史来说都全然体现了其不科学的特点，最终导致成果没有价值。"④ 在平野看来，穗积的观点仅是对"民法典论争"现象的描述，而旧民法延期、明治民法成立

① 中村菊男：《民法典論争論の経過と問題点（中）》，《法学研究》，1956 年 7 月，第 30 页。
② 星野通：《民法典論争》，《ジュリスト》，1954 年 1 月，第 4 页。
③ 重松優：《自由主義者たちと民法典論争》，《ソシオサイエンス》，2005 年 3 月，第 175 页。
④ 平野義太郎：《日本資本主義社会と法律》，東京：理論社，1955 年，第 62—63 页。

的历史过程体现了"旧惯家制守旧论与自由民权的资产阶级民主主义相对立；对博瓦索纳德草案人事编的否定则体现了保守派对半封建家族主义的固守，保守主义与个人主义、民主主义的对立"。[①]

与此相对，同为马克思主义者的远山茂树，从明治维新后建立的天皇绝对主义制度角度出发，既不认同星野通的观点，也不认同平野义太郎的观点。远山认为，从"民法典论争"中的延期、断行"两派言辞所体现出的抽象概念和理论出发探讨论争的意义，如星野通氏认为其象征着进步与反动的对立，因袭了以往报纸（对于法典论争）的错误判断……两派毫无本质上的对立，不过是绝对主义内部的分裂"。[②]

除上述马克思主义学者外，我妻荣、青山道夫、手塚丰、高柳真三、宫川澄等皆参与了相关论争，对明治民法立法成因进行了有益的探讨，形成如下几个重要的问题点：

首先，在研究内容上，以"民法典论争"为出发点，相关研究进一步延伸考察旧民法编纂至明治民法编纂的过程。尽管各执一词，但学者们都承认旧民法与明治民法存在差异，他们之间的分歧仅在于差异的程度，即差异仅限于形式上的差异还是内容上也存在差异？是质变的差异还是量变的差异？

中村菊男、星野通皆是以人事编为核心讨论明治民法立法成因的全过程，所谓"民法典论争"是否意味着进步与反动对立的论战也由此而来。中村菊男认为经过修正的旧民法业已变质，具有一定的反动性。星野同样认为旧民法与明治民法之间存在着进步与反动的质变差异。正如青山道夫所言，"断然否定民法典论争象征着封建保守反动

---

①　平野義太郎：《日本資本主義社会と法律》，第 117 页。
②　遠山茂樹：《民法典論争について政治史の考察》，有地亨編：《近代日本の家族観（明治編）》，東京：弘文堂，1977 年，第 284 页。

主义与资产阶级进步主义的对立是不正当的。特别是中村教授强调不应该无视旧民法的非进步性，无论对此点是否有疑议，都不能否认延期派确实认为旧民法代表着反国体的民主主义与个人主义，指责它与淳风美俗的大家族主义相对立，这也是导致舆论反对旧民法、葬送旧民法的一大原因，此乃不争的事实"。①

然而，手塚丰《明治民法史研究》对旧民法人事编、财产取得编中的继承部分进行了详细探讨，却得出了相反的结论。手塚认为，旧民法与明治民法"大同小异"，二者皆是保守反动的，所谓具有进步倾向的断行派所捍卫的旧民法人事编同样也是"家族主义"的、保守的、非个人主义的产物。由此，明治民法立法成因"只能理解为从法典内容游离出来的政治运动"②。

其次，在方法论上，星野通坚持从意识形态的角度出发考察明治民法立法成因，而中村认为："向来民法典论争的根本缺陷在于从社会经济史出发认识法律，将日本资本主义的结构分析方法与民法典论争机械论地结合起来。这样的研究无法看穿论争推移过程中的复杂性。"③因而，中村更倾向于政治史的研究进路，尤其注重从条约改正的角度梳理明治民法立法过程。

最后，在研究内容上，日本民法包含两部分，即财产法部分（包括物权和债权）与家族法部分（包括亲族与继承）。中村、星野论争没有涉及旧民法与明治民法关于财产法方面的探讨，但恰恰财产法部分才是运用马克思主义衡量上层建筑是否适应经济基础的最佳素材。如果将旧民法与明治民法在财产法方面的规定相互比较，可以发现二

① 青山道夫：《民法典論争》，《法学論壇》，1957 年 1 月，第 54 页。
② 该观点集中体现在手塚豊：《明治二十三年民法（旧民法）における戸主権——その生成と性格》（一）（二）（三），《法学研究：法律・政治・社会》，1953 年 10 月、1954 年 6 月、1954 年 8 月。
③ 中村菊男：《民法典論争の性格》，《法学研究》，1952 年 10 月，第 2 页。

者之间存在更为复杂的相异性。井田良治认为，明治民法"大同小异"论"在家族法领域是妥当的，在财产法领域却不妥当"。①福岛正夫致力于旧民法财产法部分的研究，他指出："日本在裁判管辖条约案中以废除治外法权为条件，负有以泰西主义整备国内法的义务，虽然外压下突如其来的法典编纂侵害了主权独立的原则，但是至少财产法部分是以发展资本社会为目标的，是适应本国经济的法律形态……不存在修正的理由。"②渡边洋三从明治农村租佃权这个具体问题切入旧民法与明治民法异同的讨论。渡边认为，旧民法针对博瓦索纳德的物权草案进行了许多修正，诸如对抗第三人的权利，让渡、转贷、抵押的自由，物上请求权等许多农民的权利都获得了承认；但是，就整体而言，物权草案有关永佃权规定是"在明确地主农民关系权利义务化的基础上，以法律的形式明确的地主土地所有制"③。明治民法尽管更进一步将永佃权看作债权，但"否定了农村中刚刚萌芽的新型物权租佃关系，仍然以旧惯为基础"。④换言之，至少在租佃权这个问题上，旧民法与明治民法并无本质区别。

5.纪念明治民法成立一百周年时期

随着日本马克思主义衰落，对于明治民法典立法过程的研究也陷入沉寂，直至纪念民法典百年的来临。一九九八年前后，日本民法学者以及法制史学者为纪念民法典实施一百周年，出版论文和专著，其数量之大可谓浩如烟海。其中包括广中俊雄、星野英一编《民法典的百年》1—4卷（有斐阁，1998年），加藤雅信等编修《民法学说百年史》（三省堂，1999年），大久保泰甫、高桥良彰编著《博瓦索纳

---

① 井ヶ田良治：《民法典論争の法思想的構造》，《近代日本的家族観（明治編）》，東京：弘文堂，1977年，第3頁。
② 福島正夫：《日本資本主義の発達と私法（四）》，《法律時報》，1953年4月，第32頁。
③ 渡边洋三：《近代的土地所有権の法的構造》，《社会科学研究》，1960年8月，第328頁。
④ 渡边洋三：《近代的土地所有権の法的構造》，第335頁。

德民法典的编纂》（雄松堂，1999 年）等，这些研究尝试对一百年的民法制度和学说演变的历史作一个系统的总结。在此期间，法学家们还进一步发掘出更多有关"民法典论争"的史料，例如：从事明治时期习惯法、家族法研究的村上一博，整理并在《法学论丛》上发表了许多法国法学派在民法典论争期间的新史料；七户克彦详细整理了所有参与明治民法立法的法学者的基本资料，刊登在《法学讲习会》上。这些新材料，为本世纪初明治民法立法研究注入了新活力。

此外，法学界进一步推进旧民法与明治民法比较、明治民法立法成因等问题的研究。法社会学家石井紫郎指出："具体比较旧民法与九八年民法（明治民法）的内容，其实两者间并无多大区别。就内容而言，若说旧民法是法国式的，那么九八年民法亦可说是法国式的。"[①] 真田宪芳也认为："明治民法是新瓶装陈酒，即在内容上更多地保留了法国民法典的内容，在形式上采纳了德国民法典的模式，是一个典型的混血儿。"[②] 小柳春一郎更指出："对于旧民法，多多少少的修正是必要的，但是没有对其施加根本性的修正。"[③] 由此可见，旧民法与明治民法只存在形式上的差异，并无内容上的实质差别，已经成为日本法学界公认的看法。

（二）我国学者有关明治民法典立法的研究

我国学界也明确意识到明治民法立法的复杂性，在法学继受、法律移植等传统法律史议题的基础上，更试图从多种角度讨论"民法典论争"，揭示明治民法典立法的全貌。由此，产生了许多成果，其中具有代表性的著作有：渠涛《日本民法编纂及学说继受的历史回

---

① 石井紫郎：《日本民法的 125 年（一）日本民法典的制定史》，第 348 页。
② 真田芳宪：《日本法律的继受与法律文化变迁》，赵立新译，北京：中国政法大学出版社，2005 年，第 122 页。
③ 小柳春一郎：《民法典の誕生》，第 27 页。

顾》，何勤华、曲阳《传统与近代性之间——〈明治民法典〉编纂过程与问题研究》，丁相顺《日本近代"法典论争"的历史分析》《继受与转型：日本近代法制研究》，孟祥沛《中日民法近代化比较研究》，等等。

渠涛从国家、文化、职业与意识形态四个维度，考察明治民法典立法，得出如下结论："第一，从国家的角度看，法典编纂是修改不平等条约的前提条件，而为了达到这一目的必须立即制定法典。第二，在一般国民的层次上存在着传统文化与西洋文化的冲突。第三，从法学家的角度看，英、德、法、日各学派之间因为牵涉到自己职业的得失，因此他们之间的论争显得异常激烈。第四，从意识形态的角度看，日本有力的学说认为，这是自由主义，即法国式市民法中的资产阶级自由主义与半封建的绝对主义，即所谓半封建的伦理与醇风美俗之间的对立。"[1]

何勤华则从传统与现代的维度指出，明治民法典立法在传统与近代之间徘徊，而"法典争论的中心是政治斗争，是拥护封建制度及旧习惯的保守派同引进个人主义、自由主义思想的进步派之间的政治对抗"。[2]同时，何勤华也注意到，明治民法立法中包含着，自然法思想与历史法学理论之间的对立，英国法学派与法国法学派的派阀斗争，传统思想与文明开化之间的文化冲突等层面的议题。

丁相顺则注意到了"民法典论争"中跨派别的现象，指出"尽管想施行民法典的明治政府极力强调推行民法典的必要性，但最终由于保守派、复古主义者和自由民权运动者共同组成的联合战线要求法典

[1]　渠涛：《日本民法编纂及学说继受的历史回顾》，第280页。
[2]　何勤华、曲阳：《传统与近代性之间——〈日本民法典〉编纂过程与问题研究》，《清华法治论衡》，2001年，第276页。

延期，使旧民法典最后归于流产"。①

（三）明治民法立法过程研究中的问题点

综合中日学者有关明治民法立法过程的研究，可以发现，明治民法立法过程的研究，主要存在如下两方面的问题：

第一，尽管从中村菊男开始，中日学者已经注意到明治民法立法中的政治史面相，但是，大多数研究还是以法理学为中心的探讨，以政治史为中心的研究尚不多见。

前人对该问题的研究，与其说是立法（codification）史的研究，不如说是编纂（consolidation）史的研究。英文中"consolidation"和"codification"两个词都有"编纂"的含义，都能用以形容法律法典化的过程。不过，二者词义中存在非常微妙的差别。"consolidation"是把既存法律文本不加根本改造而汇编在一起，属于继受法立法的量变过程。而"codification"是在一法律部门现行的全部法律规范的基础上，制定一个新的涵盖该法律部门的系统、完整的规范性文本，废除过时和错误的内容并增加新的内容。可以说，"codification"是对既存法律的扬弃和去粗取精、与时俱进的过程，代表着继受法立法的质变，属于立法活动。

明治民法立法作为近代继受法的法律"编纂"（codification）活动，产生于半封建的经济基础和借鉴"中华法系"而形成的日本封建法这一上层建筑之上。由于在此之前根本不存在本土既存的近代民法法律文本，其立法过程是建立在吸收近代法系的法律新知、扬弃日本传统法律的基础之上。作为通过学习西方制度与思想而迈入近代的国家，明治日本在自身没有任何近代立法经验可资借鉴的状态下，着手民法立法，必然存在着大量立法者基于对现存社

---

① 丁相顺：《日本近代"法典论争"的历史分析》，《法学家》，2002 年第 8 月，第 110 页。

会政治历史状况的认识而作出的主观判断，其中大量论断受制于当时的政治条件，服务于当时的政治需要。因此，从政治史角度梳理明治民法立法过程，借此探讨明治民法立法成因，可以突出立法者的主观能动性，以立法者为主体对明治民法立法过程的各阶段进行解释。

第二，法学的法理学研究与史学的历史叙述之间，一定程度上存在脱节的现象。最新的法学研究成果已然表明明治民法与旧民法无论在财产法部分还是在家族法部分，皆大同小异。但是，截至目前，史学界对于法学界最新研究成果尚未充分吸收，未能从新的认识出发重新诠释明治民法立法过程。具体说来，为何大同小异的旧民法与明治民法立法结局完全不同？为何前者不为政治所认同，延期实施，最终沦为废案，而后者却在实施后证明了自身存在的合理性和合法性呢？可见，有关明治民法立法成因的历史解释还存在着滞后性，未能与法学界研究动态相协调。

三、研究方法

明治民法立法过程就学科本质来说，属于法律史的范畴，要兼顾法学研究成果与历史阐释两部分的内容，法史兼修，缺一不可。针对先行研究存在的问题，探讨作为后发现代化国家的日本，以明治政府为中心，立法者们（政治家、官僚和法学家）在国民国家建设、富国强兵理念指引的大背景下，如何看待、思索、解决以法律移植为核心的学理与政治矛盾，最终完成明治民法典的立法大业，从政治过程论的视角出发，理解明治民法得以成立的原因，这就需要借助于以下研究方法：

第一，从政治过程论出发探讨立法过程的研究视角。一九八九至一九九〇年，以猪口孝为代表的日本政治学者出版了全20卷的"现代政治学丛书"①，体现了鲜明的美国行为主义政治学的导向性。从这一视角出发，立法过程"是一个概念化的过程，复杂得令人难以置信。国会制定的政策，好像是来自无数支流的要素汇合在一起的结果。这些要素有：国民的经验、社会理论的贡献、经济利益的冲突、总统领导能力的质量、行政机关中的各种组织或个人野心与行政结构、议员个人及其班子的主动性、努力和野心、政党对政策的承诺、国会领导者和追随者头脑中的统治文化符号等等"。② 可以看出，立法过程被理解为一个政治过程。尽管立法直接来源于社会经济的需要，但是，不对社会思潮、政治结构、个人影响等周边要素进行分析就无法体现立法过程的复杂性。

　　就此而言，明治民法立法，在政治制度方面经历了王政复古、有司专政、内阁政治、明治宪法体制等时期；在社会运动方面度过了自由民权运动、反对条约改正运动等时期；在社会思潮方面受到了启蒙运动思想、自由民权思想、日本主义等的影响；在主导权上先后历经江藤新平、大木乔任、井上馨、山田显义、大隈重信、伊藤博文等藩阀政治家的领导。如果不从政治过程的角度出发，对包括立法者在内的政治、社会、思想等因素进行对应分析，就无法认清明治民法立法过程的全貌。

　　第二，知识与权力相结合的分析范式。从部门法制定过程来看，民法立法作为制度性立法，不同于政策性立法，具有独立于社会经

---

① 这套丛书包括：1. 猪口孝的《国家与社会》；2. 矢野畅的《政治发展》；3. 山口定的《政治体制》；4. 中野实的《革命》；5. 三宅一郎的《投票行动》；6. 蒲岛郁夫的《政治参与》；7. 今田高俊的《社会阶层与政治》；8. 栗原彬的《社会运动与政治》；9. 小林良彰的《公共选择》；10. 药师寺泰藏的《公共政策》；11. 大嶽秀夫的《政策过程》；12. 岩井奉信的《立法过程》；13. 冈泽宪夫的《政党》；14. 辻中丰的《利益集团》；15. 村松歧夫的《地方自治》；16. 恒川惠市的《企业与国家》；17. 猪口邦子的《战争与和平》；18. 山本吉宣的《国际相互依存》；19. 田中明彦的《世界系统》；20. 佐藤英夫的《对外政策》。
② 斯蒂芬·E. 贝利：《国会立法——1946年雇佣真相》，转引自大嶽秀夫：《政策过程》，傅禄永译，北京：经济日报出版社，1992年，第6页。

济、国家政权之外的知识逻辑，遵循从具象到抽象的概念化过程。民法起源于罗马法，再传承于东罗马帝国，经文艺复兴、启蒙运动，形成英美法系与大陆法系两大法系。拿破仑法典成为近代民法典的滥觞，引发世界范围的法典编纂热潮。可以说，民法立法经过千年传承，早已塑造出自己的立法习惯、思维方式和逻辑体系，需要具有专业的知识技能。国家权力机关或许可能操控政策性立法的始终，掌握宪法立法的全盘内容，但是，面对民法典立法，虽然有能力把握大致方向，但面对纷繁冗杂的具体立法作业，也不得不依靠民法学者的专业知识来驾驭、操控、编纂浩如烟海的民法条文。

另一方面，国家权力与法学者作为民法立法中两大重要的立法主体，二者相互影响，相互制约，体现了知识与权力的对立统一关系。福柯曾经写道："权力制造知识（而且，不仅仅是因为知识为权力服务，权力才鼓励知识，也不仅仅是因为知识有用，权力才使用知识）；权力和知识是直接相互连带的；不相应地建构一种知识领域就不可能有权力关系，不同时预设和建构权力关系就不会有任何知识。"[1] 就近代民法典编纂来说，民法知识和国家权力因应经济社会需要，被结合在一个具体、稳定的、具有宏大结构的民法文本里。其中，国家权力据此表明其立场和权威，行使裁判权力；民法学者则利用专业知识和学说体系完成文本的构建，解释、维持、完善民法文本的知识体系。从这个意义上说，权力和知识一起栖居在由二者共同建构的民法宫殿里，二者的关系贯穿于决策、起草和审议的整个过程之中。

一般而言，起草过程由民法学家主导，具有非政治化、技术性、专业性的特点。决策、审议过程则以政治家、官僚为主导，他们做出有关法典编纂、法典基本框架以及审议相关程序、内容等具有决定民

---

[1] 米歇尔·福柯：《规训与惩罚》，刘北成、杨远婴译，北京：生活·读书·新知三联书店，2003年，第29页。

法命运的政治性抉择。整个民法立法过程中，贯穿着法典政治化和反政治化的倾向。然而，具体到明治民法立法，情况又有所不同，知识与权力更为紧密地缠绕在一起。作为继受法立法，其近代法学知识的引入需要权力的支持；其立法中体现的社会权力关系建构需要知识的积淀；立法过程中，因每阶段知识和权力的结构与互动关系不同，立法方向也会产生不同偏向，需要在知识与权力的互动关系下，具体问题具体分析。

第一章　藩阀官僚主导的
旧民法立法过程

明治民法由旧民法发展而来。旧民法即博瓦索纳德民法，作为明治民法的前身，其立法过程以明治藩阀官僚体制为时代背景。该阶段是绝对主义形成并与资产阶级民主主义革命之间产生根本性对抗的历史时期，起于一八六八年明治维新，到一八八九年明治宪法体制成立时对抗达到高峰。[①]

维新初年，日本政府即着手进行民法典立法，究其原因，乃是基于内政外交需要。青浦奎吾认为其主要源于如下理由：

第一，德川时代的习惯各地各异，或者过于错杂，或者有失简约，不堪应对未来复杂的民事关系。所以要参酌各国立法、取舍旧习，制定更加正确且秩序井然的成文法，以明确各自的权利关系，以便于内外交流日益频繁时，采取相应的诸般法律行为。第二，历来的通商条约于我国权国利有所损害，具有改正之必要。所以涉及条约改正要施行完全之法典，使各国人在我国法律

---

① 参见服部之総：《明治維新における指導と同盟》，《服部之総著作集：明治の革命》，東京：理論社，1972 年，第 164 页。

保护之下生活成为急务。①

大隈重信也提道：

维新以后法典之编纂其故盖有二焉。一则出于对外之关系。国民知识渐开、不能忍容于约章中所贷治外法权之凌辱也。德川幕府再开国之初、与欧美五邦订定约章。此时当路未知国际通理、外人视日本如中国、土耳其、波斯等、而皆保留治外法权。其后民智渐进、识其真情、乃欲改正约章立于对等之地。于是不能无所证明吾国之文化、所以急于编纂法典也。二则出于国中之情势。盖王政维新、封建瓦解、而各藩所传之习惯法不可复用。全国法制不能不统一。其间治务家有鉴于世界之大势、而认识成文法典之价值、而法律思想乃大发达。宪法已宣布、而标榜以法治之精神。于是一国之统制不可复由于少数官吏之专意、宜编纂完善法典、构成公明之司法机关、使在日本之地者不别中外人皆受其统治、日常对人对物之行为、皆取其规准、此亦足见法典编纂之不可以旷日。②

由此可见，在明治藩阀官僚决定制定民法的考量中，内政整顿与条约改正这两个因素尤为关键。一八六八至一八八九年，民法立法工作由江藤新平、大木乔任、井上馨、山田显义相继领导，明治藩阀官僚体系也经历了王政复古、有司专政、征韩论争、自由民权运动、内阁制度确立等一系列变革，思想领域经历了万国公法传入、启蒙思潮

① 青浦奎吾：《明治法制史》，東京：明法堂，1899 年，第 583 页。
② 大隈重信：《开国五十年史》下卷，上海：上海社会科学院出版社，2007 年，第 1334—1335 页。

勃兴、自由民权思想灌注、国家主义复兴等阶段。每一位民法立法主导者在其任内的立法实践，皆因其所处的政治社会大环境不同，呈现出不同的立法指导思想和立法方向，具有其特别的偏好性。

第一节　万国公法引入与江藤新平"兵法一致"观下的民法立法

明治维新新政府建立之初，百废待举，伴随着条约改正，万国公法的传播将朴素的自然法思想传入日本。江藤新平将整顿制度、对抗外来威胁视为其政治使命。受万国公法的影响，从军事家、政治家的立场出发，江藤新平领导了近代日本最初的民法起草工作，其立法理念和立法实践维持了前近代《改定刑律》《新律纲领》的思维路径，认为民法是强制性法律规定。在此观念下，江藤领导制定了日本近代最初的身份证书制度，希望以军事化规范管制民众，以达到富国强兵的目的，最终实现条约改正。

一、条约改正与法典立法的意识雏形

明治元年（1868）四月，明治政府颁布《政体书》，明确提出权力总揽于中央政府太政官之手，以两位辅相为首脑。太政官下设立议政官主管立法，行政官统领行政，神祇官负责宗教事物，会计官分管财务，军务官统辖军政，外国官主理外交。由此，明治政府的官僚体制初步建立起来。该阶段政府最主要的任务是建立中央集权体制，将立法、司法、行政统领于行政长官之手。因此，作为行政机关主管的行政官长官（辅相）兼任占有立法机关（议定官）最高地位的议定一职，使得行政取得主导地位。自此，以大久保利通、岩仓具视、三条实美为核心，以萨长藩阀为主、土肥藩阀为辅，以天皇为首脑的藩阀政府，建立起来。为达成五条誓约中所载"大振皇基"的国家意志，政府决心改变戊辰战争时期"攘夷倒幕"的外交理念，不但意欲修好于各国，更打算"求知识于世界"。以此为契机，条约改正被提上了日程。

明治四年（1871）十一月十二日，明治政府在废藩置县仅仅四个月、不平士族骚乱未平、国内政局尚未稳定之际，派遣岩仓使节团出访欧美，打算以万国公法为基础进行条约改正谈判。岩仓使节团乃是整个日本近代史上官吏品阶最高、最初也是最后的大规模遣外使节团，以右大臣岩仓具视为全权大使，以参议木户孝允、大藏卿大久保利通、工部大辅伊藤博文、外务少卿山口尚芳为副使，由福地源一郎等外交翻译随行，进行为期一年十个月的美欧出使考察与谈判。①

岩仓使节团的派遣首先是出于条约改正的需要。明治五年（1872）七月是安政五年（1858）幕府与欧美各国签订修好通商条约的改正期限，有必要在此之前出访以做好修约的预备交涉。遣使更根本的则是出于国政长期发展的考量。废藩置县后的"中央政府施政与倒幕派的方针渐行渐远"，试图通过出访对维新以来"内政、外交基本方针进行检讨"②，这成为岩仓使节团出使的核心任务。

一行人首先抵达美国，除游览行程外，明治五年（1872）三月

---

① 有关岩仓使节团出使细节，参见久米邦武：《特命全权大使米欧回览实记》，東京：宗高書房，1976年；勝田孫弥：《大久保利通伝》下卷第一章，東京：同文館，1910年；木戸公伝記編纂所編：《松菊木戸公伝》下卷第七章，東京：明治書院，1927年；春畝公追頌会編：《伊藤博文伝》上卷第十章，東京：改造社，1931年；井上馨侯伝記編纂会編：《世外井上公伝》第一卷，東京：内外書籍，1933年；大久保利謙編：《岩倉使節の研究》，東京：宗高書房，1976年；田中彰：《岩倉使節団米欧回覧実記》，東京：岩波書店，2002年，等等。

② 遠山茂樹：《有司専制の成立》，堀江英一、遠山茂樹編：《自由民権期の研究》第一卷，東京：有斐閣，1959年，第39页。

十一日，岩仓等与美国国务卿费许（Hamilton Fish，1808—1893）就条约改正问题共进行了九次会谈，围绕废除领事裁判权和收回关税自主权展开谈判。首轮会谈中，岩仓提出修约的七个主要项目，其中第三项是有关领事裁判权废除的问题，"日本将以美国与欧洲诸国最优秀的法典为基础制定国内法之后，希望废除领事裁判所和裁判权的诸项规定"。① 三月十三日的第二次会谈中，岩仓解释说："有关领事裁判权的废除问题，作为日方使节也不指望当下立即将其废除。但是，在将来我国以欧美最优秀的法律为基础制定本国的法典后，领事裁判权能够被废除，希望将这一项纳入条约改正事项当中。法典一旦制定，一切的事情都将交由地方裁判所审理。"对此，美方的答复是："裁判所的设立也要使得我方觉得满意。裁判所设定相关内容并不是什么难事吧。作为美国政府，打算依据地方裁判所的满意程度尽快废除领事裁判权。难题在于，什么时候日方才会设立令我方满意的裁判所呢？"② 日美双方对于废除领事裁判权的时间点存在分歧。日方希望在立法整备之时即废除领事裁判权，而美方却把时间点延伸到执法层面，要求日方同时整备立法和执法，才能获得司法独立。在第四次会谈时，岩仓同意了美方的主张，将其订正为"我国于司法制度完备之时，外国人也要遵从日本的法律"。③ 虽然对美谈判历经四个月最后无疾而终，但是制定法典、整备司法却成为条约改正中不可废除的基石。

众所周知，最终岩仓使节团没有完成修约任务，但是，初步摸清了欧美各国的修约底线。由此，制定法典和整备司法不仅是日本的内政问题，更成为一个涉及国家民族独立的外交问题。伴随着岩仓使节

① 遠山茂樹：《有司專制の成立》，第 73 页。
② 遠山茂樹：《有司專制の成立》，第 78 页。
③ 遠山茂樹：《有司專制の成立》，第 79 页。

团的回国，日本进入了法典立法时代。正如大久保晴健所言，"明治前半期可以称之为法典空白时代，亦可称之为法典立法时代，即日本近代法典整备完成的时代"。①

二、明治初年刑民不分的民法形态

维新初期，一方面政府对以泰西主义为核心的民法立法孜孜以求，另一方面却不得不面对法律知识不足的现实问题。毕竟，民法起源于罗马法，属于近代法特有的法律形态，并非借鉴中华法系的明治日本所固有。当时，除了明治政府进行近代制度改革所发布相关的民事单行行政命令②外，维新初年日本民法的系统性规范仍然体现在借鉴中华法系的明治政府刑律改革中。

明治元年（1868），明治政府参考养老律、唐律、明律、御定书等旧时代法律规范，制定了《暂定刑律》。不过，该刑律并没有颁布，仅作为刑法官履行职务的准则。③明治三年（1870）十二月，明治政府颁布《新律纲领》。《新律纲领》采用式目体，以明清律为基础，参酌养老律、御定书百条等，"删除了八虐、六议等古色苍然的部分"④，

① 大久保晴健：《近代日本の政治構想とオランダ》，東京：東京大学出版会，2012年，第187页。
② 明治初期发布的主要民事单行行政命令如下。1868年12月18日，太政官布告：村土地改为农民土地；1869年4月15日，行政官指令：脱籍浪人复籍之措施；1870年9月19日，太政官布告：平民可以拥有姓氏；1870年10月17日，太政官布告：华士族隐居、养子要求；1870年11月24日，太政官布告：华士族养子收养规则；1871年8月23日，太政官布告：华士族可以与平民通婚；1871年8月28日，太政官布告：秽多非人名称废止；1872年2月15日，太政官布告：土地永世买卖禁止令废除；1872年4月14日，太政官布告：禁止出卖或典当土地给外国人；1872年6月23日，太政官布告：华士族平民身份限制规则；1872年10月2日，太政官布告：人身买卖禁止；1873年1月18日，太政官布告：妻妾以外之妇女产子乃私生子；1873年1月22日，太政官布告：华士族平民可以相互收养为养子、华士族家督继承条规；1873年3月14日，太政官布告：允许与外国人结婚。参见熊谷开作、井ヶ田良治、山中永之佑、橋本久编：《日本法史年表》，東京：日本評論社，1981年，第216—230页。
③ 石井良助：《明治前期の立法に及ぼう外国法の影響について》，《明治文化全集》第十三卷《法律篇》，東京：日本評論社，1968年，第6页。
④ 松尾浩也：《刑事法における東洋と西欧》，石井紫郎、水林彪编：《日本近代思想大系》第七卷《法と秩序》，東京：岩波書店，2000年，第3页。

于废藩置县之际的明治四年（1871）七月在全国实施。明治六年（1873），明治政府又颁布《改定律例》，与《新律纲领》并行。《改定律例》采用逐条体，形式上显示了法国等近代刑法对日本的初步渗透，但内容上还是以明清律例为基础的刑法。[1]可见《暂定刑律》也好，"《新律纲领》也好，《改定律例》也好，皆明确属于东洋法（中华法系），其第一特色，即彻底的身份性，……交错使用显示身份之观念的名称，如华族、士族、等内人、等外人、祖父母、父母、伯叔父、家长、雇工等，组成犯罪与刑罚的体系"。[2]

《暂定刑律》婚姻篇中规定了订婚、重婚、强娶、改嫁与婚姻办理等民事事宜[3]，带有强烈的身份制规制色彩。《新律纲领》户婚律部分更带有鲜明的传统色彩，不仅规定了近代本应属于民事范畴身份法的内容，而且对违反者施行刑律惩罚，体现了维新初年"刑民不分、刑主民辅"的民法规范特色。此外，诸如差役不均、隐瞒田土数量、盗窃他人田宅出卖、二次抵押田宅、弃毁他人稼穑、子弟擅用私财之类涉及破坏他人物品、私用他人钱财等民事相关事项，《改定刑律》与《新律纲领》中均有详尽的刑罚规定。[4]

明治初期各种刑法立法中包含民事条款，在一定程度上反映出明治政府近代法基本知识匮乏，根源于中华法系的立法习惯得到沿用。这类涉及民事的条款本质是以身份制为基础的封建民事法律集合，既与条约改正的方向相悖，也无法适应近代资本主义发展与明治政府的内政外交诉求。

---

① 松尾浩也：《刑事法における東洋と西欧》，第 7 页。
② 松尾浩也：《刑事法における東洋と西欧》，第 3 页。
③ 《仮刑律》，石井紫郎、水林彪编：《日本近代思想大系》第七卷《法と秩序》，第 48—49 页。
④ 相关条款参见石井紫郎、水林彪编：《日本近代思想大系》第七卷《法と秩序》，第 207—215 页。

三、近代法学知识的初始继受——万国公法的引入与传播

明治初期政府对于民法立法的追求，在现实准备不足与条约改正需求的矛盾中，陷入两难境地。与此同时，幕末出于与西洋交流的需要而引入日本的万国公法，在维新政府对泰西法律知识迫切需求的背景下，成为外交原则的新准绳，得到广泛传播。

（一）万国公法引入

嘉永六年（1853），黑船来航，日美亲善条约签订，日本被强制裹挟进入以自由贸易与条约体制为核心的资本主义世界体系中。当时，西方人"被视为夷狄禽兽之异人，携文明之利器来迫开港，言必称国际法"。[1] 鉴于此，幕府开始引入万国公法，其继受方式有二，即派遣留学生赴西洋、求助于东洋译著。

文久二年（1862），幕府首次官派留学生赴荷兰。此次官派留学，除学习新式海军和医学这些"格物"科目之外，同时"派遣了两位番书调所教授助手作为研究生前往修习政治法律，他们是西周和津田真道"。[2] 二人所负使命是，对"既有益于处理欧洲诸国关系又有益于国内诸种政务、各机构改善的外交学格外关注"。[3]

西周、津田真道抵达荷兰后，求学于莱顿大学毕洒林（Simon Vissering，1818—1888），请教以"万国交际的通义与政治的得失"，"鉴于时间有限，先生仅选择眼下必要之科目，口授其要旨，希望他们以此为基础积累钻研，使其适宜应用于归国后的实地改革"。[4] 根据二人的诉求，毕洒林决定讲授性法学、万国公法学、国法学、经济学

---

① 尾佐竹猛：《国际法より観たる幕末外交物语》，東京：文化生活研究会，1930年，第1页。
② 吉野作造：《〈性法略〉〈万国公法〉〈泰西国法论〉解题》，《明治文化全集》第十三卷《法律篇》，第2页。
③ 大久保晴健：《近代日本の政治構想とオランダ》，東京：東京大学出版会，2012年，第165页。
④ 吉野作造：《〈性法略〉〈万国公法〉〈泰西国法论〉解题》，第4页。

及政表学。"第一论性法，乃万般法律之基础也。次论万国公法并国法，是推扩性法，外以律万国之交际，内以准国家之法度者也。又论制产学（后译为经济学），是授以富国安民其道如何者也。而终是则以政表，授察国之情状、悉知其详之术也。"① 庆应元年（1865），二人学成回国，担任幕府教职，分别整理其留学笔记并付梓出版，即西周的《万国公法》与津田真道的《泰西国法论》。此外，神田孝平以西周记录的毕洒林口授笔记为底本翻译了《性法略》。这三部著作，构成了幕府官派留学生将万国公法引入日本的最初成果。

与此同时，幕末有识之士还通过翻译，汲取了有关万国公法的诸种知识。明治元年（1868）戊辰战争中，曾与西周、津田同期留学归国的幕府海军首领榎本武扬被困五稜郭战役，前途堪忧。危难之际，榎本将自己留学荷兰所习得的《海上国际公法》荷兰文抄本辗转赠予敌方参谋黑田清隆，望该书能够免遭战火湮没，流传开来，以利立国。事后，福泽谕吉受黑田所托翻译此书，得知其来龙去脉，于译本《海上公法》序中赞叹榎本道：

> 据人民之性、土地之形势，日本必为远洋之一大海国哉。今学足下之公法，日本强盛应以公法运作为基础，实证明白、更加毋庸置疑。……君曾曰，数门旋条炮莫若一册公法。……唯基此一议，善美富饶之他国（西洋各国）方于万国交际中得其所哉。取西洋文明之所长，立自身开化之风气，一盛一衰一治一乱，（我国）方可与西方万国共时运，遗荣誉于不朽史记哉。②

---

① 狭间直树：《西周留学荷兰与西方近代学术之移植——"近代东亚文明圈"形成史·学术篇》，袁广泉译，《中山大学学报》（社会科学版），2012 年第 2 期，第 11 页。
② 福沢谕吉：《福沢谕吉全集》第二十卷，東京：岩波书店，1971 年，第 419—420 页。

庆应元年（1865），幕府派柴田日向守刚中一行出访英法，福地源一郎随行。使团"于奉行处接到命令，此行在法期间要学习万国公法与国际法，柴田亦深以为然"。① 明治元年（1868）十月，福地源一郎从静冈"骏府返回东京，养病于陋巷，郁郁不乐"之际，受朋友所托翻译德国人卡尔·马尔顿（Karl von Martens，1790—1863）著、英国人翻译的英文版《外交导论》。选择翻译此书，是由于在福地源一郎等人看来，该书记录了"外国交际之首务"，"国家临维新之际，交际之事乃急务之一端"。② 明治二年（1869），该书日译本出版，命名为《外国交际公法》。

庆应元年（1865），东京开成翻译所翻刻了中文版《万国公法》，随后"日译本、训读本、训点本、注释本也相继出版"。③ 这本书是元治元年（1864）美国传教士丁韪良根据英国人惠顿撰写的《国际法基础》翻译而成，由京师同文馆出版，命名为《万国公法》④，由释义明源、论诸国自然之权、论平时往来、论交战等四卷构成。《万国公法》出版，在当时的日本政界、学界引起巨大反响。"自此我锁国独栖之公民开始了解与各国交流之条规，有识之士争相阅读。"⑤

在幕末留学生与翻译家将万国公法引入日本的基础上，维新初期的新政府不但接受了万国公法，并且将其作为外交行为的准则，赋予《万国公法》于知识以外的政治含义。在幕末尊王攘夷的浪潮中，"万国公法（国际法）思想成为开国论的指导原理，令开国思想得到传播。世界各国相互交往过程中，仅日本一国锁国，有悖于万国公法，

---

① 福地源一郎：《懷往事談》，東京：民友社，1897 年，第 130 页。
② 福地源一郎：《外國交際公法》序言，東京：瑞穗屋石版，1885 年文部省交付。
③ 山室信一：《思想課題としてのアジア》，東京：岩波書店，2001 年，第 224 页。
④ 有关《万国公法》的具体内容及评价，详见林学忠：《从万国公法到公法外交——晚清国际法的传入、诠释与应用》，上海：上海古籍出版社，2009 年，第 48—68 页。
⑤ 穗積陳重：《法窓夜話》，第 174 页。

这样的开国思想容易得到理解。更不用说幕府每次面临外国交涉时，对方一定以万国公法为说辞，于是万国公法就成为当局必须研究的功课"。[①] 及至明治维新，"以锁国攘夷为旗帜而推翻幕府的明治政府，本意并非真心攘夷，而是最终夺取天下与外国进行交流，但是如此豹变的态度如何说明于天下，成为政府之困扰。人民以为取代幕府的新政府本当断行攘夷，而新政府却与外国渐渐行交流之事，引起了人民的悲愤慷慨。对此，新政府苦心孤诣，终于发现一步活棋。外夷向来被等同于禽兽，但这与开国并非不可调和。他们以宇内公法与我国接触，我们虽然排斥，但是以正义公道相互接触不正是礼的体现么？对于当时人来说，公法犹如天道，公法之书被视为一种经典，从儒教学习得来的公法和天道，已经不足以迎接新时代，所以必须了解所谓西洋的公法。所以西洋的公法在当时恰恰犹如宗教的经典，以权威的身份获得广泛阅读"。[②] 因此，一八六八年正月，天皇以敕令的名义通知各国公使"外国交际之仪，以宇内之公法处理"；同年二月示谕"斟酌采用皇国固有之国体与万国公法"接待外国公使来朝。[③]

自此，万国公法在明治时期获得了传播的正统地位与正当性。万国公法研究者们作为第一批接受近代法思想教育的日本人，试图"以留学期间所学的先驱性国际法'万国公法'知识为基础，从正面回应'何谓西方'此一难题，在以自由贸易与国际条约为基础的世界秩序中摸索日本的对外政策"。[④] 与此同时，万国公法思想得到了广泛传播，也为日本国家与社会带来了近代法知识的最初原型。

（二）万国公法下法理知识的传播

早在神田孝平所译《性法略》、西周的《万国公法》、津田真道

---

① 尾佐竹猛：《国際法より観たる幕末外交物語》，第 127 页。
② 尾佐竹猛：《国際法より観たる幕末外交物語》，第 1 页。
③ 山内進：《明治国家における "文明" と国際法》，《一橋論叢》，1996 年 1 月，第 19 页。
④ 大久保晴健：《近代日本の政治構想とオランダ》，第 237 页。

的《泰西国法论》之前，日本就已出现介绍西洋法律的读物，比如，文久元年（1861）加藤弘之所著的《邻草》，庆应二年（1866）福泽谕吉出版的《西洋事情》。但是，《邻草》局限在洋学者群体中传播。《西洋事情》虽然广为人知，但叙述了西洋制度的大体形式，仅有启蒙之功效，缺乏真正的思想性。直到上述三部著作出版，西洋法律知识才在日本广泛传播开来。如吉野作造所言，"无论当时代者是否能够理解，唯有此三部书作为最初的西洋古典著作，系统性、一以贯之地展示了社会法律生活的规准，可谓点亮黑暗的唯一光明"。①

值得注意的是，在幕末、明治初期的人们看来，所谓"万国公法"乃近代法学的总称。更为重要的是，所谓"社会法律生活的规准"，并非单纯指涉作为实定法应用于外交事务的万国公法，而是包括万国公法在内的西洋基本法律知识框架与其背后所隐含的自然法观念。②

1. 近代法知识的基本框架

就万国公法传播的体系性来说，西周在《毕洒林氏万国公法》第一卷"公法总论"第一章"万国公法大旨"中，将近代法学分为三大学派，即"性理之公法，成文之公法，惯行之公法"。③ 三者可以大致理解为，以自然法为基础的法理学、实定法、习惯法。

津田真道在《泰西国法论》中，从多个角度，对西洋法律体系，

---

① 吉野作造：《〈性法略〉〈万国公法〉〈泰西国法論〉解题》，第 9 页。
② 参见山内进：《明治国家における"文明"と国际法》，第 19 页。
③ 西周《毕洒林氏万国公法》第一卷第一章第六节"公法之学其本（来源）有三。第一，性理之公法，即以学术为本之公法。第二，成文之公法，即以记录为本之公法。第三，惯行之公法，即泰西通法"。第七节"性理即以学术为本之公法，此学科内探讨如何使性理合乎于万国之交际性法，为一学派"。（可理解为以自然法为基础的法理学。）第八节"确定即以记录为本之公法，不论是否合乎性法之条规，却必然以确定之典章条约为本探讨诸国交际之权利，为一学派"。（可理解为实定法。）第九节"泰西通法即所谓惯行之公法，探讨文明诸国中，欧洲内部相互以礼仪相交之各国交际权义，为一学派"。（可理解为习惯法。）第十节"此泰西公法，从性法之本源出发，或明许或默许（不依明许而互相服从），依约定而立。此约定由惯行之风习而构成，乃文明诸国逐渐追捧之交际条规"。（《明治文化全集》第十三卷《法律篇》，第 20 页。）

作出更为立体的划分。从立法角度，津田将法学分为三类，即习惯法、圣贤法与学者法论。这里的圣贤法即实定法，学者法论乃国家他日"改革法律的基础"，即法理学。① 从体用的角度，津田又将法律分为数科。"体"类即制度性规定，包括列国公法、国法、刑法、私法（平民私法、商法、列国平民私法）；"用"类则为程序性规定，包括通信礼式、有司法论（行政法论）、治罪法、诉讼法。从适用范围的角度，法律又被分为三大种，列国公法（列国公法理论、列国通用公法、通信礼式）、国法（国法理论、通用国法、刑法、治罪法、行政法论）、民法（性法、民法、商法、列国平民私法、诉讼法），即后世的国际法、公法、私法三大类。② 在各种分类的基础上，津田强调公法与私法的区别，认为国法规定国家与国民双方的权益，涉及四种事宜，即"立法、治道、政令、理财"；而私法则规定人民日常往来的权益，乃"民之私事"。③

　　神田孝平则将"性法"理解为近代法学的总称。在《性法略》中，神田将"性法之施行分为三种。其一私法，于各人交往间施行。其二国法，政府与人民之间施行。其三万国公法，政府与政府之间施行"。④

---

① "第一，于天创草昧之土地上施行，曰唯先例之惯习法，百事以之为裁断。第二，圣贤制定法律明示于天下，国家人民之权义名分皆依照此法律可知。第三，学者论律法之善恶，定法学之理论，所谓学者之法论。盖国家他日以此改革法律。"津田真道：《泰西国法論》第一篇，《明治文化全集》第十三卷《法律篇》，第 69 页。

② 津田真道：《泰西国法論》第一篇，第 70 页。

③ "第十一章，国法与民法不同。民法又称私法，论人民日常往来之私权私义，民之私事。国法乃国家国民双方之公权公义，乃国之公事，故国法又称为国内公法。第十二章，国法牵涉如下事宜：第一立法，第二治道，第三政令，第四理财，国家是一个独立的大公会，为达其立国的本意需要很多费用，此国治用之政曰理财。第十三章，立法乃定立条规，规定国家制度经济之大典、国家国民双方诸权诸义，以及诸人日用往来之际的一切诸权诸义，并以其为律法。第十四章，治道乃以保护国中诸人权利与平安，严正国内礼序，增长民利为目的，国家所费心制定之原则。但民利有利于国家与不利于国家的分界，此分界不可逾越。第十五章，政令不但指施行立法之条例，曰总纳政府万机，执行出入内外之国事。第十六章，理财乃经理国家财用，管辖国家私有土地、物品、税收、国债等。第十七条，方今文明诸国，不将刑法作为国法之一部分。"津田真道：《泰西国法論》第一篇，第 71 页。

④ 神田孝平：《性法略》第一编总论第十三条，《明治文化全集》第十三卷《法律篇》，第 6 页。

透过万国公法，近代法知识的基本框架得到传播，明治时期的人们逐渐认识到近代法律的具体划分形式，也意识到建立文明国家所需要的不仅是外交上的国际法，国内法的整备也是文明化进路的一个环节。在当时的理解中，国内法包括国法、民法、商法等等，其中以国法为根本，民法次之。此种法律划分方式也影响了明治时期日本人的立法理念。

2. 朴素的自然法观念

西周在荷兰留学期间，曾在寄给友人松冈邻的信中写道：

> 小生近来于西洋性理之学和经济之学等得窥一端，实乃惊人之公平正大之理论，与从前所学之谬说大异其趣。[①]

所谓性理之学，指的是性法学，亦即自然法。从中可约略感知到，西方近代自然法思想对于明治时代日本人精神世界的冲击。

神田孝平翻译《性法略》，即专门介绍立足于自然法立场上的法学理论，其中写道：

> 万国公法乃性法于万国间通行者，国法乃性法于官民间通行者，诸种律法虽旨趣相异，但究其渊源，未尝不出于性法。[②]

透过有关"万国公法"的译著，近代法律知识框架引入幕末明治初期日本的同时，其中内含的自然法观念也获得了传播。

在幕末明治初期人们的认识中，自然法观念中包含自然权利观

---

① 石井良助：《明治前期の立法に及ぼう外国法の影響について》，《明治文化全集》第十三卷《法律篇》，第 3 页。
② 神田孝平：《性法略》序言，《明治文化全集》第十三卷《法律篇》，第 4 页。

与文明观两个维度。一方面，自然法观念蕴含的自然权利观，体现了自由的政治理念。"性法之最高要求乃各人言行可十分自在，但己之自在不得妨害他人之自在。"[1]另一方面，自然法观念与文明观缠绕在一起。

> 各种之律法虽皆以性法为渊源，但其间所谓旧习、成例、共议、立约相互交错，并非皆符合性法，此乃文教未达之缘故。依西洋史观之，昔日西洋律法几乎皆不合于性法，但文教渐进，殆性法亦逐渐施行，迄今十之八九。有识者曰，虽方今未合，但未有终究不合之道理，推既往测将来，吻合之期盖不远矣。要言之，性法乃法学之目标，学者以此为标准可不至谬误。[2]

幕末明治初期的知识人相信，随着文明的日益发展，法制会越来越接近自然法的基本原则。这就意味着，接纳自然法观念，以自然法观念指导法律制定，成为检验文明程度的一个指标。

在这种知识氛围中，以追求富国强兵、建立文明国家为国是的明治政府，将西洋国家的法制思想视为文明的标识之一，采纳自然所引导的立法理念，追求文明的法制建设，以泰西主义为原则施行民法立法，自然是题中应有之义。如此，朴素的自然法观念，为日本民法立法采纳泰西主义为原则，创造了理论依据。

四、江藤新平"兵法一致"的民法立法观与立法实践

江藤新平为肥前国佐贺藩士出身，因倒幕有功，明治四年（1871）被任命为左院副议长。他以一己之力，亟亟于改革，将整

---

① 神田孝平：《性法略》第一编总论第十一条，《明治文化全集》第十三卷《法律篇》，第6页。
② 神田孝平：《性法略》序言，第4页。

顿制度、对抗外来威胁视为自己的政治使命。在此之前，明治三年
（1870），江藤上书《国政改革案》，提出以西方法律框架构筑日本国
家法制的构想，展现出其以近代法制改革改变日本现状的政治理念。
在《国政改革案》中，江藤指出：

> 至今国法之各条未曾明确，令我时时有所感触。只有施行
> 国法，才能免除此后前后政令矛盾之患，使其相融为一体。各国
> 政府与政府之间交际以公法相整备，政府与国民之交际以国法相
> 整备，国民与国民之交际以民法相整备，所以各国之通义得以相
> 成。国法、民法施行之严否乃关系国家富强盛衰之根本大业。而
> 且国法乃国与民相交互信之规则，是民法之根本。故民法会议经
> 过讨论，已然取得一些进展，而制定国法却还未提上议事日程，
> 望兼顾决断。而先前各般政体法度之草案皆基于武家法度，为以
> 后十年计，请如前述速定永世国法。并召开国法会议梳理政体法
> 度之各条款，引入已有之草案，斟酌各国国法之要旨和当今海内
> 外之形势，确立国法各条之目录。①

在有关制度建设的初步构想中，江藤阐述了在近代西方法律制度框架
下统一国家法制的价值，并把法律体制划分为国法与民法两大类，反
映出其制度整备意识中蕴含着幕末明治初"万国公法"的法律分类。
江藤强调国法的重要性，认为国法是民法之根本，主张制定国法应参
照日本的法度与西方各国的法律及内外形势。尽管江藤强调国法的重
要性，把创立国法视为法制建设的重中之重，不过，《国政改革案》

---

① 江藤新平：《国政改革案》，《南白江藤新平遗稿後集》，東京：吉川半七，1900 年，第
25 页。

也"提出了进行民法立法的初步意向"。①

明治五年（1872），江藤新平就任司法卿，开始施行改革。在刑法已颁布的基础上，江藤着重进行司法改革，制定司法职务，着手设置具有独立司法权的裁判所，整改江户时代的监狱，改善其风纪和卫生条件。明治六年（1873），江藤主导颁布复仇禁止令，着手调查官员的贪污渎职，迫使皆出身于长州藩卷入山城屋事件的山县有朋与卷入尾去泽铜山事件的井上馨辞职。

（一）江藤新平"兵法一致"的民法立法观

岩仓使节团出访时，身为司法卿的江藤新平留守日本，深感于治外法权对日本之倾轧，而以条约改正为己任。井上正一后来回忆说："当时外国交涉之诉讼时时产生，令治外法权之弊害越演越烈，江藤司法卿日夜为撤去治外法权而谋划，认为若不依据泰西主义进行本国法典立法，改革司法制度，则无法撤去治外法权。但若根据泰西主义制定法律并发布，又恐不适合我国国情，或为我国民所不解，反而会招致更大的损害。"②

随着万国公法在日本的传播，包括自然法观念在内的近代西方法律知识逐渐在学界取得支配地位，这使得江藤意识到以泰西主义为原则进行立法的可能性。与此同时，内政外交的压力压倒其恐难说服民情国情的想法，更让江藤感到民法立法势在必行。

就具体立法方针来说，江藤提出"兵法一致"观，即将民法立法等同于军队立规，利用民法达到令行禁止，使国家秩序有矩可循，最后方可克敌制胜。对此，他阐述道：

---

① 参见稻田正次：《明治宪法成立史》上卷，東京：有斐閣，1960 年，第 90 页。
② 井上正一：《仏国民法の我国に及ぼたる影響》，《フランス民法百年紀念集》，東京：有斐閣，1905 年，第 57 页。

　　且西人曰民法，国人组织也，此宜言也。譬如军事，一区相
当于一小队；出生死亡相当于出队入队；未婚者相当于新兵；已
婚者相当于老兵，而以聚散分合之规则选用，立大队小队管辖之
法，视国民为大军，国法乃大将军号令，名将若御大军，则法令
需严肃伟大周到。如是观之，各国如名将帅节制严肃之兵，而我
国则如所谓乌合之军，无法无天。管束不力，入队、出队、执
掌、权限等定则全无，据呈报，兵数不分明之事有之。是故各民
位置不正而望富强，犹如两军对垒，敌方名将帅节制之兵，而我
方帅乌合之兵而望胜利。虽非兵家，其败自知。①

　　在江藤新平看来，民法虽然是调节民与民之间行为准则的法律，但作
为与国法相统一的国家法制之一部分，民法同样是强制性法律规范，
不存在任意性法律规范。②

　　更进一步来说，江藤之所以将民法理解为强制性法律规范，既有
知识习惯的影响，也有现实的考量。一方面，江藤新平或许受到传统
法律知识的影响。诸如《改定刑律》《新律纲领》等传统法律中，民
刑不分，都是强制性规定。另一方面，江藤新平有感于条约改正迫在
眉睫，法律整备的情况不但关系条约改正的成败，更与国家的兵力强
盛、对外威慑能力有莫大关系。江藤写道：

　　兵与法乃万国并立之要务。所谓法者乃国法、民法、商法、
诉讼法、治罪法、刑法。……为期五年，如果兵力能够盛似俄罗
斯，法律精似荷兰、意大利、瑞士，我国法兵二者并成则初步达

---

① 江藤新平：《兴国策及官制案》，《南白江藤新平遗稿後集》，第60页。
② 一般而言，强制性法律规范是命令当事人得以或不得进行一定行为的法律规定，属于禁止或
强迫当事人采用特定模式的法律规范；而任意性法律规范是当事人可以自行抉择做或不做某
种行为的法律规范。

到并立之目的。夫兵与法一度整备，到时就要与各国同进行条约改正，改变不得不受制于外国的交流通商之事。若他方无理欲与我国分辨承诺之条约改正之曲直，则要决心与其谈判，使在我国之外国人皆遵我国之国法。①

再者，江藤新平认为，攘外必先富强，富强在于安内，安内之本在于中央集权下的统一管理。因此，实现废藩置县后，对国民的强制统一管理是民法立法的首要目标。他阐述道：

（与万国）并立之根本在于富强，富强之根本在于国民之安宁，国民安宁之根本在于正国民之地位。夫国民之地位不正则不能安宁，不能安宁则不勤其业，不知其耻，何以致富强乎？所谓正国民之地位者何？严婚姻、出生、死亡之法，定继承、赠送遗产之法，严动产及不动产之借贷、买卖、共有之法，私有、代有、共有之法，而好讼始得秉正。加之，国法精详，刑法公正，断狱始得清明。此之谓正国民之地位也。于是，民心安宁，财用流通，国民乃深信政府，乃保全其权利，以达各立久远之目的，图宏大之事业。当是时也，税法若能得其当，则国民各勤其业。各勤其业则民乃富。税法得当则税乃丰。民富税丰，然后海陆军备亦可兴盛，工部之业亦可兴盛，文部之业亦可兴盛。②

纵观江藤新平的民法立法理念，可以得出结论：其民法立法原则受到了万国公法所体现的自然法观念的影响；其立法的出发点并非出于本国国情，而是政治统治的需要；其立法目的是希望通过立法，在

---

① 江藤新平：《兴国策及官制案》，第 60—61 页。
② 江藤新平：《兴国策及官制案》，第 60—61 页。

远期实现条约改正，在近期统一内政。他希望通过民法立法规范人民生活，便于统一管理，将军事化管理方式扩大到社会治理层面，以达成富国强兵的最终夙愿。

在"兵法一致"观的指引下，江藤新平详述自己对于民法立法的具体认识：

因婚姻之法未立致朝婚夕离之情势，老夫老妻亦互不相信可同心协力勤于业，这会导致家内私有物品数量增加，家繁业昌之念渐乏，况今日夫妻明日分手为他人耶。婚易离易，则同心协力保家之情何在耶。且夫妻财产共有、私有之法亦未立，故奸妻掠其夫之财产而嫁于他人，夫夺妻之财产并驱逐之，或为夫妻别离其子终无人可养育，以致病死，或夫死妻弱子幼，族人齐集夺其财产，母子流离失所。如此情势终致勤无益，怠有乐矣。于各国，婚姻之法严正，故离缘之事诚难，苟有其理而离缘，夫妻要同意，户长要同意，亲族或其他证人要同意，司法要监督，而不登记、不各签字画押不许之。且其婚时亦需同样之手续，此乃各国大体平民之情。一旦结为夫妻，则协力勤业，富昌其家，增加学问之花费，培养其子孙成为人才。思其家益昌盛，此念之外他事全无。不得已离缘时，有法确定夫妻财产共有、私有，则不难处理，而其子之财产保护设监财人、公证人等，司法监督之。法律严正，则无微不至。我国出生之法未立，公生子、私生子之财产权利分界不明，其中伪造年龄，隐其生子。加之其子财产不设监护人、公证人、监财人等，若其子孤独，亲族夺之不予，则子狼狈至极。且人之常情，切思子孙，而父若早逝，富家子亦可能落入乞食之境地。各民不勤，岂无理耶。然各国出生之法严正，其子之性别、姓名、公私、其父母之职业、居所、姓名等要通知户长，司法监督之。不问其父母生否，其子若有财产，监护人运作之，监财人保护之，司法监督之。另外，死亡、继承、遗赠、借贷、买卖共通之法，私有、假有、共有之法严正，则商业、公会、农会之业盛行，商事、农事、工事一人一业，立永年之目的；且赝造伪作混杂之患少，二次抵押等事无之。综上，证人、受人之规则，司法监督之法完备，事发时依此等之法裁判，所以民心安堵，发奋之念亦深。①

由此可见，江藤新平规划的民法立法的宏大蓝图是以家为基本单位展开的，其中尤为注重登记制度。例如，婚姻关系需要登记，婚姻财产需要登记，离婚需要登记，未成年人监护需要登记，生子需要登记，死亡、继承、遗赠、借贷、买卖、所有权、商业、公会、农会，凡此种种皆需要登记。此种以登记为主体内容的民法立法设想，不但体现了以军事化手段管理国家的倾向，而且也未完全脱离《改定刑律》《新律纲领》中以身份制为核心规范民事法律关系的倾向。

（二）江藤新平"兵法一致"观下的民法立法实践

江藤新平民法立法实践首先以"拿来主义"为原则，从翻译外国法典开始。明治二年（1869），他命令箕作麟祥翻译拿破仑五法典，主张"错译无妨，唯求速译"，"把法兰西的名字直接改为'帝国'或'日本'即可"，试图直接将翻译过来的《拿破仑法典》作为日本法典的蓝本。明治四年（1871），他开始以左院副议长的身份正式领导民法起草，并聘请法国学者布斯克（Georges Hilaire Bousquet，

---

① 江藤新平:《司法卿を辞するの表》,《南白江藤新平遗稿後集》,第53—54页。

1846—1937）[①]赴日担任顾问，派出公费留学生赴法国学习法律（井上毅就是其中的一员）。不久，江藤新平转任司法卿，对民法起草投入更多的热情，留下了许多民法草案版本。

在明治初年民法草案的多种版本中[②]，江藤新平领导立法而形成的最终确认版本有两个，即明治五年（1872）由太政官制度局制定的《民法决议》和明治六年（1873）三月十日太政官布告《民法暂行法则》。前者盖有江藤新平的印章，而后者经考证，确定是由江藤新平领导的司法省民法会议审议后提交太政官经许可后发布的。

《民法暂行法则》在明治六年（1873）以行政命令颁布并施行，共88条，包括第一卷身份证书成立之条件、第二卷身份证书簿册及记载身份证书的规定、第三卷出生证书、第四卷婚姻证书、第五卷离婚证书、第六卷死亡证书、第七卷身份证书改正及遗漏的规定、第八卷皇族身份证书和第九卷公告前身份证书成立之规定。该法则的颁布标志着明治时期近代日本民法体系性施行的开始，具有重要意义。

正如布斯克在向江藤新平讲解法国民法而形成的《民法大意》中所写道的：

> 民权乃人民依身份为准则而得到，其身份如生死、长幼、婚否、嫡出与私生子等，于庶民之间行使之日义务。故定人权首先要知身份。法律上，身份每发生变化皆可根据规则变更身份证

---

① 布斯克（ジョルジュ・ブスケ），法国律师，明治时代最早受雇赴日的外国法学者，1872—1876年在日本担任顾问，与民法立法有很大关系，教学于明法寮。留有《布斯克日本见闻记》（《ブスケ日本見聞記》，野田良之、久野桂一郎译，東京：みすず書房，1977年）、《教师问答录》（《教師質問録》，出版地、出版者不详，1872—1875年）。其中，《教师问答录》以问答的形式发表，向明治初期的日本传播了法国法学派的观点。

② 其他版本包括司法省明法寮的几个版本、左院版本、口授民法版本等。详见石井良助：《民法典の编纂》，東京：創文社，1979年。石井先生经过考证，认为明法寮版本也与江藤新平有关。不过，向井健（手塚丰之助手）对此并非没有疑问。详见向井健：《明法寮民法草案编纂過程の一考察》，《早稲田法学》57（3），1982年7月。

书，可于簿册上记载其事件。总体上说，此身份证书乃记载如上种种身份信息之统称，庶民之间可以相互承认，它不能丢失，乃紧要之物件，要妥善保管。且此事业必须落实到每个国民身上……以此为证而设法律，乃预备之法。[①]

从近代民法制度的创设来看，身份证书制度是民事关系的准则，是民法立法的预备法律。它不但是"继承的开始，而且是进行公事诉讼的依据"[②]；不但是民事诉讼的预备法律，而且是刑事诉讼的根据。以明治时期日本人的逻辑来说，身份证书制度不但是民法、国法的预备法律，而且也是司法诉讼的重要准绳。

再者，身份证书制度体现了江藤新平"兵法一致"观的立法理念，有利于将人民置于国家政府的控制之下，作为最初的强制性法律规范，对国民实施军事化管理，规范秩序，提高效率，扩大国家财富，即"所以民心安堵，发奋之念亦深，财用通融之道自在"[③]。

第二节　西洋国内法引入与大木乔任"国体民情"观下的民法立法

明治六年（1873）的征韩论争后，明治政府内部权力斗争焦点转化为留守政府和出洋政府之间的矛盾。[④] 十一月，内务省设立，大久

---

① ブスケ：《民法大意》，《教師質問録》初篇第 2 篇，1872 年，第 191—192 页。
② ブスケ：《民法大意》，第 193 页。
③ 江藤新平：《司法卿を辞するの表》，第 54 页。
④ 1873 年，围绕立刻发动征韩战争还是等待时机、暂不行动，政府内部分为两派：一派是岩仓具视、大久保利通、木户孝允等，另一派是西乡隆盛、板垣退助、副岛种臣等。征韩论争以西乡隆盛等征韩派退出政府而告终。

保就任内务卿，以大久保独裁体制为标志的有司专政形成，出洋政府派占据了权力核心，而以西乡隆盛为首的留守政府派多位要员辞职。明治七年（1874）一月，板垣退助等向左院提交《民选议院设立建白书》，其中写道："察方今政权之所属，上不在帝室，下不在人民，而独归有司。"[①] 该檄文在批判大久保独裁的同时，也成为自由民权运动的滥觞。自由民权运动的胚胎孕育于明治政府政权内部，在某种程度上，它代表着政府权力斗争中下野派回归政治中枢的政治诉求。随着自由民权运动的发展，明治政府被迫改变施政方针，将施政重点从外交转移到内政。

以此为背景，大木乔任作为留守政府的一员，没有和同样出自佐贺藩的江藤新平一样，站在留守政府的立场上因征韩论辞职，而是在明治六年（1873）江藤辞职后转任民法编纂总裁，继续江藤未完成的工作。大木乔任与江藤新平的经历有诸多相似之处。二人都来自佐贺藩，就学于藩校弘道馆，参加义祭同盟，反对幕府统治，最后同样于明治新政府设立之际出仕，历任征士、参与、军务官判事。然而，自征韩论起，二人走上了截然相反的政治道路。江藤新平竭力主张定都京都，大木却致力于为奠都东京奔走；江藤新平视大久保利通为最大政敌，大木却成为大久保的侧近；江藤新平因佐贺之乱被斩首于市，大木却成为明治九年（1876）神风连之乱和明治十二年（1879）萩之乱的事后处理者。相较于江藤新平坎坷的从政之路，大木的仕途要平坦得多，他先后在政府中出任民部卿、司法卿、元老院议长、参议等要职。究其缘由，一个关键原因在于，大木乔任的政治主张比江藤新平更加保守、渐进，迎合了出洋政府派的立场。大木的这种态度也体现在了其主持民法立法的过程中。

---

① 　板垣退助：《自由党史》上卷，東京：岩波書店，1980 年，第 35 页。

当时在以内政为着眼点的明治政府中，大木乔任受到自下而上的、由启蒙学者和由自由民权运动理论家引入的西方国内法立法态度，与自上而下的政府内部有关刑法改正与继承法论争的双重影响，形成了独特的民法立法理念，即"国体民情"观。他一边领导着旧惯整理的立法预备工作，一边又以打破旧惯、进行风俗改良的姿态出台《违式诖违条例》。大木的这种矛盾性，揭示出旧惯问题的两难悖论，影响着该阶段民法立法进程，也在以后"民法典论争"中成为争论的重要问题点。

一、从国际法到国内法——启蒙学者与自由民权运动人士的立法态度

岩仓使节团归国、大久保平定佐贺之乱、征韩论争停歇、出洋政府派掌握政治权力核心之际，自由民权运动悄然兴起，其目标直指大久保独裁体制——有司专政。在明治政府当权者看来，对内建立立宪政体，似乎成为大势所趋；对外虽然条约改正预期化为泡影，但亲身游历欧美使他们对各国法制有了更深刻的认识。他们切身感受到，所谓"万国公法"，不仅代表着公道、公理，而且有利于强国对弱国的威压。"所谓公法，虽为保全列国权利之典常，但仅利于大国争利而已。有利之处，执公法而坚定不移；不利之处，反之，以兵威而不守公法。唯小国孜孜不倦省思辞令与公理，不敢逾越，望勉力保全主权。但因大国颠簸凌辱之政略，往往不能自主。"[1] 他们还意识到，欧洲近代政治形态是各国历史发展的结果，"欧洲政治之脑髓应归结到保护生命和财产"，但"从其习惯而治，不可矫揉造作，才是欧洲政

---

① 久米邦武：《特命全権大使美欧回覧実記》第三卷，東京：宗高書房，1976 年，第 370—371 页。

治之大要"。①

文明开化作为明治初期三大政策之一，得到政府的积极支持和思想界的格外关注。国内自由贸易兴起、西洋思想输入、风俗民情激荡，这些改变为庶民生活注入活力的同时，亦造成了些许困扰和不安。如何理解所谓"文明"，怎样适应文明，作为一则思想课题，以启蒙的名义横亘在日本政治思想界与社会生活之间。

在这一背景下，以启蒙民众、"唤起愚昧之沉睡，树天下之模范"②为目标，《明六杂志》（1874—1875）创刊。作为明治初期思想性最浓、销量最广的杂志，《明六杂志》是"当今有名诸学士论著之所在，其议事之准确，行文之实在，警醒之益处，提携之功用，非他书可比。无论在朝在野必携一册以读之"。③创刊机关明六社创建于明治六年（1873），是日本历史上第一个合法的研究和传播西方民主思想的学术团体，"大部分社员都和新政府有关，虽未必倾向于政府的政策，但在新思想、新制度的形成上，都扮演了积极的角色。文明开化与启蒙运动是他们的活动领域"。④《明六杂志》的作者群包括森有礼、西村茂树、西周、津田真道、中村正直、加藤弘之、福泽谕吉等人，他们的议论范围宽广，涉及国语、知识分子之任务（即所谓"学者职分"）、西洋思想如何适应日本、国家制度建设等问题。

对于国家制度建设这个议题，明六社部分成员的意见，主要是通过与板垣退助的《民选议院设立建白书》一文展开辩论的方式表

---

① 久米邦武：《特命全权大使美欧回览实记》第五卷，東京：宗高書房，1976 年，第 161 页。
② 西村茂樹：《開化の度に因て改文字を発すべきの論》，《明六雑誌》第一号（1874），《明六雑誌》复印版上卷，東京：岩波書店，1999 年，第 58 页。
③ 《明六雑誌》，明治七年（1874）五月二日，《新聞集成明治編年史》第二卷，東京：本邦書籍株式会社，1982 年，第 359 页。
④ 李永炽：《日本的近代化与知识分子》，台北：水牛出版社，1991 年，第 18 页。

达出来。例如，西周《驳旧相公一题》中说："归根到底，民选议院是欧洲近代政治学中之经纶大本，治术的根源，谁不希望它在我国建立呢？应该说这是没有争论的，何况从事欧洲学术的人更不会拒绝它。"[1] 森有礼则认为："今民心淘淘，上下相疑，隐有土崩瓦解之兆，若无势而施行（设立民选议院），毕竟会导致天下公议舆论的拥堵。"[2] 加藤弘之则以民智尚未开化为由，认为"欲使我国开化未全之人民全体参议天下大事，而采其公议，以制定天下的制度——宪法，恐怕是等于缘木求鱼。……凡人民智识未开启而先得极大自由之权的情况，不知施行之正道，往往陷于自暴自弃，恐将伤害国家之治安，岂不可惧！"[3] 从上述议论中，可以看出，明六社群体大多持设立民选议院"尚早论"，即不反对设立民选议院，但认为在日本设立民选议院的时机尚不成熟。在某种程度上，这些议论是与出洋政府派的主张相契合的。然而，政府还是以宣传英法自由主义思想、言论过激为由，于明治八年（1875）责令《明六杂志》停刊。

但是，《明六杂志》停刊，并未阻止西方思潮的传入。明治七年（1874），以小野梓、马场辰猪为代表，包括赤松连城、万里小路通房、尾崎三良、广濑进一、松平信正、岩崎小次郎、三好退藏等人在内的英国留学生群体，共同商议，成立"共存同众协会"。其名称意味着探寻团结起来、人类共存的道理。协会发行的杂志《共存》创刊词中写道，结社目的在于，"消灭我国人民久惯于压抑的遗风，犹存的封建余弊，上下隔绝、彼此抵触的状态，即使同为一县居民却彼此

---

① 西周：《驳旧相公一题》，《明六雑誌》第三号（1874），《明六雑誌》复刻版上卷，第125 页。

② 森有禮：《民選議院建白書之評》，《明六雑誌》第三号（1874），《明六雑誌》复刻版上卷，第105 页。

③ 加藤弘之：《ルソチュリ氏国法汎論摘訳　民選議院不可立の論》，《明六雑誌》第四号（1874），《明六雑誌》复刻版上卷，第147 页。

疏离的格局"。可以看出，《共存》与《明六杂志》相似，同样以启蒙为自己的使命。不过，明六社结社目的是启蒙一般民众；而共存同众协会则更加关注制度建设及国内法制发展动向，更多了些在野党的意味。

当时，日本国内法律整备中最为紧要的民刑二法正处于立法之中，特别是新刑法的立法，业已三易其稿，进入第四次审读阶段。因此，如何借鉴西洋近代法制思想完成国内的法律制度建设工作，进而影响民众生活，改变全体社会风气，成为共存同众协会尤其关注的话题。在借鉴西洋近代法制思想层面，如何面对旧惯——封建和启蒙——文明，如何面对固有法——继受法，怎样批判取舍，成为至关重要的问题，共存同众会成员纷纷发表意见。

总体而言，共存同众会成员皆认可通过自上而下的法制改革，尤为看重定立新的民事法律规范对于移风易俗、迈入文明社会的重要意义。例如，三好退藏直呼在警惕旧法制压迫人身自由的同时，莫要忽视身边旧惯对于人身自由的压迫。他写道：

> 凡物之最恶最厌者莫过于束缚压制，而存有法度之束缚压制，惯习之束缚压制。法度之束缚压制天下皆得而见之，而以至于因为惯习、人身被束缚压制其中而不自知。虽惯习之束缚压制千种不胜枚举，但今欲论其有害于文明者，即婚姻之不定年龄限制、不禁养子之制、父子夫妇无权利限制、无子弟分产别居之制、无遗物继承之法。此皆古圣帝贤相制定之制，其乱离相属、成为不见于典刑之惯习久矣，它们压抑束缚自由之精神，使自由无法行使，其害不可胜言。即使政府解除法度之束缚压制，使人民可得进退动作之自由，但婚姻年龄限制不定，自由之精神不振；不禁养子之制，自由之精神不振；不立父子夫妇之

权限，自由之精神不振；不设子弟分产别居之制，自由之精神不振；惯习之束缚压制岂可忽视！我同众凤倡人类共存之道，使人民明晰权利、厉行义务，可是此等习惯苟害人民，则不直论抗议抉择、破束缚、除压制，我兄弟朋友共同自由之幸福不可保矣。[1]

而移风易俗需要通过改革旧法体制来实现，福原芳三写道：

> 凡移风易俗，促进开化进步，要从法律改正做起。而欲变更本国之旧法，必先借鉴于先进之他国，推究其变换改正之条理，考虑思索新法与古法之实际优劣，理解新旧沿革适度之原理。方今欧美诸国，因其宪法各异，刑法亦各不相同。故如何明法，若仅根据表面公益之多寡，而不查究其法律起创之原因，则即使适用于自国，可能导致公益之减少，甚至酿成民害。不可不慎也。[2]

福原肯定法律改革可以实现"公益"，有助于大多数人的根本利益。但是，要讲究法律改革的方式方法，特别是在采择西方近代法律体制和思想为本国所用时，必须透过现象看本质，深究法理，理解各国法律历史，追本溯源，从立法本质上弄清楚法制的精神，方能达成目标。

福原的看法也是共存同众协会思想家们的共识。他们之所以强调立法本质的重要性，是因为他们发现，以留学欧美学习法律的政府公

---

[1] 三好退藏：《民事新話》，《共存雑誌》第十号（1876），《共存雑誌》复刻版，京都：同朋社，1986年，第55页。

[2] 福原芳山：《刑法論第一》，《共存雑誌》第十三号（1876），《共存雑誌》复刻版，第75页。

务人员为代表的明治法制官僚群体当中，普遍存在"崇洋媚外"的倾向，即不经深思熟虑，寄希望于直接移植西方近代法律应用于日本。小野梓写道：

> 视归朝之法科留学生之所为，在法国学习法国法律者以其为无上之法制，在英国习英律者仅以英律为贵，在美倡美法，在奥匈帝国张奥匈律，乘老辈不懂之机，或曰以法国某某法治某某事，或曰以英国某某律督某某事，美国如何如何，奥匈帝国如何如何，喋喋不休，左唱右辩，欲兜售自己之名誉。①

他批判此种态度，认为他们"眩惑于新奇，不顾本邦之利害得失，武断主张应该用法国法，应该用英国法。……归朝之学生以一己之身汲汲营营，非以精进本邦之法律为己任，未尝法制之真味，欲直接将外邦之法律用于我邦，实乃过于自满之缘故"。②

鉴于此，小野梓主张，在进行法律移植时，应追究法律的本质。明治时代的法制官僚应当认识到，各国法律来源于本土，具有特殊性，并不能代表法律的本质，万不可原封不动应用于日本，否则后患无穷。他写道：

> 欧美律例大抵基于其风土惯习，具有奇怪之定例，认无证之浮语为推理之本位的情况多矣，故不可动辄言说其律例为何。……而且英律多得其源于古代之通习，以致其中有损法制本质的情况不少。……英国全法原封不动搬到法国，不可通用之处多矣。呜呼，同一欧洲尚且如此，何况于异俗殊习之大东洋

---

① 小野梓：《民刑二法实理》，《共存雜誌》第十号（1876），《共存雜誌》复刻版，第57页。
② 小野梓：《民刑二法实理》，第57页。

耶。……要先依理论讲明法制之本质，不知事理之真法则不能置
其当否，徒增无益。而且，将奇怪之定例视为真纯之法制是为害
国残民，其弊害不可胜举。[1]

因此，欲建立法度，整备国家法制，应追究法律的本质。而所谓
"法律的本质"，在小野梓看来，包含法理和法史两部分。欲探求法
律的本质，需要探究法理。

> 法理学修习古今之律例，发现贯通其间之一缕道理，明晰立
> 法之主义，其学律甚为切要。随人智之进步其思想亦随之进步，
> 思想渐渐进步，其行为愈益更新，渐渐其狱讼之事亦随其变化。
> 此乃事理之必然。律例追驰之常有所不及，汲汲未曾阻止其动行
> 变化矣。然有一缕之道理古今继承贯通其间未曾断绝。故修辑
> 之、考据之，自身得明究法律之主义也。此乃法理学之学律为必
> 须之故。[2]

同时，也必须研究律例沿革的法律史。

> 律例必随进步，故讲明古来之律例得以详解人类进步之事
> 情，如海中深雾中失其友，追踪踪迹得知其经过一般是也。盖与
> 其说律例乃指教后人行为之工具，不如说它详示当时之事实，乃
> 传之于后世之重要工具。所以蛮夷之国法表达蛮夷之情态，文明
> 之律例显示文明之事情，夫封建时代之法带有格局相凌之风气，
> 共和国民之律例显平等协和之瑞象。未必从开始之时即是究至公

---

[1]　小野梓：《民刑二法实理》，第 57 页。
[2]　小野梓：《論英国律例》，《共存雑誌》第二十号（1879），《共存雑誌》复刻版，第 120 页。

> 至平之实理、立万世不朽之大法者也。于是乎，讲律例沿革之
> 史，乃法学士之重大要务，绝不在讲法理之下。盖不通律例沿革
> 史，不能知其政体人情，不通其政体人情，终不能明立法之主要
> 旨归。①

法理学指明了人类社会进步的方向，探究律例沿革的法律史中则包含着当年的时代风气。时代风气不同，政体人情亦不尽相同，立法内容当然有所差异。应根据政体人情、时代风气制定法律，而不能背道而驰。如果探究法理，意味着寻找各个时代共通的道理，那么，研究法律史则是为理解各个时代不同的法律成因。只有把握了法理的本质内容和法律史的详细脉络，才能有的放矢，根据日本现有的时代风气，运用明确的方法制定法律。

马场辰猪更进一步认为，研究法律史不但要研究欧美各个国家的法律史，而且要追溯各国共同的法律渊源，即罗马法律史。他写道：

> 我邦之人民，慕泰西之文化如法律，并考虑将之施行于此，
> 或采用法兰西、或仿效英吉利，使本邦法制之体面为之一新。然
> 水有源流，苟不知其源流远近则不知其渊源深浅也。惟泰西之律
> 例大抵引罗马之古律为其源，拿破仑法典、普鲁士法典等溯其源
> 流皆为罗马之律例，英国某法、美国某例，皆以此古律得其根
> 本。故欲明英法律例之所据，详其用心之所在，势必不得不讲明
> 罗马古律之大概。②

---

① 小野梓：《論英国律例》，第120页。
② 馬場辰猪：《羅馬律略》，《共存雑誌》第二十号（1879），《共存雑誌》复刻版，第117页。

共存同众协会思想家们对立法的看法也得到了一部分法制官僚的认同。德国法学派出身的井上毅即表示：

> 外来之性质，以文学技艺修饰等为旨趣，不拘其地位如何，应适应其智识、高尚之程度输入他国。例如东罗马法典发源于罗马不过一国之法律，因其功用重大、理论精确，以至今日流传于欧洲大地。各国法律皆以此为基础。电机蒸汽乃欧美之发明，与著书器械建筑等之方法一同因其善之而法取德移，采用于中国日本，因其并非来源于本土，固称之为外来之性质。而此外来之性质因通商之便利、法学士之书信往来，著述之流布，就种种事情、费种种工夫，乃得以输入。但其间要应本来之性质，即应其勇懦强弱贤愚之程度取舍采择，此为适宜之进化。故内外之性质交相竞争，交相熔铸，终变元来之形质，创造国民特有之性质。[①]

由此可见，启蒙思想家们对于法律改革的认识其来有自，他们对明治初年留洋归国的法制官僚们不加思辨，希望将外国法律"原封不动"移植至日本进行民刑二法立法的态度，深感忧虑。在他们看来，一方面，本国的民刑二法改革势在必行，打破旧惯乃大势所趋，不为旧惯所束缚，才可以振兴自由之精神。另一方面，法律并非轻易可以移植，不可将西方法律现有规定和条文直接应用于日本。要通过深究其法条律例所产生的社会政治因素，修习法理学和法律史，在弄清楚西方立法本质的基础上，才能根据本国国情，进行法律改革。

---

① 井上毅：《欧洲模仿を非とする说》，推定为明治七年（1874）十一月由欧洲归国至翌年八月起草，《井上毅伝史料编》第一卷，东京：国学院大学图书馆，1986 年，第 53 页。

二、政府对民刑二法的改正态度：废户婚律与继承法论争

与留洋归国的法制官僚、启蒙思想家们对民刑二法的立法态度相比，明治政府的主流立法精神更为本土化，其民刑二法的立法理念深深扎根于现存的法律体制。

改革对于明治政府而言，并非打破一个旧世界，创造一个新世界；而是要在旧有的基础上徐徐进行改良，使得新旧调和，得以共存。此渐进的态度乃大久保体制所创，一直为明治政府所沿袭。明治十年（1877）左右，出洋政府派的种种际遇，令大久保政权不得不沉下心来，采取保守渐进的态度面对国内境遇，将关注焦点由国际转移至国内，致力于国家建设。他在临死前谈到国家建设时还强调，今后十年是过去十年创业和预计将来十年守成之间承前启后的时期，是为了整顿内治，繁殖民产，必须更加谨慎，创立将来可继之基的时期。创业时期的口号虽然也是文明开化，但同时要考虑尊重自古以来的习惯、固有的习惯，拨正政治轨道。

（一）刑法改正中废户婚律的提出

废除《改定刑律》中户婚律的元老院议案，集中体现了明治政府渐进推行文明开化政策、逐步推进近代民事法制建设的态度。明治九年（1876），元老院在刑法改正案中，上奏了废除户婚律的意见案，其中写道：

> 法有区分，其种类不可混同。苟分类混同，弊则宽严欠要，权衡失当。故按分类，民法内容不应出现于刑法之中，军律之戒不应波及常律之范围。欧美各国之立法如此。夫中国中世以来已不见其法律之种类区分，本邦现今之刑律乃咨之于中国明清律，但政体风俗却效仿于欧美。于是，其刑律与政体风俗大相背驰，此乃一大厘革之所在。而其大改正以期他日，独其最甚者必须速

革正之。新律纲领及改定律例中户婚律一门时至今日则冗赘又缺乏，可谓其区分种类混同最甚者。盖户婚律之名袭自唐律，参酌明清律户役、婚姻、田宅之诸律而合为一门，暂不论其冗赘，反映出本邦现今之政事中役法尚不存在，而以律为法，产生差役不均之问题。举其缺典则如本邦现今之风俗婚姻之制从欧美之良法，条目不适宜者多矣，例如以律揭逐婿嫁女之一条混同法律之区分种类，因为该律逐条概与民法相关，而为刑法所管辖则宽严欠其要，权衡失其当，不但如此弊，他日欲编民法时，将有刑法与民法互相抵触矛盾之患。改定律例第百十二条至百十四条，立嫡违法条例，虽为本律所管辖，但亦可插入人命律中。但如逃亡律取之于唐律，至今日必须删除。盖方维新之际，诸藩脱籍之徒往往在外为不逞，故设此律，然今则不然。郡县之制既已完全，以期保护人民之自由，存此律以之约束人民，是为不当。户婚律一门完全为法律之冗赘缺乏，且他日必触害民法编制，可速废之。①

可以看出，元老院在打算改革《改定刑律》《新律纲领》时，以"从欧美之良法"为基本原则。在他们看来，整个明治政府政体制度改革的大方向是迈向近代化的，虽然不能毕其功于一役，必须徐徐改进之，但首先需要在法律制度改革上，遵循近代法律分类框架，刑法部分的规定纳入刑法，民法部分的规定纳入民法。从这个意义上说，废除户婚律不但是刑法改革的需要，而且是未来以西洋法为标准进行民法立法的前提。鉴于日本在明治以前并没有民法的概念，要编纂西洋模式的民法，就需要扫清过去法体制中存在的制度障

---

① 《废户婚律意见案》，《井上毅伝史料编》第一卷，第91—92页。

碍。以近代法的模式分清民刑二法的界限，刑法户婚律的废除势在
必行。

井上毅欣然同意元老院的意见，他认为"新律纲领中设户婚律
一项，有立嫡违法逐婿嫁女数条，一家之私事为国法所检束"，实乃
"以国法乱民法"，"不改其弊，不但小民甚为不便，而且簿书指令混
乱年复一年，或多或少会成为日后制定民法的障碍"。①

（二）继承法论争

井上毅不但关注户婚律问题，也注意到围绕家督继承法而形成的
继承法改革问题。他清楚认识到，继承法改革关系重大。

> 继承法变更乃伦理、关系、家庭之生计相关之旷古一大变
> 革，其影响所及之处、结果所归之所，究竟会产生何等景象乎。
> 不得不再三思量。必须明确如今我固有之家督继承法具有何等性
> 质，具有何等利益和弊害。②

对于继承法改革，法国学者博瓦索纳德（Gustave Émile Boissonade
de Fontarabie，1825—1910）明确建议完全废除旧有的家督继承法，
改为财产继承法。明治六年（1873）来日任司法省法学顾问的博瓦索
纳德，起草了明治旧刑法和旧民法。来日初期，他曾向日本政府解释
法国继承法的一般原理，简单说来，即单纯的财产继承法。此种继承
法"不分贵族平民，'单单遵从自然法'，可谓简单并且正当。此意
本出于政谈，涉及法律与审判，则将人民之财产'聚而分之'，使大
多数人民安居乐业，在一家之内，不至出现骄奢懒惰的兄长和贫穷困

---

① 《废户婚律意见案》，第89—90页。
② 《废户婚律意见案》，第80页。

苦的幼弟"。①

　　此种乐观的自然法态度，并未被明治政府的知识官僚所接受。明治九年（1876）以来，有关继承法改革问题，内务省与法制局一直在讨论当中。《井上毅传史料编》记载了井上毅参与讨论的详情，从中也可以看出不同意见的互相交锋。② 在井上毅看来，无论如何，家督继承势必改革，但以财产继承取代家督继承的做法并不可取。他批判

------

① 博瓦索纳德指出，此方针实际应用之时，设置继承规则如下：

> 　　定继承，不依据从前所谓之财产种类及其根源。（参见《法国民法典》第732条）从前，将财产于亲戚间分配，必溯及财产之根源，死者生者之间，由父方所得之遗物不动产归依父方之继承人，由母方所得之归依于母方。其动产和因劳动而得之不动产，分配于父母双方之继承人。如令死者之财产，不分其类，平分于父母双方。而且财产继承者有其顺序。法律推考死者之亲爱薄厚，以此定之。死者之亲疏根据亲属之内遵从等级之远近，近者遵从其厚重，以此推定。而一方有远亲，另一方有近亲，则认为亲疏的厚度相同。父方有叔父，母方有从弟，则即使是十二级之从弟，财产应平分于各方。此法虽然存有尊重财产根源之旧弊，但人曰，若唤起死者，定然如此分配财产，定如此分配，乃采纳死者之意愿。
>
> 　　法律上推考死者之亲疏远近，定继承人之顺序，如下：
>
> 　　第一，子或孙（并非子和孙共同继承）；
>
> 　　第二，父母和兄弟姐妹；
>
> 　　第三，非父母之尊亲属（父母双方各分一半）；
>
> 　　第四，双方之旁系亲属；
>
> 　　第五，配偶者；
>
> 　　第六，政府。
>
> 　　私生子（并非通奸子、乱伦子）与其相应等级继承人共同接受分配。
>
> 　　法律上并没有男女、长幼之区别。（参见《法国民法典》第745条）
>
> 　　同子同权，坚守兄弟间、姐妹间、从兄弟间之同权，因此制定继承编中的返还规定。此规定表明，继承人如果接受过被继承人生前的遗赠和遗嘱，则要返还至死者之财产中，使其加入被分配的财产中。

　　《ボアソナード氏相続論》，明治八年（1875）二月九日，《近代日本法制史料集》第八卷，東京：東京大学出版会，1986年，第194页。

② 内务省论："民法未设，故财产分配法不应实行。废立嫡法，民间之纷争实不可料。区分户主与财产主之事甚难。"松田论："必须废立嫡法，代之以财产分配法。"法制局论："家督继承改为家名继承法，其性质：一、立嫡相承。二、户主支配家之子。三、户主以全家之名义拥有所有财产。家督法以以上三目成立。要一定程度保存家督法，但实施以下改革：一、任立嫡为习惯但废立嫡违法律。二、承认户主下成年丁人之独立，但户籍记录以家名为纲、以人口为目。三、设财产分别之证书，财产并非户主所有。"《废户婚律意见案》，第95页。

家督继承的弊端：

> 家督继承法，一家一主支配全家子弟及子弟之财产，子弟至老年非分家亦不得拥有自己的财产。甲地之户主逢国家没收家产时，仍连带在乙地之子弟，使其不免籍没之祸。此其一。根据家督继承法，父祖之债，子孙负之。子孙不幸负担父祖之余债。若父祖被牵连至家产的祸端，凭己之力却不能成立一家，受到牵连，不免籍没，以致终身受困。现户主之法与地券之法互相抵触，如何处理耶。地券不限户主，不论子孙厄介，皆许予之。然户主之法不承认子孙之财产，是有地券，却不足证此为子弟之财产，地券之效用何在。[①]

井上毅发现以家督继承法为核心形成的财产、户籍制度与现有国情的矛盾。国家近代化以人身自由为前提，国家发放地券以个人为依据，但是，家督继承法不承认个人的人身自由和财产所有，与之相抵触。因此，改革势在必行。

经过深思熟虑和几番周折，最终井上毅提出了个人的观点，即在传统的家督继承基础上去其弊端。

> 继承有两种，同以继承为名，实则二者全其精神各有不同。
> 继承有哪两种，一曰家名继承，一曰财产继承。欧洲各国或分配于众子孙或传于一子，究其精神全为财产继承，并非家名继承。其证据乃任何国家允许父死负债多时子辞继承，但我国一子继承之法虽然类似于英国之继承法，实则并非所谓的财产继承，

---

① 《废户婚律意见案》，第89页。

证据乃父死子不得辞其继承，不能自立门户，废家绝祀乃为不孝于法律所禁止。家名继承之原因在于将一家视为一小社会、一小邦国，其权利与义务不属于一家任何人，其一人亦无属于自己之财产。家名继承之弊端妨碍一人一丁之独立，其他种种不便如前所论。

然我国家名继承之习惯由来已久，浸染上下人民之脑髓，不可能一朝俄而改革。今只能去弊端太甚者，以稍稍转其方向为目的。

第一，给予废一家之自由权利。

第二，给予子辞继承之自由权利。

第三，给予分配财产之自由权利。

第四，给予别居分家之自由权利。①

从事后的视角来看，井上毅此时构想出的方法正是明治民法继承编的雏形。它既非传统的家督继承，亦非法国民法典中所规定的财产继承，而具有日本的特殊性。

井上毅的继承法方案实际上代表了明治政府渐进主义的政治路线。它以日本惯习为中心，企图在不对惯习做重大改变的基础上，对近代法制度进行吸收。同样是东洋与西洋近代法制之间的选择，法制官僚与启蒙思想家者之间的立场并不存在显著差距。

三、井上馨、大木乔任对条约改正与民法立法的态度

明治十四年政变后，政府发布渐次立宪的告谕，决定于明治二十三年（1890）颁布宪法，设立国会。同时，陆奥宗光以税权为中

---

① 《废户婚律意见案》，第 92 页。

心的条约改正宣告失败，井上馨出任外务大臣，接手条约改正工作。伊藤博文在对外关系上竭力支持盟友井上馨提出的"鹿鸣馆外交"。由此，开辟了所谓"推行欧化主义时代"，力图在对外关系和文化上使日本"脱业入欧"。明治十五年（1882），伊藤博文赴欧洲考察宪法之时，井上馨正忙于与各国公使谈判修约问题。他一改陆奥以税权为中心的谈判内容，认为"实际上，法权不取，一步亦不应允许外国人进入内地通商"[①]，决定将法权作为条约改正的核心内容。为此，他与大木乔任一起，就条约改正问题质询参事院雇德国博士罗斯列尔。此次谈话[②]，显示井上与大木对于条约改正与民法立法截然不同的关注点和态度。

根据条约改正谈判内容，明治政府初步确立了以开放内地为条件收回治外法权的谈判方针。"从前的条约令他国在狭小的界限内进行通商，我国出让法律的权利，双方进行对等之约定。今日要更加亲密交流，欲繁荣通商，就要消除治外法权，允许外国人自由出入内地。但是，消除治外法权，破除一层壁垒，方可允许外国人于内地通商。"由此形成了两种谈判方案，即"第一策以开放全国为条件，并要求完全收回民法、刑法之法权。实际不可行时，会出第二策。要求不完全的法权收回，却不能满足开放全国的约定。"[③]

大木同意第一案，对第二案有所保留，认为第二案存在不可预计的风险。这反映出大木对于制定以西洋近代民法为依据的日本民法势在必行的决心。他表示，"希望第一案能成定局，但若第一案谈判

---

① 《井上馨書翰伊藤博文宛》，明治十五年（1882）十一月二十四日，《伊藤博文関係文書》第一卷，東京：墙書房，1979 年，第 173 页。
② 《条约改正質詢》，明治十五年（1882）三月十二日，三大臣、大木、山县、井上、山田列席，质询参事院雇德国博士罗斯列尔，本尾敬三郎翻译，井上馨笔记。参见佐佐木高行：《保古飛呂比·佐佐木高行日記》第十一卷，東京：東京大学出版会，1979 年，第 83—99 页。
③ 《条约改正質詢》，第 83—99 页。

未能成行，宁可废弃第二案，遵守原有条约"。原因在于，"民法乃人民交往的必要规定，刑法乃保持国家安宁的最必要规定，若不能完全收回民法刑法的治外法权，就算缔结第二案，也应要求确定最终进行条约全部改正的时间。……我同样期望彼我条约改正之进步，并且十分热心致力于此。……第一案之失败后可以另行商讨第二案，所以可以并非仅打算坚守原有之旧条约，但是第二案或许存在危险的部分啊"。①

反之，井上关注的重点放在谈判是否可以达成目的。至于用何种手段可以达成目的，井上比大木更加乐观，更具有策略性。这似乎也印证了佐佐木高行对于井上馨的评价，井上馨出于"对别国进行笼络、权谋计策"②的立场进行条约改正，同时也反映出井上馨誓将条约改正进行到底的态度。

最后，井上、大木初步达成一致的结论中有关涉外情况在民法立法中如何规定的问题，反映出二人在将近代西洋法应用于依照本国国情定立民法的宗旨下，对如何具体操作的不确定态度。"条约中维持何种法权乃内治不可或缺之事，此答案甚难。此事毕竟要根据本国的现状。例如，彼此两国之间婚姻的关系差异甚为悬殊，彼国人民滞留本国者，适用本国的法律举行婚礼必定困难。所以，治外法权之约定要根据国家的国情。"出于这样的考虑，收回治外法权，势必需要对外国人遵守本国法律作出某些例外的特别规定。"适用外国人的法律，需要哪些例外呢？所谓一定程度上的例外，在刑法中如死刑，民法中如婚姻、凡是涉及人事关系的事件，行政法中没有例外，但涉及国家本质的事，参政之事应该例外。……婚姻养子等情况，当然对外国人例外。……上述法权中，民法法权的收回相对容

① 《条约改正质询》，第85—89页。
② 《条约改正质询》，第29页。

易，而刑法甚为困难。换句话说，民法、刑法同样难以收回，但是民法可能收回必要部分的法权，而刑法很难权其轻重，可能仅能收回违警罪的法权。……若民事附带刑事，刑事裁判不完成，民事裁判就不可能进行，如果不能如此，即使收回民事裁判权，实行亦很困难。"①

虽然大木沉稳，井上机智，但二人都出于条约改正的考量，确立了民法立法方面的意图。不过，在如何制定本国民法，甚至在条约改正的谈判中对于外国人服从本国民法的范围要作出哪些例外的规定，二人却不知如何处理，仅就细节问题加以讨论，没有形成具有体系的章程。在他们看来，民法立法终究是一个内政问题，条约改正需要外国人服从本国民法。但是，外国人如何服从适应日本国情的民法，正如近代西洋法如何适应日本国情，这些问题始终盘绕在二人心中，成为有关民法立法要旨的核心疑问。

四、大木乔任"国体民情"的民法立法观与立法实践

有关大木乔任的民法立法态度，从他与佐佐木高行的交往和言谈中，可以略窥端倪。大木乔任力图在政治上不偏不倚，与伊藤博文和井上馨等进取之辈保持一定距离。② 在与佐佐木高行谈到民法典的立法方针时，大木表示，"论及继承法，我认为法国法一点都不可取，应该依照我国的惯习"。③ 由此可见大木乔任对于根据本国国情、风俗

---

① 《条约改正質詢》，第 89 页。
② 在《佐佐木高行日記》明治十四年（1881）一月十五日条中，写道："与大木会面，大木曰，依今日所见，政府非常为难，尤其施行的事情繁杂琐碎，弊端横生。某种程度上，乃大久保与木户二人之责任。又叹息道，对强行处置士族感到后悔。这些士族中一定会有很多人一直怀恨政府，一定会进行报复。所以我偷偷认为，大木虽有智识，但优柔寡断，现在也很无能。"佐佐木高行：《保古飛呂比·佐佐木高行日記》第十卷，東京：東京大学出版会，1979年，第 32 页。
③ 《佐佐木高行日記》，明治十四年（1881）四月十七日条，佐佐木高行：《保古飛呂比·佐佐木高行日記》第十卷，第 179 页。

民情定立民法的基本态度。再者，大木乔任十分重视国体。对上维护国体，对下体察民情，居中定立民法，可以概括为其民法立法的基本态度。以此态度为指引，大木乔任领导了其任司法卿期间的民法立法工作。

（一）大木乔任"国体民情"观的民法立法理念

通观大木乔任的法制改革意向，最重要的是维护国体。明治十四年（1881）五月，大木乔任撰写《有关立宪政体之建议》，充分体现了此一立法倾向。其中，大木首先论述了当前形势，开宗明义指明，立法不是仿效西方，而是追溯历史。"如近时无论何人皆主张国宪论，但有关国体，其义非易，实不可轻举妄动。毕竟明治八年（1875）之诏开国体变革之机，虽然痛叹无过于此，但此事已属过往，无可奈何。现今必须有一个坚定之方策，此在下所焦思熟虑者。鄙论之要点，欲不效外邦国宪，将帝家之事和政体相区别，溯往征诸上世，使世人思慕上世建国基础之所在。"进而，大木指出，目前最关键的就是定立国体，此为国之基础所在。"臣乔任谨白，臣闻国之有国体犹如人之有五体也。五体不具，人非其人也；国体不立，国非其国也。是以建国之体立，而为政之经定，为政之经定而导天下之方明；导天下之方明而民不疑；民不疑而天下方可务实，民务实而国治天下平。若夫国体不立，无为政之经，此谓之无庙谟也。故立国体乃修其本也，其本不修则末治者，未之有也。"①最后，大木强调，制宪并非要完全学习西方，而是要有自己的原则，这个原则就在于维持国体。

　　维新庶政之变革，采欧美之优点，法制文物多仿效之，遂

---

① 《大木乔任有关立宪政体之建议（1881年5月）》，张允起主编：《日本明治前期法政史料选编》，北京：清华大学出版社，2016年，第322—323页。

使天下之人心谬误至此也。夫陛下锐意欲与万国驱驰，宜当采美于海外，苟日新，又日新。然则明治八年之诏，陛下之意岂是渐次放弃皇邦固有之国础，而渐次仿效欧美立国之旨乎？置元老院乃广开立法之源，设大审院乃巩固法律之力也。欲俟诸人文渐开而与民共守规章，乃陛下仁爱之至也。其形虽有效仿外邦者，不过为采荇采菲之事耳，岂是举国础之所在而悉效于彼哉。

往昔先王仁来，贡而载籍可观；吉备浮海，而文章其明也。律令之备于大宝年间，格式之详于延喜，此虽皆出于征汉土采其美者，而国础之所在，固依然也。故求智识于四海，乃先皇之遗制，而陛下对神明之所誓者也。然则陛下倘使有意举皇邦固有之国体而弃之、改造之，将何以面对列圣圣皇？而臣实知陛下无意于此也。①

所谓"庶政"，指的是包括民法在内的各种法制建设。在大木看来，虽然近代西洋化的法制建设是制度改革的方向，但是模仿他国需要有底线，不能失去"国础"，而"国础"即"皇邦固有之国体"。这不但是改革刑法的根本原则，也是民法立法的根本原则。

在维持国体的基础上，大木乔任认为，以近代西洋民法为模板定立民法，需要体察民情。对此，佐佐木高行回忆道：

在元老院与大木聊天。高行曰，新刑法②美则美矣，却有失于宽大之忧患，从明治十四年的角度来看古来的习惯，未必适

---

① 《大木乔任有关立宪政体之建议（1881 年 5 月）》，第 324 页。
② 此所谓新刑法，实乃历史上所称之明治旧刑法，由博瓦索纳德起草，明治十三年（1880）公布，十五年（1882）一月一日起正式实施。

当，虽然我与新刑法之议事毫无关系，但却大有感触，先生乃司法卿，专司此事，以为如何呢？

大木曰，我也有失于宽大之同感。虽然由司法卿领导起草，但是省中各人各有分工。我自任民法、商法，山田任刑法、检察，岸良兼养任治罪法，各自为政。没有特别的讨论，在审查局中审议更加宽松，以致今日的程度。法国法中虽然也有宽大的规定，博瓦索纳德却认为不能以法国的刑罚轻重来衡量日本，法国仅是示范作用，应该以日本的人情适度来定刑罚的轻重，并没有身为法学大家就作出轻率的考量，日本的法律家反而不见前后，过分认为宽大即是文明。中国的刑罚主义、欧美各国的主义皆以疑罪从轻为原则，中国的刑法与治罪法相互混合，不相区别，欧美的治罪法颇为精密，在罪状判然前采取宽大的处理方式，以至少不妨碍权利为主，所以一旦罪状判然，则以相应的法律进行判决。中国因为没有治罪法，在罪状判然前，若业已受到怀疑，就将其作为真正的罪犯处理，但却在刑律上采取从宽处理原则，以福惠于全盘的原则判决罪案，这就是所谓的以聊聊精巧之言辞从轻判处，胜于供养千万的僧侣。今日日本的法律家却将上述两种原则混合起来，认为这样才是宽大，所以导致如今的刑法过于宽大的弊端。曾有人问德国有名的法律学者曰，为复仇而犯罪，为治安而犯罪，可否？回答说，我不知其理论，但若既已立国，即使极野蛮的人民结成社会，则无论百人还是二百人，都要有自己的法律。因此，法律的原则判然矣，这是不是很有意义？此言说明，凡国家皆要依据人情制定法度，保卫治安。因此，今日会有宽大的弊端。

高行曰，事到如今已无可奈何。先生充分致力于自身所担当之民法立法，若将民法编纂成适合日本的法律，则或许可能有机会依据民法修改刑法，使其得到充分改正。①

在大木看来，由于未能根据日本的人情定立法度，新刑法失于宽大。从中亦可窥见其对于民法立法的态度。

大木认为，即便学习西方，也不能放弃国体和人情，不能完全效仿西方；求知于海外的同时，也要秉持先皇之遗志和本国的实际情况。在此，国体、人情被大木乔任抬到了与学习西方同等重要的地位。他的宪法、刑法思想如此，民法思想同样如此。无论是国体还是人情，归根结底是要尊重日本的传统。"国法（此处指宪法、刑法等）也好，民法也好，那种翻译外国法典直接拿到我国来施行之举绝不可取。"②换言之，不尊重日本的政治社会传统风俗习惯，不依据国体、民情，无法制定适合本国特点的民法。

（二）"国体民情"观下的旧民法起草

明治六年（1873），江藤新平下野后，民法立法一定程度上受到影响，甚至一度中断。不过，民法起草工作仍在迂回曲折中持续进行，以明治五年（1872）明法寮草案《皇国民法暂行规则》、明治六年（1873）左院民法草案为基础，制成了明治十一年（1878）民法草案。该草案受到各界批评，比如，中岛福胤写给佐佐木高行的信中就说：

> 客冬阅读了民刑法草案认为，目前刑法总体来说可行，没有任何缺点，仅希望其与治罪法一道公布。至于民法，读之颇感意外，随处可见往往很难在我今日民间施行的条款。我认为，如今应

---

① 《佐佐木高行日记》，明治十四年（1881）一月三十一日条，佐佐木高行：《保古飛呂比·佐佐木高行日記》第十卷，第73—74页。
② 尾佐竹猛：《江藤、大木と民法》，《明治文化》13（6），第2页。

该略微适应人民的生活、文化程度，取舍至今的惯例进行民法立法，随着人民生活、文化程度的提高再着重于法律的进步为好。[1]

在"国体民情"观的支配下，大木也认为，该草案"不过是法国民法典的翻译模仿，不能如此实施"[2]，直接否决了该草案。

此后，明治十二年（1879）初，大木乔任任命博瓦索纳德为民法典起草者，起草民法财产法部分，明治旧民法的起草就此开始。有地亨总结道："明治十三年（1880）四月三十日，参议兼元老院议长大木乔任兼任司法卿，以期更好从事民法编纂事业，明治九年（1876）以后司法省设置委员，自以司法省诸人渐次起草之，十一年（1878）四月成第一草稿，本年一月开始从事审议，当时为太政官法制局之一项事务，但该立法究其法理渊源，要不偏于理论，不悖于人情，涉及广阔区域，条章繁多，实乃不易为之之事业。纳乔任申请，另设置总裁，选定委员若干，促立法之大成。是日乔任任民法编纂局总裁，司法大辅兼元老院议事官玉乃世履等十二人为民法编纂委员，设法典编纂局于元老院之下，六月一日起开局，订立民法编纂章程。"[3]民法编纂局结束时，大木给伊藤博文的述职报告中写道："本案以博瓦索纳德为起草者，当初根据同氏意见将民法分为五大编，即人事编、财产编（物权、债权总论和违法行为）、财产取得编（契约法和继承法）、债权担保编（担保物权和保证等）、证据编（时效及其他）五编构成。因有恐同氏立法人事编及第三编一部分（继承法）时，无法得宜斟酌本邦风俗习惯而令人民苦于遵守，故令其从

---

[1]　《中岛福胤書翰佐佐木高行宛》，明治十一年（1878）一月七日，佐佐木高行：《保古飛呂比·佐佐木高行日記》第七卷，東京：東京大学出版会，1979年，第7—8页。

[2]　有地亨：《旧民法の編纂過程にあらわれた諸草案》，《法政研究》39（卷2、3、4合并号），第297—299页。

[3]　《明治天皇記》第五卷，東京：吉川弘文館，1941年，第56页。

第二编着手起草。预定第一编五百余条，第二编首条从五百零一条开始。"①

五、旧惯的打破与整理——1877—1887 年民事立法形态

明治十年（1877）至明治二十年（1887），政府相继出台了许多民事单行立法②，对婚姻和继承进行改革。但是，真正体现国家面对"惯习要改良还是应遵循"左右为难、最终决定择优而取之态度的是，自上而下改良风俗旧惯的《违式诖违条例》的出台和旧惯调查整理活动。

（一）改良旧惯的《违式诖违条例》

明治元年（1868）《暂定刑律》、三年（1870）《新律纲领》、六年（1873）《改定律例》不过是暂时性的过渡性法律规定，政府为条约改正，需要改革制度，定立近代性法典。其中，旧刑法由博瓦索纳德担任起草工作，以法国拿破仑刑法为模板，于明治十二年（1879）公布。

《违式诖违条例》公布的时间处于上述《新律纲领》《改定律例》颁布后的过渡时期。所谓违式即故意犯罪，诖违即过失犯罪。《违式诖违条例》指的是，政府颁布一系列被指定为轻犯罪的行为，并对此实施相应惩罚的管理条例。它最初由东京都政府于明治五年（1872）

---

① 《明治文化资料丛书》第三卷《法律篇》，东京：風間书房，1975 年，第 5 页。
② 明治十年（1877）至明治十七年（1884）出台的民事相关单行立法如下。1875 年 12 月 9 日，婚姻、养子收养、离婚、养子收养断绝进行户籍登记的规定；1875 年 12 月 17 日，太政官指令：经过户长允许而入籍的男子取消私生子身份，成为庶子，按照庶子的长幼顺序获得继承权；1876 年 5 月 24 日，太政官达：华族惩戒例；1876 年 6 月 5 日，太政官达：平民中途收养养子、继承只要向地方官报备即可；1877 年 6 月 19 日，司法省达：刑法上承认事实婚姻和事实收养；1877 年 7 月 28 日，内务省指令：以家女为妻，没有尊亲属和亲戚的情况下要求废户主和离婚，需要提交续养协议；1879 年 2 月 13 日，太政官达：士族家督继承、养子籍贯可以不需更换，备案即可；1882 年 6 月 17 日，逆缘婚妻子回归本家要件。参见《日本法史年表》，第 230—260 页。

十一月八日颁布，同年十一月十三日实施。从《东京违式诖违条例》来看，它不仅仅是针对轻犯罪实施惩罚，更着意于传播以西洋风俗为文明开化标志的新价值观，并以此为标准改变民间风俗习惯。[①] 早前单行的违式诖违条例——如春宫画禁止（明治二年［1869］）、裸体禁止（明治四年［1871］）——很明显体现出当局者意图矫正在外国人眼中被认为是"有辱国格"的风俗。

鉴于此，明治六年（1873）七月十九日，中央政府公布了《各地方违式诖违条例》。由于受到明清律例民刑不分的影响，《各地方违式诖违条例》自然包含了许多民事轻犯罪的处罚方式，不过，其中亦体现出近代的民事观念，比如，对私有财产侵犯相关犯罪作出了尤其细致的规定。《各地方违式诖违条例》中所示，民事方面违式条例包括：

　　第二十三条　不断在他人占有的地方采集海菜者。

　　第二十四条　在他人占有的地方或者没有批准的地方设渔网

[①] 《东京违式诖违条例》中的民事犯罪规定包括：

违式：
第六条　地券所持者怠慢缴纳金钱，以致违背地方法律者。
第八条　随意建造房屋或主屋的房檐使其扩展出来影响道路往来或将污水排入河中等，或者没有得到批准即在河岸地、没收土地上建造房屋者。
第十五条　外国人无证明而令其留宿者。
第十六条　外国人与本国人私下杂居者。
第二十七条　在水沟、下水道处投置土堆、瓦砾妨碍水流流通者。
第二十八条　在门廊外堆砌木头、石块、柴火者。
诖违：
第三十四条　采集他人园中果实者。
第四十七条　在无路的田园、蔬菜园中通行，或者牵牛马进入者。
第五十二条　失误将牛马放育使其进入人家者。

《東京違式詿違条例（明治五年十一月八日東京府達第七三六号）》，《日本近代思想大系》第二十三卷《風俗・性》，東京：岩波書店，2000年，第31—35页。

捕鱼者。

第二十六条　无节制将他人的耕地用水，当然包括集体的更替用水引入自家田地者。

第二十七条　不断进入他人占有的地方采集笋、菌类者。

第二十九条　破坏堤坝，或者不断挖掘他人田园者。

第三十条　在道路用地上种植蔬菜、豆类或者堆积垃圾影响往来者。

第三十一条　不断采收他村或者他人所占有土地的草料或者肥料草者。

第三十二条　以婚礼、庆典为借口往来而妨害他人家宅者。

第三十三条　马夫或者日雇工拉帮结伙，给他人耕作制造障碍者。

第三十四条　因神佛祭祀妨碍他人者。

第三十六条　损毁他人墓碑者。

第三十七条　进入标示禁止进入的官有山林者。

第四十一条　进入官有或者他人的山林、田地损害植物者。

民事方面诖违条例包括：

第六十三条　在晒杂鱼的地方捣乱者。

第六十四条　在晒海苔的地方捣乱者。

第六十五条　捣乱他人设网捕鱼者。

第六十六条　妨碍灌溉用水及其他用水者。

第六十七条　捣乱他人的防水设备或者拔取他人防水设备者。

第六十八条　捣乱他人的树木或者捡取他人的树木枝叶者。

　　第六十九条　搅乱他人的狩猎地方者。

　　第七十条　损坏他人的墙垣者。

　　第七十一条　渡船不当收取租金或疏忽妨碍他人方便使用者。

　　第七十二条　破坏道路两边的行道树或苗木者。

　　第七十三条　不付钱乘舟、过桥者。

　　第七十四条　失误将牛马放行破坏他人田圃或物品者。

　　第七十五条　牧场外随便放牛放马饲养者。

　　第七十九条　随意破坏他人的坟墓等祭祀用品者。

　　第八十条　搅乱水车、农具者。

　　第八十二条　搅乱他人的内湾海口设置的渔网者。

　　第八十三条　不断将舟驶入他人的海苔养殖区域者。

　　第八十八条　向田地中投掷瓦砾、竹木者。[①]

　　由于违式、诖违皆附带处罚方式，违式者要处以七十五钱至一百五十钱的罚金，诖违者要处以六钱二厘五毛至十二钱五厘的罚金；并且考虑到人民智力未开，各地方违式诖违条例的颁布皆附有插图，以供人参考，具有直观性，亦更易于理解。带有强迫遵守的性质，净化法纪的同时，违式诖违条例也将近代私有财产权利规范的细节传播至普罗大众中。作为打破旧有风俗习惯的法律规范，它没有西方民法逻辑性的概念字眼，没有法理渊源的阐述，却更加简明易懂，对于明治时代普法工作意义重大。

　　事实上，变更原有的风俗习惯甚为困难，特别是考虑到即使一县之内的人情有时也彼此迥异时，强制施行必定会酿成民怨。因此，中

━━━━━━━━━━━━━━━

① 《各地方違式詿違条例（明治六年七月十九日太政官布告第二五六条）》，《日本近代思想大系》第二十三卷《風俗・性》，第3—30页。

央政府虽然颁布了《各地方违式诖违条例》，但仅命令与外国人接触度高的三府五港（东京、大阪、京都、横滨、神户、长崎、新潟、函馆）严格遵守，其余各地仅仅传达了"渐次施行，在适度斟酌时宜人情的基础上取舍增减"的告谕。①

究其意义而言，《各地方违式诖违条例》与其说是"明治政府单单因风俗管理而量刑的日本近代轻犯罪法，不如说是国家权力对于国民的最初管理方式"②，体现了向民众宣传新的社会秩序，增强管理，移风易俗，为民法制定后渗入民间进行准备的意图。

（二）《全国民事惯例类集》的旧惯整理

大木乔任的立法活动体现了惯习的打破与整理双重倾向。一方面，他抛开日本政府内部本国法学者，任命法国人博瓦索纳德起草民法；另一方面，他兼任司法省首席之初，即下令对各地民事惯例进行调查，并加紧整理。

旧惯整理首先以政府布告规定的方式，搜集民事成规，出版了明治十年（1877）版的《全国民事惯例类集》。后来，又先后向全国派出巡回委员进行调查，增补追录民事惯例，造册刊行，即明治十三年（1880）版的《全国民事惯例类集》。在明治十三年（1880）版《全国民事惯例类集》序言中写道：

　　　　本邦古来没有民事法律书，无民事法律书怎可能得知民间惯行之成例耶。其成例或因旧时政令，或出于各地人情，虽不确定，但要言之，人民安于惯行以自然之道理存其间，行其事。我大木司法卿见此，特派委员至各地方采录有关民间惯行之成例，

---

① 小木新造、熊仓功夫、上野千鹤子：《日本近代思想大系：風俗·性解题》，《日本近代思想大系》第二十三卷《風俗·性》，第 467 页。
② 小木新造、熊仓功夫、上野千鹤子：《日本近代思想大系：風俗·性解题》，第 470 页。

编成类集若干卷。人事、财产、契约相关之权利义务于此可见一斑。因惯例非出于偶然，足以作为立法之原因。因此，它可以作为民法编纂之材料。以此为目的，收集民间惯行，以期供立法官参考、裁判官断决、法学者研究。[①]

此类惯例集成是明治政府首次以政府的名义下达指令编辑而成的惯例集合，以为编纂民法搜集民事惯习资料为目的。由于旧惯收集费时费力，大木认为地方官不可能不厌其烦，因此派遣司法官员进行调查，"尝一脔而知其全鼎"，努力不致疏漏；勉力搜索各地乡约之旧文书。但是，许多乡规村约"废藩置县之际或烧毁或废弃而不知所踪"，所幸其他典籍中也"并非没有旧惯旧习的记载"，故"采择具有成规条件者"搜集整理。大木所派遣的官员也曾通过听取他人口述记录旧惯，存在"有以一人陈述代表数郡的情况，也有以一人陈述代表一村一町的情况"，"即使有些风俗无关权利义务，观其风、讲其法，若可以窥视立法之大要，也可大略采择之"。[②]

然而，遗憾的是，大木乔任的苦心孤诣并没有对民法立法带来实质影响。"在明治以来激进的经济、社会发展中，反省此等惯习显得不太可能。因此，与大木伯的命令下生田氏（惯例调查巡回委员之一）等苦心编集此等类集的主观意图相反，它客观上为立法家所忽略，所以作为现行立法资料的价值非常稀少。"不过，客观上，大木领导的民间惯行调查，其内容反映了"封建法的特色、近代法的特色和封建制残骸中资本主义萌芽的出现"[③]，与《违式诖违条例》一样，展现了过渡时期的特殊性。

---

① 《全国民事惯例类集》，《明治文化全集》第十三卷《法律篇》，第 165 页。
② 《全国民事惯例类集》，第 165—166 页。
③ 早风八十二：《〈全国民事惯例类集〉解题》，《明治文化全集》第十三卷《法律篇》，第 165—166 页。

第三节　法德洋学竞争与山田显义的
"内外兼顾"观下的民法立法

明治十一年（1878），大久保利通去世后，日本形成以伊藤博文和大隈重信为核心的政府领导体制。十四年（1881），大隈重信因明治十四年政变而下野。十八年（1885），伊藤内阁成立后，井上馨的条约改正得到前者大力支持，在上层社会掀起了以"鹿鸣馆风俗"为代表的欧化热潮。在此热潮中，井上馨对条约改正的激进态度使民法立法被彻底搅入条约改正的漩涡中。井上甚至在外务省设立法律取调委员会，编纂民法和商法，使得民法立法依赖条约改正的进度。

与此同时，自由民权运动引起的英法自由主义思想波澜逐渐消退，思想界渐趋保守。随着伊藤博文的欧洲宪法调查，德国法学受到伊藤的支持，逐渐在日本崭露头角，开始对民法立法产生影响。

明治二十一年（1888），井上馨因条约改正案失败而下野，却不忘在此之前寻找其外交与民法立法上的接班人。山田显义在内外交困中承担起民法立法工作。山田显义一方面是积极热心于条约改正的稳健派实力人物，力图在条约改正上做到既收回利权，又保卫主权；另一方面又因留学法国的经历，认识到民法立法不可一蹴而就，由此形成了"内外兼顾"的民法立法理念。以此理念为指导，山田显义成立民法典取调委员会进行民法立法工作，面临着知识与权力的双重考验。

一、井上馨条约改正下的民法立法与博瓦索纳德的反对意见

明治十八年（1885）伊藤内阁成立，井上馨得到伊藤博文支持，

担任外务大臣，条约改正工作获得大力推进。尽管井上馨把收回法权、实现独立作为紧急课题，但诸多不利因素的存在，迫使他在对欧美关系上采取一味随从迁就的外交政策。井上馨认为，撤销治外法权的办法有两个，一靠武力，二靠和平谈判。既然不能诉诸武力，就只能依靠谈判，必须使"泰西各国对我国抱有应该撤销治外法权之感情"。为此，一方面必须同意各国所盼望的开放内地，即给予外国人在日本内地自由旅行、居住、占有一切财产和不动产以及一切工商业活动的利权；另一方面，必须"一变攘夷锁国之感情"，"向西方文明发展，在亚洲建立一个西方文明国家的兄弟之邦"。井上的基本方针是，为了收回领事裁判权，同意开放内地，进而"改善文物制度，使我国地位接近西方各国"，"以期将来挽回完全独立之国权"。[①]

早在明治十五年（1882）一月，日本即开始邀请各国全权公使在外务省召开条约改正会议。同年四月五日，井上馨发表演说，确定以开放全国为条件获得废除治外法权的条约改正方针。即废除治外法权，外国人全部遵从日本的法权，遵守日本的法律；与此同时，开放全国，外国人无论出于何种商业目的、何种居住目的，皆有购买土地所有权并获得保障的权利。[②]六月一日，外务省又补充下述若干条件，包括按照泰西主义进行法典编纂，任用外国人判事，在外国人为被告的情况下采用外国判事为多数的法庭进行审判。[③]但是，井上此一时期的方案只是单方面的设想，并没有考虑到列国的接受程度，此后预备会议谈判也没有取得进展。直到明治十九年（1886）五月，条约改正会议（正式会议）开始，英国由于感受到法德两国产业资本在亚太地区扩大投资的不利影响，强烈要求日本本土全面开放，从而在对日

---

① 栗野慎一郎：《条約改正について》，《法曹会雑誌》11（1），1931年，第10页。
② 栗野慎一郎：《条約改正について》，第12页。
③ 栗野慎一郎：《条約改正について》，第12页。

谈判中软化了态度。于是，英德共同在第六次正式会议中提出，以早前井上案为基础的裁判管辖条约案。同时，日方也有意愿尽早采纳此议案，从而进行了积极的探讨。井上接受了英德案，并据此致力于直接按照泰西主义尽早立法法典。

明治十九年（1886）八月六日，井上命令在外务省下设立法律取调委员会，并亲自担任委员长，委员包括特命全权公使西园寺公望、司法次官三好退藏、博瓦索纳德等。明治二十年（1887）四月，任命公使陆奥宗光为副委员长，扩大委员数量，囊括进元老院议官箕作麟祥等人，统一管理民法编纂局与商法编纂委员会一切事务。对于法律取调委员会设置在外务省下一事，《明治天皇纪》评论道："以泰西主义为标准，编成裁判所构成相关法律及其他诸法典，有司法大臣，却以外务大臣为委员长设置此机构的动机乃是出于条约改正。"[1] 与此同时，明治十九年（1886）四月一日，明治政府关闭司法省内的民法编纂局。民法立法领导工作转入外务省后，中央政府命令司法省以民事局长南部瓮男为首继续起草工作，但领导审议的权利归于外务省。

明治二十年（1887）四月二十二日，第二十六次条约改正会议基本上确定了裁判管辖条约案的基本路线，以事先完备法典与任用外国人裁判官为前提，日本本土全面开放，换取废除领事裁判权。双方一致同意要在该条约签署后的两年内完成日本的诸法典立法，翻译成英文后通知外国政府，并在此后八个月之内完成日本本土的全面开放。

不平等条约改正问题是相当微妙的政治问题，也是朝野上下争论不休、始终不能达成一致的难题。把井上外交看作向外国卑躬屈膝的产物，认为其缺乏立法的自主性，这样的势力在政府内部出现。当时农商务大臣谷干城即认为，外国人与日本历史、风俗习惯截然相异，

---

[1] 《明治天皇纪》第六卷，東京：吉川弘文館，1941年，第624页。

以向外国人妥协为前提，进行法律规则改制，此举意味着侵害国权。就连支持井上设立法律取调委员会的司法大臣山田显义也认为，按照泰西主义进行法典编纂与本国国情不相适应。不过，外务大臣井上馨坚持认为，本国的习惯绝不意味着不成文法，明治维新时日尚短，并未建立明确的法律规章制度，根据泰西主义定立本国法典未尝不可。井上馨的看法得到伊藤博文的支持。明治二十年（1887）的条约改正论争由此产生。

值得注意的是，在这场条约改正论争中，法国顾问博瓦索纳德反对将法典编纂作为条约改正的附属产品进行条约改正。明治二十年（1887）五月十日，他反对井上条约改正案的意见成功获得了井上毅的重视，并使后者言辞激烈地致信伊藤博文，导致井上馨条约改正失败。

博瓦索纳德表示，自己乃是从日本利益而非母国利益出发，反对井上的条约改正谈判，并且因为此一问题，"曾屡屡直接将我的意见陈述给外务大臣、青木次官，但一点都没被采纳，而且也曾请栗塚省吾作为翻译官，向司法大臣（山田显义）陈述意见"[1]，但司法大臣事不关己，所以不得已而向井上毅吐露心声。

在他看来，井上条约改正案各条中，不妥之处一共有四点：

> 首先，任用外国裁判官，且在裁判席中为多数。这样的裁判可以相信它的公平性吗？偏护亲近乃普通人心的短处，通常这样的裁判会对日本人不利。诉讼若得到不公平的裁判，蒙受利益的损失，日本人与其说会怨恨外国人，不如说会对给自己带来此种

---

[1] 《条约改正に関する井上毅・ボアソナード対話筆記》，明治二十年（1887）五月十日，《近代日本法制史料集》第九卷，東京：東京大学出版会，1987年，第152頁。（该文亦见于井上家文书。）

境遇的政府感到怨恨。根据旧条约，只有原告是外国人，才接受外国的裁判，如果被告是外国人，仍属于本国裁判权的范围，这样一来会将不利于日本人的部分局限在狭隘的范围中。但依据改正草案，无论原告、被告，日本人皆从属于外国裁判官的势力之下，将不利于日本人的部分扩大波及一般的范围。

其次，虽然外国人仅在犯违警罪时受到日本裁判官的判决，其他的轻罪、重罪都要由外国裁判官占多数的裁判廷来判决，而且即使违警罪及百元以下的诉讼专属于日本裁判官，也不允许外国人至特别裁判所控诉，但是外国人民通常不会服从日本裁判官的判决，会上诉至其上级裁判所。上诉的情况下，多数初审中对日本人民有利的判决都反而会招来败诉的结果。违警罪也是同样的道理。

最后，条约施行期限八个月前要将日本的各种法律案通知外国政府。此事草案的宗旨是单单止于通知，但是外国公使会将此条与外国政府的"审查"挂钩进行解说，即会带来意外的结果，导致日本的立法权会受到外国的束缚左右而动摇。此问题是最为严重的问题。我若在这两年间还继续为日本服务的话，会陈述意见，建议日本政府在此法律通知的期限内，明确"审查"的含义，并通知外国政府，此法律乃根据日本的主权而发布，外国人不得干涉。

此外，仅在全国八处设置外国人组织的裁判廷，日本人对于外国人，无论原告被告，为诉讼都要不远千里去裁判所。例如冲绳的日本人要渡海去长崎接受裁判。此也是不利于日本人民的一件事情。[1]

---

[1] 《条约改正に関する井上毅・ボアソナード対話筆記》，第152—156页。

在博瓦索纳德看来，任用外国人担任裁判官进行审判会影响审判的公正性，使审判结果有利于外国人。此外，即使是由日本裁判官审判过的案件，外国人同样可以通过上诉的方式，获得上级由外国人担任裁判官的法庭的审判，其最终结果一样有利于外国人。这会造成外国人在事实上获得日本的优待，不利于日本人的利益。另外，井上条约改正案最大的弊端在于，将定立好的法典"通知"外国，外国完全可以利用"通知"一词在语义上的暧昧性，对日本定立的法典指手画脚。日本的立法权受到外国的左右，客观上，日本不但失去了本国法典立法的独立性，更有丧失主权的风险。因此，他得出结论："新草案更劣于旧条约。因为旧条约将害处局限于狭小的区域内，而新草案会将不利流布全国。"①

对此，井上毅高度重视，明治二十年（1887）六月十日亲自为博瓦索纳德代笔书写其关于条约改正的意见书②，详述其意见。井上毅自身亦于七月十二日、七月十七日两次致信伊藤博文，陈述井上条约改正案不可行，理由虽然与博瓦索纳德如出一辙，却将执行井上案的后果估计得更加严重，认为井上案有可能导致国家内战，甚至失去独立，就此依附西方。

　　我认为，今日庙堂决议欲断行条约改正，报纸和政党之异议不可能成为障碍。如果局部内乱，可以劳烦警察或者镇台进行镇压，不致酿成祸患。

　　但我私下恳请阁下深思，理由如下。

　　德川的旧条约实乃蒙昧之际，无知之过。今日我国人民依旧

---

① 《条约改正に関する井上毅・ボアソナード対話笔记》，第156页。
② 《条约改正に関するボアソナード意见书》，明治二十年（1887）六月一日，井上亲笔，《近代日本法制史料集》第九卷，第177页。

蒙昧、学识与德川末世依旧无异。即使在朝的上流社会诸位对于列国交际法如此精密之知识亦几乎茫然，不免陷入蒙昧无知。但若依造物主之异能产生出具有异常辨识能力、通晓内外法度及事情、达观大局之人，一般人民及上流社会之多数就要将此国运攸关之大事委托于此一二人物，委其所任，而自身则要信任此一二人物，安于蒙昧无知，无所余念。

条约改正问题如果在欧洲发生，面对人民舆论的甚嚣尘上该当如何。我国朝野人士寂寥、不多议即证明对于此一二人物之信任。而此一二当局者不但要对国民无二之信任、委托其地位、执掌之任务负责，更要对其良心、道德上之道义担负多大的责任啊。

若因为近数年间养成的交际事情和谈判经过产生了不得已之局面，因此断行条约，但该条约会造成国家独立主权上的缺损，遗留将来无可挽回的祸患，它与旧幕蒙昧无知时签订的旧条约价值相同，或者会带来更深层次的损害，则该将如何？报纸上的物议可以钳制使其停止，持异论的激党可以兵力使其破灭，独上对皇家之祖宗，下对蒙昧无知、其情可悯之国民，自己内心中不会感到可耻吗？

此条约如果断行，可以想象到我国未来之景象。从前之政党会全部转换其立场、为之一变团结为两股势力。一党依条约改正之方向，将与外国亲密无间为先务，间接或直接要求外国的应援干涉，另外一党会像埃及一八八二年之爱国党一般，致力于恢复国家的独立。而此二党最终会产生激烈纷争，以致引发内乱之惨剧。结果是爱国党一败涂地，其首领不免如阿拉比一般遭囚禁，而胜利一方则因得到外国之应援以致改变国家，事若至此，国家之命运该当如何呢？

考虑至此，则因交际事情和谈判经过无论产生了如何不得已之局面，还是不能勇于割舍吗？此局面关系到国家的独立、权利以及命运，为条约改正而牺牲确实值得吗？

十五年后恢复主权不过是一个梦想，因为以明文规定条约期满后需要订正，并非意味着可以签订完全平等之条约，决不能希望他们会抛弃既得之权利。而期满后的第三次条约改正必继承第二次的条约，他们会以此为基础甚至要求我国付出更多相当的代价，此恰是第二次的改正对于第一次既得权的恢复交涉困难之所在，二者是一样的道理。

果真要导致我国独立之命运永远沉沦，导致吾人之子孙亦无法摆脱我半主权国之资格，要让他们经历上述预想之不幸将来吗？要让外国的干涉势力更进一步吗？

此乃不祥之凶兆。

我知前陈对于阁下皆为不敬之甚，但它却出于深夜感念、不得已而抒发之衷情，出于机会如果错过后悔也来不及的迫切的恐惧，大概小官立言经常失去分寸，仰赖阁下高明阔达之胸襟。惶恐顿首。①

伊藤博文反复思量，最终放弃了一向支持井上馨的条约断行论，说服井上馨将条约改正会议延期。七月二十九日，井上馨正式通告各国公使，条约改正无限延期：

本人在最近的会议上向皇帝陛下的政府报告了对于裁判管辖条约案的变更而引起议论，并将对此事探讨和上述议论的旨趣

---

① 《井上毅書翰伊藤博文宛》，明治二十年（1887）七月十七日，《井上毅伝史料編》第五卷，東京：国学院大学図書館，1986年，第540—542页。

向各国全权委员进行告知。帝国议会（元老院）认为完全有必要对上述裁判管辖条约案进行精细审议，加以至关重要之变更并且附以解释。而且帝国内阁尤其对于第五条约款持有异议，即日本之编成法典要供外国政府检阅并经过其同意。内阁认为即使该条字面上没有上述之语气，也要对其加以解释，它是此次争论的核心。

对此，内阁决定为维持日本国的面貌不如等上述法典编成后再一同决定条约的改正。而且很明显，若上述法典编成后，亦没有必要如上述裁判管辖条约所示将法典供各缔约盟国（邦交国）检阅。

因此我依日本政府之命作为全权委员告知各国全权委员，我国尚未确定可以在本会中通知法典编纂完成的日期，请各位尊重本会之延期。另外，我政府即使造次颠沛亦要彰显我政府对于法典编成之事业在行政和法律上皆会遵从泰西主义原则的真意。

成就法典事业与帝国外交二事密切相关不可分离。为本会从事之大事业，相信各缔约盟国（邦交国）会以厚意协助之。①

由此可见，伊藤博文责令井上馨停止执行井上案的原因在于，法典立法的独立性涉及国家的主权独立。若将定立完成的法典告知外国，取得外国的同意后，法典方可在本国施行，实则本末倒置，有损国家主权独立。鉴于此，井上案被放弃。法典立法也自此从条约改正的漩涡中脱离出来，走上自身独立发展的道路。

---

① 《条约改正会议无期延期通牒の件》，明治二十年（1887）七月二十九日，《大日本外交文书》第二卷，东京：日本国际协会，1936年，第515—516页。

二、法律继受的扩展——德国法学与法国法学的竞争

日本国内，在野的自由民权运动不仅仅是一场政治运动，更是一场思想运动。它首次在政界引起有关宪法问题的大讨论，史学界将之称为第一次民选议院论争、第二次民选议院论争和主权论争。这些论争将思想家的法制思想强行推入当政者的为政布局当中，尤其是明治十四年政变之后，私拟宪法盛行。此类制宪模式大致分为两种：一种是稳健派福泽谕吉及交询社所代表的英国议会制；一种是自由民权运动左派植木枝盛所主张的法国式三权分立制。此等英法自由主义思想引起了当局的恐慌。为制衡英法自由主义思想，以井上毅、伊藤博文为首的法制官僚和政治家有意引入德国法思想。由此，在政府扶持下，德国法学派兴起。其间，受雇于明治政府的德国法律顾问罗斯列尔提出了以德国法学为模板，定立民法的意见。

（一）政府扶持下德国法学派的兴起

德国法学派兴起直接源于井上毅对以英法自由主义思想私拟宪法的担忧。他曾致信伊藤博文：

> 去年国会请愿之徒，今日耳闻，决未归于肃静，即据各地方报告，各地皆出现宪法考究之势，其宪法考究即以福泽（谕吉）私拟宪法为根本，故福泽之交询社，笼络今日全国之多数，乃缔结政党最大之器械，其势力无往不利，冥冥中渗入人的脑浆，其主唱者如引十万精兵入无人之境。……好在英国风之宪法尚未深入人心，凝集聚集，地方士族中，维持王室之思想，余韵犹存，数量过半，但若放任其势，二三年之后，会导致天下人心胸有成竹，百方辩说亦无法挽回，当是时，政党归彼不归我，政府提出

之宪法遭舆论唾弃，民间之私拟宪法获得全胜。①

井上毅担心私拟宪法导致英法自由主义风气蔓延，支持皇室的力量会就此倒戈。为此，他提出"若欲施行普国风之宪法，要趁早，现在就要开始谋划"②。此建议直接促成伊藤博文定立了欧洲宪法调查的行程，而制定普鲁士风宪法的基本意向，也促进了德国法学的传入。

井上毅还致信三大臣，提出五点文化政策以拨乱反正，遏制英法自由主义思想在日本的传播。其中第五条直接讲明，因为德国与日本国情相近，要通过在国内大兴德国法思想，以此遏制英法两国思想的要义。他具体论述道：

> 文部之制，学德语者专限医科，如法科文科，则用英语，盖学英语者，慕英风；学法语者，慕法教；此乃自然之理。现今欧洲各国之建制，唯普鲁士与我国近似……若欲使天下人心稍存守旧之风，要专门奖励普国之学，数年之后，使其风靡文坛，则可暗消英学一往无前之势。③

明治十四年（1881），德国学会成立，以北白川宫为总裁，集合了加藤弘之、井上毅、青木周藏、品川弥二郎、平田东助、山脇玄、荒川邦藏等法学家和政治学家。德国学在日本呈冉冉上升之势。谷干城明治十九年（1886）左右出使欧洲时，深感日本国内大兴德国学术之风已经影响到上至治国、下至日常生活的方方面面，他写道："我

---

① 《井上毅書翰伊藤博文宛》，明治十四年（1881）七月十二日，《井上毅伝史料編》第四卷，东京：国学院大学图书馆，1986年，第47—48页。
② 《井上毅書翰伊藤博文宛》，明治十四年（1881）七月十二日，第47—48页。
③ 《人心教導意見案》，明治十四年（1881）十一月七日，《井上毅伝史料編》第一卷，第248—249页。

在外国静静观察发现，我国如今政治方针倾向德国、学术专倾德国、军事专倾德国、商业专倾德国，更有甚者，着装最后也要倾向德国。其内情如何很难判断，但其明显的外观为内外人所认知。"[1]

　　一方面，尽管英国法学、法国法学的地位从明治初期开始奠立，势力稳固，但在明治十四年政变之后，因其背后的自由主义意识形态而受到政府的部分排挤。另一方面，德国法学气势如虹，虽然身为后起之秀，但在日本国内云集了一批政界、学界有力人物。他们大多出身英法学，后来转身投入德国学的阵营，在此之前已经积累了相当的社会影响力。

（二）罗斯列尔的反对意见

　　明治十四年政变以后，私法与裁判制度关系的整备工作渐渐出现以雇用德国法学者为主的倾向。明治十四年（1881），政府命令罗斯列尔[2]起草商法；十七年（1884），民事诉讼法起草托付给德国人迪比·乌；二十年（1887），裁判所构成法起草委托于德国人鲁道鲁夫。法国法学与德国法学的对立日渐明显起来，不但体现在思想潮流中，更体现在政府内部制度与政策的谋划方面。并且，二者间的竞争不但发生在本国学者之间，也发生在外国法学者之间。此一现象最突出体现在，两位受雇的外国法学者——博瓦索纳德与罗斯列尔——在民法立法与条约改正问题上的对立。

---

① 《谷干城遗稿二》，东京：東京大学出版会，1976 年，第 104 页。

② 罗斯列尔（Karl Friedrich Hermann Roesler, 1834—1894），亦读作レースラー，德意志经济学者、法学者，律师之子，生于佩尔尼茨，就学于埃朗根大学，1861 年成为罗斯托克大学教授，1878 年受日本政府邀请，成为外务省法律顾问、内阁顾问。在明治 15 年，罗斯列尔为井上毅之顾问老师，在明治宪法、商法草案等相关法律和近代国家机关的建设方面给予指导。他的意见属于普鲁士宪法性质的，具有浓厚的绝对君主制色彩，其《ロエスレル答议》的大部分业已出版。1893 年罗斯列尔归国，在奥地利读书度日，因病于意大利博茨瓦纳去世，生平著书二十余卷，乃在日外国人中事迹最伟大者。(《日本歷史大辞典》，东京：河出书房新社，1985 年。)罗斯列尔的日文名字存在多种写法，包括：羅斯列児、レースラー、ロエスレル、ロスレル、リヨスレル、リョースレル。参见《近代日本法制史料集》，东京：東京大学出版会，1975 年。

　　博瓦索纳德担任民法典起草工作以来兢兢业业，从明治十三年（1880）三月一日着手民法典起草，到明治十九年（1886）三月三十一日民法编纂局撤废、民法起草工作转至外务省统领时，共起草1000余条草案，完成了其所担任部分的起草工作。

　　博瓦索纳德的法思想以自然法思想为中心，简而言之，即以"勿害于人"为原则。这种思想即使在当时的法国也实属特例。十九世纪中期开始，法国法学界专注于实定法（《拿破仑法典》）的解释，注释学派占据了主流。但在博瓦索纳德看来，"自然法与实定法不相容，处于对立的位置，实定法乃自然法基础上的成文法，所以其解释一定要建立在对自然法理解的基础上。立法者要合乎探求真理和绝对正义的规则，从中寻找与社会需求的妥协点，以合乎社会的变动"。他虽然是日本旧刑法、治罪法、旧民法等实定法的起草者，但是，"同时也认为法典要合乎自然法原理，在实定法没有规定的情况下可以根据自然法原则进行裁判，将民法讲义作为自然法讲义，其中强调道德与法的分离，既具有严正日本人法律观念的意味，又似乎在逃避英国分析法学派的批判"。①

　　需要指出的是，这并不意味着博氏起草法典不注意社会的实际。起草旧刑法时，博瓦索纳德即"认为不能以法国的刑罚轻重来衡量日本，法国仅是示范作用，应该以日本的人情适度来定刑罚的轻重，并没有身为法学大家就作出轻率的考量"。②他在日本的民法讲义，主要内容都是有关财产法的，其中加入了若干有关日本现状的评论。他认为惯习之于立法，其落脚点"并非在于最广泛的吸收惯习，而应最切

---

①　岸上晴志：《日本民法法学事始考——ボアソナードと立法者意思》，《比较法研究》，2001年3月，第17页。

②　《佐佐木高行日记》，明治十四年（1881）一月三十一日条，佐佐木高行：《保古飞吕比·佐佐木高行日记》第十卷，第73页。

实地采择惯习"。[1]

　　然而，博瓦索纳德的立法思想和起草草案并没有得到其他外国同行的认同。明治二十年（1887）十一月，伊东巳代治将德国人罗斯列尔阅读民法草案后的意见书翻译并寄给井上毅和伊藤博文。[2]此时所谓旧民法第一草案[3]尚未完成，旧民法人事编、继承部分尚处于起草阶段。因此，无法确知罗斯列尔阅读的草案属于哪个版本，不过，可以肯定的是，罗斯列尔读到的草案版本应该是以博瓦索纳德所起草财产法部分为主。在意见书中，罗斯列尔痛斥该版草案的诸多缺点，指出法国法与日本法在立法理念上的南辕北辙，甚至认为："如此制定法律，恐怕会导致日本人民陷入危险之境地，不如及时中止其立法事业。"[4]其矛头直指博瓦索纳德，并建议"需要调整数个草案"，方可完成立法。

　　他批判博瓦索纳德起草的部分民法草案道：

　　　　第一，过于崇尚理论，人民无法理解，裁判所在其适用上亦会感到很大困难。第二，该草案可谓并没有参照日本的法律和其他泰西之法律，仅仅是依照法国民法、罗马法而形成的纯然学术性产物。所以该草案并不适合日本真正之利益，毋庸置疑。

　　　　今日之日本于仅仅数年间举政治上、社会上之百般制度加以非常之变革，今又欲新定施行民法，恐失于一时仓促，以致因此招致激烈之反对。而若即刻施行新民法，人民在私交上必然感

---

① 福岛正夫：《旧民法と惯行の问题》，《松山商大论集》17（6），1966 年 12 月，第 322 页。
② 此意见书在梧阴文库与伊藤博文秘书类纂法制关系部分均可见。
③ 明治二十一年（1888）二月九日旧民法第一草案才最终完成。
④ 《伊东巳代治书翰梧阴先生宛：ロエスレル日本民法编纂に关する意见》，明治二十年（1887）十一月，伊东巳代治译，《近代日本法制史料集》第九卷，第 66 页。

到相互关系不可数的困难和不便。于是乎，人民不因新法得到便宜，反而认为受到压制，因此养成渐开乱阶、抵抗法律、敌视政府之精神，其所到之处人心叛离，以至于风俗败坏。

而且，就不动产和家的关系来说，新移入外国法律，制定与契约相关之新法，而契约关系盘根错节，制定起来极其困难，因此不免妨碍日本经济上之进步。徒以急奔激进之旨，试图妄加变更不动产所有之法律，其弊所及之处，恐怕会产生与变更家督继承法一样之结果。岂不可鉴。[①]

罗斯列尔指出博瓦索纳德草案有两个严重的问题：第一是法理难懂，不利于审判；第二，也是最重要的问题，不适应日本国情，仅是照抄法国民法典所得。施行这样的民法，不利于厘清民众私下交往的逻辑，会败坏现有的风俗习惯，而且还会妨碍日本的经济发展，有百害而无一利。

不仅如此，罗斯列尔还从政体和民法立法的关系角度论述了自己的民法立法观，认为民法立法应该与该国政体和国情相适应。

无论任何邦国，民法立法一方面属于法学上之事业，另一方面乃是需要政治上考察之事件。

凡网罗入民法之法理统一，会几经风霜，有逐渐浸润公法和政体的趋势，此势必不可避免。该民法之规范于人民之间涵养其政治上的精神，以至于具有足以撼动其国政治上之形体的势力，故基于民主主义的民法势必产生民主主义的政体，此乃评论家屡屡倡导之所在，此说法甚有道理。以此道理论之，基

---

① 《伊东巳代治书翰梧陰先生宛：ロエスレル日本民法编纂に关する意见》，第66页。

于君主政治主义或贵族政治主义的民法必然便于君主政治或贵族政治实施，维持这样的民法或者势必采用这样的民法也就推而可知。

一国的民法必须适合其国民的性情。若施行新奇、前所未闻、与人民思想及感情相乖离之民法，则人民不能正常理解，随之而来的实行困难不可枚举，甚至会促成人民的反对，酿成社会的骚乱。①

之所以认为民法立法要与本国国情相适应，是源于社会造就国家、风俗背后隐藏着意识形态因素这一根本理念。民法看似是规制民众私人交往的法律，但是，民众私人交往下形成的社会，终将会影响国家的政治走向；民众私人交往所酿成的风俗，也必定会影响国家立国的意识形态。

他将泰西诸国民法分为两类，认为法国民法与日本立法精神毫不相容。在他看来：

泰西民法可以大别分为两类。一类曰法兰西、罗马民法，一类曰德国民法。我在此所称之德国民法并非所谓德意志本国之民法，因为德意志各邦之民法多数浸润了罗马法的因素。盖余所称之德国民法其意义极为广泛，始于英国，亦包括北欧诸国及北美之民法。

概论法国民法，则不拘男女之别和政治上之境遇，人人完全平等，亲族关系甚为疏远，财产无法巩固，不注意家督制度的保存。法国民法完全禁止有限家督，而且设置规定限制父母制

---

① 《伊东巳代治书翰梧陰先生宛：ロエスレル日本民法編纂に関する意见》，第68页。

定遗嘱分配财产之权利，带有纯然民主主义的性质，因此大大有利于法兰西民主主义的传播，此见解非常得当。拿破仑一世当初制定民法，曾言明其目的在于以之为手段使人民不得抵抗政府，当是时此思维乃远大之奇策，但几经岁月，财产之不巩固带来政治之不巩固，而法国革命接踵而起，其原由多归于此民法。

德国民法与法国民法性质几乎相反，最适合君主政体或贵族政体。德国民法总体上比法国民法带有更加保守的性质，特别是关于农民与上等社会财产相关之规定最为明显。德国民法保护父母之权利，敦厚亲族之关系，继封建制度之后施行之，足以巩固一国政治上之基础。[①]

在此，罗斯列尔将欧美诸国民法分为两大类：法国民法与德国民法。他将矛头直指法国民法，认为法国民法具有特殊性，是拿破仑一世"奇思妙想"的结果，不能代表整个欧洲。并且，法国民法背后的民主主义意识形态会导致政体不稳，给国家带来不断革命的严重后果。在他看来，德国民法才能代表欧洲的实情，"始于英国，亦包括北欧诸国及北美之民法"，而且德国民法背后是保守主义的意识形态，偏向于巩固上层阶级及农民的财产权利，有利于政权的长治久安。

因此，罗斯列尔明确表示日本民法不能仿照法国民法立法。在财产关系这一关键民事问题上，日本与德国的情况相似，可以参照德国民法，进行日本民法立法。

---

① 《伊東巳代治書翰梧陰先生宛：ロエスレル日本民法編纂に関する意見》，第 67—68 页。

日本民法类似于德国民法之点颇多，而非类似于法国民法与罗马民法。夫日本民法以亲族关系为基础，如继承法则完全与法国民法相反。若日本模仿法国民法，则恐产生财产关系之一大变乱。日本人民遭遇如斯激变，岂非危险至极。日本大多数人民在政治和施政之事上没有特别之思想，感其痛痒最深处则与其财产和经济上之利害相关，故而应该最值得重视。他们珍视财产之贵重程度仅次于生命，若民法与其意相反，会导致人心忽然激昂以致开启不知之祸机，与预计相逆亦不可测。[1]

山田显义从井上毅处得知该意见。[2] 根据后来学者的研究，该意见深深影响了山田显义领导下法典取调委员会的立法方针[3]。

三、山田显义"内外兼顾"的民法立法观与立法实践

明治二十年（1887）七月二十九日，井上馨因条约改正事实上中止而被迫离职，民法立法工作何去何从？结果，井上、伊藤选择山田显义接手民法立法工作。之所以会作出如此决定，是因为井上馨下野后，在不得已的情况下，思考将民法立法工作转移回司法省的可能性。并且，山田本身属于积极热心于条约改正的稳健派实力人物，一直倾力支持井上馨的条约改正交涉。在致井上毅的信中，山田曾写道："然公明之宪法不颁，舍置国民于旧条约之状态，受外国君主之制裁，旁观其权利财产蒙受巨大损害，怎可称为立宪君主国耶。旧条约与幕府多少相关，宪法却为明治政府之所为，非他人之所为，仅因不

---

[1] 《伊东巳代治書翰梧陰先生宛：ロエスレル日本民法编纂に関する意见》，第 68 页。

[2] 《井上毅伝史料编》第五卷中写道："以前聊天得知您存有罗斯列尔有关民法草案，而意见书仅有原文，如方便请拜借之."（第 279 页）

[3] 参见大久保泰甫、高橋良彰：《ボワソナード民法典の编纂》，東京：雄松堂，1999 年。

合时宜就遵守旧条约，怎能上奉对陛下，下面对人民？"①由此可见，山田显义致力于在明治宪法颁布之前完成改正条约的决心与井上馨相同。

（一）山田显义"内外兼顾"的民法立法理念

从《伊藤博文关系文书》中来看，井上馨初步与山田显义商谈，令其担任法律取调委员会委员长，接手民法立法事宜，是在明治二十年（1887）十月五日。

> 山田显义致伊藤博文（明治二十年十月五日）
>
> 拜读。今日与井上（馨）会面讨论法律取调委员会事宜，没有结果，期待三人会面再次相商。井上意见为：以拿破仑法案为基础，编成适合于日本的样式。此并非易事，新案起草同样需要花费时间，至今民法、商法、诉讼法的立法业已费时费日，我不确定两年间是否会有所成效。依我愚见，即使避开推敲和复杂的程序，若使其实际施行无所障碍，最坏的打算是等各法三五年实施之后，再根据实际的经验获得的教训修正错误和立法技巧，以及使行文尽美，方可行。我还认为，无论如何，只有治民之大纲确立、权利财产保护之要件具备，国会方可以开设。无论谁都会祈祷其在二十二年以内完成并公布。无论如何皆要将详情赶快上报。请裁定。拜复，顿首。②

在初步交涉期间，井上馨依然希望在宪法颁布之前完成条约改正大业，同时定立民法，为国家根本大法的出台预热。但是，在山田看

---

① 《山田顕義書翰井上毅宛》，明治二十二年（1889）九月十七日，《井上毅伝史料編》第五卷，第281页。
② 《山田顕義書翰伊藤博文宛》，明治二十年（1887）十月五日，《伊藤博文関係文書》第八卷，第168页。

来，井上有关民法立法的想法过于单纯，而实际工作相当复杂，即使能够依愿在明治二十二年（1889）以前完成民法立法工作，但这样定立完成的民法必定是不完备的民法，会存在内容错误、立法技巧疏失、行文疏漏等诸多问题，很可能需要在实施后另行修正。山田不确定伊藤博文是否能够接受抢在宪法颁布前颁布民法，三五年后再对其加以修改的做法，希望伊藤权衡定夺。

> 山田显义致伊藤博文（明治二十年十月六日）
>
> 法律取调一事，今早又和井上面谈，商讨各种细节至会谈终止。跟先前的想法一样，我可以担任此职务并决定将此事完成，如下事件请您批示。在我目前的官舍中处理事务，与外务省作出区别，这样一来自然会带来些许花费，具体数额已与井上相谈，但其范围应该如何还要听候您的批示。
>
> 以下是愚所见。迄今为止虽然收到了法律取调委员各式各样的任免命令，但其工作性质和成员的权限却没有明文规定，职责不明确。此次打算以明文规定，阐明其职责，一并阐明取调局设置之必要和最晚要在二十二年中将诸法律公布的设置宗旨。可能会稍稍运用些强迫手段，但万一结局未达可能百事违算，恭请您批示可否。此致。匆匆敬具。[1]

十月六日，井上馨和山田显义二人又就立法事宜进行了磋商，山田勉强同意井上的主张，答应会尽力在明治二十二年（1889）中完成法典立法工作。同时，也提出四点要求：第一，将法律取调委员会收回至司法省，在司法省下进行工作；第二，批准委员会的必要花费；第

---

[1] 《山田顕義書翰伊藤博文宛》，明治二十年（1887）十月六日，《伊藤博文関係文書》第八卷，第169页。

三，明确权责，制定新的法律取调委员会规则；第四，必要时可能会使用强权，促使立法工作加快进度。

> 山田显义致井上馨（明治二十年十月十八日）
>
> 　拜读。法律取调局事宜前几日谈话的要旨已与伊藤商议，昨日也与参内们相商谈，仅黑田一人同意，其他不同意，其发言不表。今天写此封信的目的在于，就算小生无法顺利担任此职务，亦请促成此要事，其宗旨前几日已向您汇报过，司法行政事务汇集，我深深担忧将来之形势，由我来跟伊藤说这件事无论如何都是很尴尬的，老台能否与伊藤相商，希望能得到您的妙策指点。日日光阴如箭，请速决断。此致。草草拜具。
>
> 　世外老台，由小生自己向伊藤书面汇报亦可。①

十月十八日，山田显义将其与井上馨商谈的结果告知参内们。时任内阁总理大臣的黑田清隆表示支持在明治二十二年（1889）以前完成法典的预期，但是，内阁中也有不同意见存在。为此，山田拜托井上请伊藤出面尽快促成此事，井上也于同日向伊藤转达了山田的处境，并约定第二日去伊藤处拜访磋商。

> 井上馨致伊藤博文（明治二十年十月十八日）
>
> 　拜读。如命会见（山田显义），虽然互相之间存有不同意见，但熟虑后，为便宜考量，于司法省中设一局，方为可行之道。……以上观点，我（和山田君）意见一致，愿蒙召见，了解

---

① 《山田顕義書翰井上馨宛》，明治二十年（1887）十月十八日，《伊藤博文関係文書》第八卷，第169页。

详情。明朝九点左右去贵邸拜见。先行答复。匆匆拜白。①

第二日，山田显义再次致信总理大臣黑田清隆，希望其能尽快就法律取调委员会的归属作出决断，并表达自身并非主动请缨，而是迫不得已担当此大任的心理状态。

> 山田显义致总理大臣黑田清隆（明治二十年十月十九日）
>
> 　　拜读。法律取调一事已与井上协议，最终认为将其转移至司法省是可行的，请您决断。井上若确实认为将其转移至司法省可行，则如我以前言，法律取调由司法省专决，二者并无异议。但阁中对此有何意见哉，请您批示内阁总体之意见。我挂念于司法行政事务极为多端和将来之进步，绝对没有念头插手此事物，增加工作量，请明察我的顾虑。若能够遴选相当之人担任此事务实乃大幸。您或许可与山县、三好相商此事，细节其后奉上。匆匆顿首。②

十月二十日，拜访过伊藤博文的井上馨面见了山田显义，传达伊藤的主张。三人达成了一致后，山田无后顾之忧，义无反顾地投入民法立法，努力在明治宪法颁布以前完成法典颁布。

> 山田显义致伊藤博文（明治二十年十月二十日）
>
> 　　今早与井上会面，与其相谈昨日给您上书之各条内容，通过井上的言论，彼此更无隔膜之意，并一同探讨了委员等的说辞和

①《井上馨書翰伊藤博文宛》，明治二十年（1887）十月十八日，《伊藤博文関係文書》第八卷，第228页。

②《山田顕義書翰黑田清隆宛》，明治二十年（1887）十月十九日，《伊藤博文関係文書》第八卷，第169页。

今后立身之预见，诚可谓谆谆教导，令我更无可以挂怀之事。请您安心。我认为陆奥之处的调查委员解职，方为可行。上报请您批示。期待明日拜访。敬具。①

根据《明治天皇记》记载："明治二十年十月，法律取调事务由外务大臣移至司法大臣，罢免委员长伯爵井上馨、副委员长陆奥宗光，以司法大臣山田显义为委员长，另行着手立法法典，以期尽速完成。当是时，法典尚未完成，内阁雇法律顾问博瓦索纳德的民法草案及德国人罗斯列尔的商法稿案业已完成，因其过于高尚不适合我国国情，要求尽速立法改案。而该取调事务开始之动机乃是出于条约改正，由外务省管辖，条约改正谈判既已中止，井上馨亦辞外务大臣之职，法律取调事务已无法设置于外务省，而内阁总理大臣兼外务大臣伊藤博文、井上馨、山田显义相谋划，即日进行移管。"② 从中可以看出，山田显义在接手民法立法工作前，对局势已有清晰认识，试图寻找到一条中间道路，以期达到内外兼顾的双赢结果。

（二）山田显义领导下民法典取调委员会的民法立法实践

有关民法草案，明治十九年（1886）三月三十一日以前，博瓦索纳德已完成财产法部分的起草，但他并没有参与人事编的起草工作。大木乔任曾回忆道："第一编（人事编）不可不昭鉴民情，故而特由我国立法委员分担起草第一编及第三编第二部分。待其成稿后，与保氏（博瓦索纳德）协商，令同氏另成其稿。故委员们一边搜集参考风俗民情，一边着手立案。然保氏忙于起草本业，未得与同氏商谈机会，所以第一编与第三编第二部分缺如。"③ 明治十九年

---

① 《山田顕義書翰伊藤博文宛》，明治二十年（1887）十月二十日，《伊藤博文関係文書》第八卷，第169页。
② 《明治天皇紀》第六卷，東京：吉川弘文館，1941年，第830页。
③ 《明治文化資料叢書》第三卷《法律編》，東京：風間書房，1975年，第5页。

（1886）四月一日，民法立法转入外务省后，中央政府并没有制止司法省的民法起草工作，命民事局长南部甕男为首继续进行起草，起草内容很可能就是博瓦索纳德没有插手的人事编部分。明治二十一年（1888）二月九日，该部分整理完成，加上博瓦索纳德起草部分称为第一草案，提交元老院、各大臣、政府相关机关、裁判所、检事征询意见。

明治二十二年（1889）二月四日开始第一草案的审议，采取逐条审议的形式。四月一日以后，召开第二读会，采用大体审议的形式，根据大体审议的决定，再行整理，另成新稿。由西成度（东京控诉院长）、矶部四郎（检事）、光妙寺三郎（检事）、高野真逊（司法省参事官）、熊野敏三（司法省参事官）五人（很可能还包括黑田纲彦）在第一草案基础上，继续进行修改。

明治二十二年（1889）六月，完成新稿的整理，即第二案。第二案的审议从六月七日开始，十月二十八日以后进入人事编、继承编的审议阶段。十一月四日休会，此处休会可能与大隈遇袭、黑田内阁中止条约改正交涉等事有关。第二案再度审议时，已到了第二年，从明治二十三年（1890）二月六日开始，分别于四月一日、四月二十一日完成人事编、继承部分的审议。随后，在未经过法制局审议的情况下，即提交元老院。元老院的审议从五月二十日开始，九月十八日可决。十月六日上奏，七日裁可，八日颁布，但没有内阁总理大臣的印章。在第二草案审议基础上经裁可、公布的民法决议，即博瓦索纳德法典，史称旧民法。

虽然"由于其起草部分相关的法律取调委员会议事笔记与元老院议事笔记等记录遗失，具体详情不可考"[①]，不过，民法典取调委员

---

① 高橋良彰：《旧民法中ボアソナード起草部分以外（法令・人事编・取得编後半）の编纂過程》，《山形大学歴史、地理、人類学論集》，2007 年第 8 号，第 56 页。

会家族法部分的起草委员大部分乃法国法学派的学者，多多少少会受到博瓦索纳德法思想的影响。因此，可以肯定，旧民法中，无论是第一草案还是第二草案，无论财产法部分还是家族法部分，皆受到法国法学派的影响。同时，也应当注意到，财产法部分的审议、家族法部分的起草和审议是完全依照日本人的立场，并且经过数次审议。可以说，旧民法一定程度上受到以博瓦索纳德为首的法国法思想的影响，但是并没有受到任何其他国家政治势力的影响。

第二章 "民法典论争"：从旧民法到明治民法

　　如果旧民法是明治民法的"前生"，那么，明治民法则是旧民法的"今世"，二者命运迥然不同。旧民法产生于藩阀官僚主导的明治前期，明治民法则以明治立宪体制的成立为背景。

　　明治二十二年（1889）二月十一日《大日本帝国宪法》颁布，第一条即规定"大日本帝国，由万世一系之天皇统治之"，体现了国体思想在宪法中的传承。二十三年（1890）十月三十日，以天皇的名义颁布《教育敕语》，要求"全体臣民克忠克孝、亿兆一心，世济其美"，提纲挈领阐明了日本"国体之精华"在于"忠孝"二字，以国家道德为教育之本。《大日本帝国宪法》和《教育敕语》的颁布，标志着以天皇为核心的明治宪法体制最终形成。它并非传统意义上的西欧立宪君主制，而是一种"把近代立宪主义嫁接在源自古代世界的神政的、家长式观念上、束缚议会权力的、伪装的立宪主义"[①]，具有"立宪国家"和"道德国家"二重属性。"这样的一种复合体制令道德国家凌驾于立宪政治之上"[②]，体现了自上而下的国家主义倾向。

----

① 信夫清三郎：《日本政治史》第三卷，周启乾等译，上海：上海译文出版社，1988年，第225页。

② 雨仓敏荞：《日本近代国制の生成と展開——明治憲法下における調停制度を素材として》，東洋大学博士論文，2007年，第205页。

　　另一方面，明治二十一年（1888），围绕条约改正中激进的欧化主义倾向，杉浦重刚、井上丹成立政教社，发行杂志《日本人》，宣扬国粹主义，反抗欧化主义。明治二十二年（1889）二月十一日，明治宪法公布的同日，陆羯南创办报纸《日本》，发刊词中写道："《日本》虽然以发扬国民精神为己任，但也需要了解西方文明之善美，重其权力平等之说，敬其哲学道义之理，爱其某些风俗习惯，慕其科学、经济、实业。不过将其应用于日本时，不可因虚名而滥用之，惟以其实，以有用为标准，以资日本之利益与幸福。"[1] 这些活动则体现了自下而上的国家主义倾向。

　　以此为背景，"民法典论争"被打上了国家主义[2]的深刻烙印。

第一节　"民法典论争"前的民法立法论

　　民法立法事关民生大计，虽然启蒙思想家们和民法立法参与者们曾对此有所讨论，但直至明治二十二年（1889）"民法典论争"之前，这一维度未曾在法学界、思想界引起广泛关注。相较于立法问题，法学界更关注民事裁判和司法审议事宜。相较于私权，思想界更倾向于围绕公权力问题著书立说，要求宪法和民权。再者，明治二十二年（1889）前，启蒙思想家们围绕民法的讨论，多数集中在西洋法与本国国情差异的宏观问题上，仅有少数几位思想家和官僚专门讨论过民法立法具体事宜。不过，这些讨论并非只是浮光掠影，它们之中也出

---

① 陆羯南：《日本》明治二十二年（1889）二月十一日，《陆羯南全集》第二卷，東京：みすず書房，1968 年，第 3 页。
② 有关国家主义，参见松本三之介：《国权与民权的变奏——日本明治精神结构》，李冬君译，北京：东方出版社，2005 年。

现体系性地批判日本传统家制、财产制度的观点，为具有可操作性的民法立法献言献策，可以视为"民法典论争"的先导。

一、启蒙学者个人主义式的家族法论

（一）森有礼的男女婚姻论

森有礼是日本明治时代著名的教育家，明六社的发起人之一，英国学派的代表人物之一。森有礼所著的《妻妾论》是日本"一夫一妻论的最初著作"[①]，不但旨在探讨时下社会问题，也涉及民法婚姻关系此一议题。而且，他所拟就的婚姻法草案强调夫妻平权、一夫一妻，以契约论为原则缔结婚姻，以文明论为背景首创了不同于封建伦理的新式婚姻论。

在《妻妾论》中，森有礼以欧洲文明的男女观、婚姻观为基础，反对男子蓄妾、妻妾同居的"不自然"陋习，认为一夫一妻制乃出于"自然"观念。森有礼强调女性在家庭中为妻、为母这一地位的重要性，反对有悖于文明观的家父长制，提出男女同权论，并且认为"婚姻法的设置尤其必要，并参考西洋婚姻法制作婚姻法私案"。[②]

森有礼还将自己的私拟婚姻法应用于自身的婚姻实践中。明治八年（1875），森有礼借与广濑阿常结婚之际，将其私拟婚姻法公布于世，邀请福泽谕吉为证婚人，举行西式结婚典礼。在婚书中，森有礼提到，婚姻契约"仅对于双方有效，契约未废止之时，男女双方应摒除杂念，相敬相爱，遵循夫妻之道。夫妻共有之财产不经双方同意不得借贷或转卖于他人。一方违反此契约，他方得以诉诸官府请求公裁"。[③] 此次婚礼成就了日本史上未曾有之新式婚姻，以夫妻双方对等

---

① 武田清子：《森有禮における教育人間像——"個人"と"国家"をめぐって》，《教育研究》，1957 年 12 月，第 63 页。
② 武田清子：《森有禮における教育人間像——"個人"と"国家"をめぐって》，第 65 页。
③ 武田清子：《森有禮における教育人間像——"個人"と"国家"をめぐって》，第 63 页。

的人格为基础，互相约束，赠与双方精神上、物质上对等之权利，开明治新式婚姻关系之先河。

福泽谕吉支持森有礼的观点，也反对男子蓄妾，矛头直指儒教旧惯，希望能以此提高女子地位。福泽反对以孟子"不孝有三，无后为大"作为蓄妾的理由，认为"妾也是人家的子女，为了一时的情欲却把她们当作禽兽来役使，搅乱一家的风纪，有害子孙的教养，流祸天下，遗毒后世，岂能不目之为罪人？"[1] 他大力倡导废除蓄妾制度，认为"与其喋喋不休议论男女关系之种种弊端，不如公然废除实行多年之多妻制，相信此举必能奏效。……在教育上纯粹鼓吹女权乃无济于事之空谈，应首先废除多妻制陋习，如不废除，不养成以多妻为丑事之风俗，阻塞男子专横之路，则女子地位将一如既往"。[2]

森有礼彻底的西洋化婚姻观及实践引起了世人普遍关注与评议，招来莫大非议，引发了社会中的妻妾论论争，遭到加藤弘之、津田真道等人的强烈批判。加藤弘之认为，夫妻同权源于西欧"女士优先"的观念，东洋人以此为模仿对象，倡导夫妻同权，是对其过度解释的结果。津田真道反对女子参政，将妇女的政治地位等同于少年、行凶者、犯罪者、特困者，认为不给予女子选举权才是"正道"。不过，妻妾论论争虽然对女子在公领域即政治、社会领域的男女同权论持消极立场，但有关私领域即家庭领域中男女平等的主张，却得到了积极回应，这导致明治十五年（1882）制定法律否认了纳妾的合法性。

（二）福泽谕吉的家族论

福泽谕吉是明六社中唯一一位非官僚出身的启蒙思想家。一方

---

[1] 福泽谕吉：《劝学篇》，长春：吉林出版集团有限责任公司，2011年，第67页。
[2] 福泽谕吉：《女子教育与女权》，《福翁百话——福泽谕吉随笔集》，北京：读书·生活·新知三联书店，1993年，第73页。

面，福泽延续反蓄妾论的主张，反对儒教旧惯，严厉批判《女大学》对于女性的压制，认为其中所载的"三从四德"实则是将女人视为天生罪大恶极的犯人，"对于妇女的责备则极其苛刻"，七出之条记载"如犯淫乱，即令大归"的制裁则"给与男子以很大的便利，是片面的教条"。另一方面，他以文明观为背景，以"一人独立则一家独立，一家独立则一国独立"的"个人"认识为基础，提出自己对于家制的见解。福泽谕吉的相关主张随着《劝学篇》的传布，广为世人所知。

福泽谕吉将男女权利问题放置在家庭这一具体场景中加以把握，倡导如下观点：

首先，无论男女，在家庭中以"个人"为单位应该得到平等对待，应该拥有平等的地位、平等的权利。夫妻在家庭生活中仅存在分工的不同，不存在重要性的差别。他写道：

> 须知生存于人世间的，男的也是人，女的也是人；更就世间所不可缺少的作用来说，天下既不可一日无男，也不可一日无女，其功用确实相同。……人伦之根本为夫妇，有夫妇而后有亲子，有兄弟姐妹。天之生人，开天辟地之始为一男一女，并称之为男女，皆同为天地间之一人，决无轻重之别之理。……（所谓男女有别，）并非指对其不同对待。夫妇之间必须有情，如视为陌生之人，则难以治家。如此而已。……（所谓有别，仅指感情归属的区别，）此一双男女即这一对夫妻，彼一双男女即那一对夫妻，二人一对，逐对区别，应如此正确地赋予定义。①

---

① 福泽谕吉：《女子教育与女权》，第73页。

其次，福泽倡导一夫一妻制的家庭制度，认为此制度顺应规律、符合道德，是人类历史进步的明证，是社会发展的最高伦理。他阐述道：

> 自古以来，夫妻生前偕老，死后同冢，乃人伦之核心部分，既成习惯，整个社会组织皆围绕此而建立。仓促之间加以改变，谈何容易。人类道德大多出于古之习惯。……有人认为自由的爱情乃是天意，符合客观规律，但只要世人视之为丑恶不道德，它亦只有遁于暗处。何况数千年来，人类社会的家庭依照现今之婚姻法组成，秩序井然，非常美好。……人类进步历史证明一夫一妻白头偕老为最高伦理。①

最后，应该保障女性的婚姻自由权，倡导女子再婚。福泽认为既然男子可以再娶，女子也可以再婚，寡居制度不符合情理，有违以个人为单位的社会中对男女关系应该平等的认识，是儒家"圣人之教"遗留的陋习。他指出：

> 除了多妻制度，年轻女子寡居之事，同样严重影响了对于女性至关重要之爱情，如禁止封建武士习武、没收学者笔墨书籍一般不合情理，高压终将导致严重后果。……我国习俗，男子再娶毫不犹豫，而且一而再，再而三，与此相反，寡妇再婚则不常见。渐入老年之妇人子女众多或许可以理解，但三十上下未满四十之妇人丧夫之后，则被冠以未亡人之名，仿佛她们本该与其夫共死却侥幸得生一般。若因见弃于亲友，或迫于生计而招赘、

---

① 福泽谕吉：《一夫一妻，白头偕老》，《福翁百话——福泽谕吉随笔集》，第45页。

再嫁，即使并非为一己私欲，亦会感到羞耻，同时招来旁人指责。这皆因为古人贞女不事二夫之教所束缚之缘故。……圣人之教被肆意曲解，导致男尊女卑之风习，剥夺妇女之自由，使人几乎窒息，实在残酷，无法以理服人。①

在亲权方面，福泽倡导父母同权，认为"对子女来说，父母权力相等，丝毫没有大小轻重之区别。慈，父母皆慈；严，父母皆严"。②同时，需要明确亲子间的权利与义务，即父母有抚养子女的责任，对子女具有管教的权利，但父母不能干涉子女的婚姻，因为"生子、养子、教子不仅出于父母的真挚之情，同时也是社会不可逃避的义务。遵守义务，尽心抚养所生之子，使其心灵纯洁善良，活泼、健康，并遵守孝道。如子不孝，父母有权利斥责管教"。③"下一代婚后即另组新家。新婚夫妻为自家考量，不再听任父母指派。为人父母不能责其离，悲其去，应使子女自在翱翔，社会才能进步。"④

在子权方面，福泽认为子女不应指望依赖父母生活，成年后即要独立生存。"无论何等显贵之家，子女皆应将家产视为零，只能在未成年时接受父母照料，切不可忘自身独立之宗旨。"⑤同时，子女没有赡养父母的义务，父母自子女成年后就应独立生活，而不能因为抚养子女就指望老年时子女对于父母的赡养。"降临人世为父母抚养成人并接受与身份相应之教育后，应产生至死独立生活之意识。壮年之时不仅要自谋生计，还应为晚年着想。只要有所准备，就不会给别人增

---

① 福泽谕吉：《妇女再婚》，《福翁百话——福泽谕吉随笔集》，第 89 页。
② 福泽谕吉：《文明家庭应该同心同德》，《福翁百话——福泽谕吉随笔集》，第 253 页。
③ 福泽谕吉：《对子女勿奢求过多》，《福翁百话——福泽谕吉随笔集》，第 56 页。
④ 福泽谕吉：《成年当独立》，《福翁百话——福泽谕吉随笔集》，第 62 页。
⑤ 福泽谕吉：《子不可依赖家产》，《福翁百话——福泽谕吉随笔集》，第 58 页。

添麻烦。"①

可以说，福泽谕吉的家制论完全出于"个人独立"的大旨，无论男女、亲子、长幼，在成年后皆应具备"独立之精神"，才能求得"自由之发展"，以个人自立立国，求得国家于世界的独立。

二、外交官僚目贺田种太郎的民法意见

目贺田种太郎②为贵族出身，专修大学的创办者之一，历任外交事务相关职务。明治三年（1870）至明治七年（1874），目贺田种太郎作为留学监督，赴美三年有余。在此期间，目贺田兴趣广泛，自学钻研并实地考察美国教育制度、教育方法、教育与社会之关系、图书馆与教育、实用教育、女子教育等，向文部省一一报告，以作为日本教育改善之参考资料。

更重要的是，在第二次赴美期间（1875—1879），目贺田从其专业法学科的立场出发，检讨日本法制改正的根本意义。明治十年（1877），目贺田向文部省提交的《立法论纲》，是其在研究美国等国民法基础上的建言，是目前所见官僚向明治政府提交最早的一份有关民法的系统性立法意见。

目贺田认为，民法立法的主旨在于规定权利义务，确保全社会生命财产安全和获得幸福。西洋民法理论以法理的形式确定了财产的

---

① 福泽谕吉：《对子女勿奢求过多》，第 57 页。
② 目贺田种太郎（1853—1926），枢密顾问官，男爵。目贺田家乃法兴院摄政兼家的后裔，即藤原氏，后来为武臣，近江爱知郡目贺田城主被称为目贺田氏，战国时代转往中国地区时移至纪伊，后成为江户的幕臣。种太郎乃目贺田幸介的长男，嘉永六年（1853）七月生于本所太平町，曾就学于昌平簧，明治三年（1870）七月十八日受命留学于美国，明治七年（1874）哈佛大学法学部毕业归国，八年（1875）七月作为美国留学生监督再赴美国，十年（1877）一月任文部省一等属，十二年（1879）归国，十三年（1880）五月作为司法省附属代言人，十四年（1881）三月任判士，为横滨裁判所所辖，十六年（1883）六月转任大藏省书记官。其与志同道合之辈一起创立专修大学，教授法律经济，乃今日专修大学的前身。后历任大藏省、外务省官员，条约改正调查委员及条约改正实施委员等。

所有权界限，可以确保全社会的财产幸福，所以具有优越性。具体来说，《立法论纲》从财产权、契约、继承、遗言、义务五个方面梳理了西方民法的法理。

（一）财产权相关法理

《立法论纲》中解释了所有权、占有权、法律时效、地上权四个方面的财产权相关法理。

在目贺田看来，所有权是所有民法权利中的根本权利，是私权的基础，指的是"现在所持之物，他人不得触之，不得妨碍之"。因此，只有保护所有权，才能从根本上保护私权，才能使民众获得"人之幸福"；不能无故"从所持方取其物件，赠与其他非所持方"，此举"甚至有害于社会"。①

占有权是仅次于所有权的需要受到保护的私权。它的存在虽然无法使得民众获得"人之幸福"，但可以保护"占有者第一不会害怕失其所得，第二可以防止有人争其所得，可享有占有之快乐"。所以，"除政府的先占权之外"，占有权不得受到任何侵害。

法律时效并非如今法学中一般认为的"诉讼时效"，而是保证权利获得保障的时间界限，它可以防止"所持物受到其他权利的侵害，但此时效之长短，要依照物件的种类价值的不同而有所差异"。

地上权反映了人与自然相关联的私权关系，即"土地产生之物件所有"，"生于田野之物，全部归其土地所有者所有，矿物草木皆如此。同时，其地所喂养之物也归其地土地所有人所有，栖息于其地之兽类皆如此，作为兽类的食物也归土地所有人所有。如果水退去暴露出土地，应该归其附近的所有人，在不侵害其他人权利的前提下领有

---

① 本部分引文均出自目贺田種太郎：《立法論綱》，《男爵目贺田種太郎附録（下）》，東京：ゆまに書房，2002 年，第 55—56 页。

土地。因水退而得之权利，可以视为其受到侵害的损失补偿和为此地所施劳动之回报"。

（二）债权相关法理

债权方面，《立法论纲》中将契约视为一种"承诺"，强调契约的平等性，并指出不平等契约的不合法性，应不予承认。契约即"法律上吾人有举自身所有物赠与他人之权利，即因所爱而赠与他人，因防止受到损失而赠与他人，因交换他物而赠与他人，因名利而赠与他人。赠与使物件发生转移"。[①] 契约产生交换，应该建立在平等的基础上，不平等的契约因为"不利于交换双方，则交换视为无效。包括：一、隐匿；二、欺诈；三、压制；四、伪证之约定；五、法律上之义务有误；六、误视价值；七、不能；八、有害于公利；九、缺少权利赠与者时，皆归为无效转移"。[②]

（三）继承相关法理

继承的目的是"人死后可以保全其子嗣的生活，使（后人）获得平等的幸福"。目贺田所列举的继承方法以夫妻、亲子、父母为顺序，并在继承问题上主张男女同权，嫡子与庶子同权，给予寡妇与遗腹子继承权，确定"遗留分"保证直接继承人权利，体现了不以日本传统家制旧惯为依据的进步主张。继承顺序要按照亲疏远近的关系决定，应参照如下标准：

　　1.遗传者不分男女，应同其份额。2.夫死，其寡妇只要没有特别约定，可以得夫之一半财产。3.子平分（遗产），因为父爱相等，子与子之间所获之爱相等，所以所得之物也应该相等。4.若有子先于父亲而亡，留有遗腹子，则遗产应该等分于遗腹

---

① 目賀田種太郎：《立法論綱》，第56页。
② 目賀田種太郎：《立法論綱》，第56—57页。

子。5. 先于父死亡之子如果没有遗腹子，则财产属于其父母共有。6. 贫家分割财产，会使其愈贫，此等情况不平分财产，仅负抚养其子之义务，使其遗传于生存者。7. 若无子，其父母的财产一部分应该遗留给生存者。8. 父母死后其分应该平分给其子。9. 若没有继承者，则其遗产应该缴纳给公库。10. 继承人分割财产时，可以公开拍卖处分之。11. 公卖处分之前，应将此托付给适合的委托人，或委托给年长之兄，或委托给母亲亦无妨。妇人概不知财事，应因时宜委托之。12. 若一男性继承人未成年，应将其委托给年长的继承人。13. 缴纳给公库的财产也应该公开拍卖。①

值得注意的是，《立法论纲》并不局限于介绍美国一国的民法立法，其中还有法国继承法中的"遗留分"规定，即"基于赠与遗物之权，亲对于子即具有主治者之行状，既然行使其作为主治者之权利，必须使子作为被治者免于陷入饥饿。法兰西'レジチーム'所言之法，子绝不可能完全没有得到任何遗物，是为良法，但却要因时宜行使之"。②

（四）法律义务相关法理

法律义务方面，目贺田认为要分清"恩惠性义务与法律性义务的区别"，由此界定了法律与道德的界限，即恩惠性义务属于道德范畴，法律义务属于法律范畴。与恩惠性义务相比，法律义务有时并非出于道德，并具有广泛性，乃至"夫妇亲子之间终产生法律上之权利义务"。③

---

① 目贺田種太郎：《立法論綱》，第 58 页。
② 目贺田種太郎：《立法論綱》，第 60 页。日语"レジチーム"即"遗留分"之意。
③ 目贺田種太郎：《立法論綱》，第 59 页。

《立法论纲》中体现出的立法思想具有相当的进步性。身为贵族的目贺田，在继承法方面并没有拘泥其自身的地位，反而以西方的文明观为基础，认同财产继承的优越性，并未涉及任何身份继承方面的问题。目贺田有关法律来源于幸福的观念更体现着十八世纪启蒙精神。

三、法制官僚井上毅的民法立法理念

明治五年（1872）六月，井上毅作为司法卿江藤新平派遣欧洲的随员，赴法国留学。留法期间，井上毅日常列席旁听博瓦索纳德等法国学者的讲座，对法国法学有所了解。不过，井上毅对法国学说颇不以为然，认为"法兰西人一举革命，以血洗旧，使其民俗轻剽好新奇"[①]。比起法国的"急进"，井上毅更倾慕德国的"渐进"。

明治七年（1874），归国后仅数月，时逢佐贺之乱，井上毅随大检事岸良兼养赶赴现场，亲历江藤新平审判，感慨良多。以此为契机，多次撰文，阐明自身的立法意见，表示不可盲目模仿欧洲之法，尤其民法立法应当尊重本邦惯习。同年，井上毅完成介绍西欧治罪法的大作《治罪法备考》，其序言中写道："欧洲无成文民法之国有之，但却无一国没有治罪法、刑法，为何？民法乃私法，要视人民开化程度而定之；治罪法、刑法乃国法，因此无一国没有。"在此，他将国法与私法对立起来，认为国法包含治罪法、刑法，而私法则为民法，二者性质不同，不能以同样的立法方针进行立法。此种二分法与江藤新平的法意识相同，体现了明治初年基于万国公法认识基础上的法律分类。国法与私法的用语，也"反映了浓厚的传统或者说东洋的法思想的残余，此种二分法观念，规定了井上毅法认识世界最基础的范

---

① 坂井雄吉：《井上毅と明治国家》，東京：東京大学出版会，1983 年，第 68 页。

畴，而且在更广泛的范围内，它体现了井上毅对社会思考的关键性概念"①，构成其法认识的原型。

在此基础上，井上毅认为各国具有不同的国民性，宗教、语言、婚姻，不能学习欧洲，法律不可以轻易移植。"盖征之哲理，国民的性质有其本来之性质，外来之性质不能恣其势力，故使用此三者（前述宗教、语言、婚姻）不能得其预想之结果。故国民之性质经由数世之沿革或变或移，此乃盛衰荣枯之一定现象，如英法德荷，由表象观之为同一之文明，但因土地之形势、交际之状态、教育之主义，结果今日或长于商贾、或达于技艺、或富于文学、或乐于勤俭，皆有其特有之形质，称之曰国民之性质。"外国法制"即使善良，亦不可移入他邦，他邦国民不能通过法律移植得到幸福"。②

在上书政府的《官制改革案》中，井上毅更加明确了其基于国法、私法二分法下的民法立法理念，强调民法应该根据本国国民性来制定，不能如国法一般，根据自然法理念，照搬西洋近代民法典。他写道：

> 殊不知，欧洲所谓法者，因合乎人民所好而得其名，议院法，探讨三次后方采决，以为慎重。各国之法，以性法为基础者大概同流，但其条章制定，毕竟尚依各地之习惯。日本今所谓法者，既非人民合议之物，亦非自然而然兴起者。问其由来，则不是本俗之习惯，而是欧洲之形式。另外，欲在全国通行一法，国法、刑法则可。而民法在欧洲各大国，法国除外，各地皆行使各法，以适应民俗。况且我国，封建残余、各地旧惯，互相不断

---

① 坂井雄吉：《井上毅と明治国家》，第63页。
② 井上毅：《欧洲模仿を非とする说》，推定为明治七年（1874）十一月由欧洲归国至翌年八月起草，《井上毅伝史料編》第一卷，東京：国学院大学図書館，1986年，第52、54页。

绝。今若强行仿照法国一法之美，利其一方，则必害于另一方，恐施行才是真正的残暴。①

井上毅批判日本当时模仿欧洲立法的倾向，旗帜鲜明地强调绝对不能不顾本国旧惯，仿照法国一国之民法定立本国民法，认为此种做法才是真正的残暴。井上毅的民法立法主张贯穿了一种对于西欧法学摄取时强烈的选择性姿态，认为西洋法学单单是一种技术，其根本在西方的风土民情和政治习惯。他对民法法律移植的心态，多少有些"西洋技术、东洋道德"思考模式的意味。此种论说虽说是为了反抗司法省内部照搬西洋法的主流动向，但是，毫无疑问，井上毅坚守民法立法应该尊重民之所好、民之权利，反对由于立法过于画一而导致权力介入等理念，具有历史法学说上的法理意义。

井上毅不仅宣传历史法学的观念，更亲自参与到立法讨论中。他反对《新律纲领》《改定律例》，认为它们"来源于隋唐之陋风和武门苟且之政治"，反对户婚律，参与旧刑法立法讨论过程；参与继承法论争，认为沿袭旧有家督继承不可取，但效仿法国财产继承法制定日本继承法也不可取。在他看来，可行的方案唯有将二者结合起来，"立嫡为常态，分配为变例。家督继承法与财产分配法结合，设规则防止父母偏惠，使裁判官有断案之凭据"。②

对于继承法孜孜不倦地思索态度，体现了井上毅固有的民法立法方针。首先，民法立法应具有渐进的姿态，"人情忌变革，新法之出，人尽喜者，急行之可矣，利三而害七者，以渐改之，利害相

---

① 井上毅：《官吏改革意见》，明治七年（1874）四月，《近代日本思想大系》第三卷《官僚制·警察》，東京：岩波書店，2000年，第93页。
② 井上毅：《相続法意见案》，明治九年（1876）六月，《井上毅伝史料編》第一卷，第81—82页。

半者，当因旧章"。① 其次，民法立法更应尊重国情，"法者当力考国俗习惯，慎重参酌，遂移之于他国，不可使其与固有之旧制纷更"。②

四、思想家小野梓的民法观

小野梓乃明治时期英国学派的著名思想家，明治四年（1871）二月赴美国学习法律，五年（1872）以大藏省官费留学生的身份赴英国进行银行和理财的调查工作，其间修习了"法理政学及各国制度，参酌从密尔到法德硕儒的理论对其考衡评价"③。明治七年（1874）归国后，小野梓组织共存同众协会，为日本的文化启蒙和制度建设尽心尽力。

小野对以日本传统家本位制度的思考方式持批判性立场，反对继续施行隐居制度和家督继承，提倡男女平等与遗言制度，主张自由婚姻和一夫一妻制原则。④ 此外，小野从近代法理学出发，试图融合欧洲各国法理，创造自身独特的民法立法理论。他认为："法理学与沿革史乃律例之两大车轮，若能两全不失，使其确然实行，则犹如二轮并行，无倾覆之忧患，安然运行。英国之律例最遵此二轮而实行，泰西之人取之与罗马律例并称为世界有名之二大律例，实则因此二大车轮也。"⑤ 明治九年（1876），小野完成翻译著作《罗马律要》；十七年（1884），完成《民法之骨》上卷（下卷尚未完成即逝世）。前者"欲以罗马律抒发自身民法上之所论"⑥；后者则可视为小野梓民法立

---

① 坂井雄吉：《井上毅と明治国家》，第 81 页。
② 坂井雄吉：《井上毅と明治国家》，第 94 页。
③ 齊藤一寛：《小野梓：人と思想》，東京：富山房，1973 年，第 43 页。
④ 参见福島正夫：《小野梓の家族観》，《家族、政策と法 7：近代日本の家族観》，東京：東京大学出版会，1976 年，第 193—229 页。
⑤ 小野梓：《論英国律例》，第 120 页。
⑥ 福島正夫：《小野梓の家族観》，第 203 页。

法方针之大成，虽乃未竟之作，但从中已然可以窥测其民法立法理论框架。

《民法之骨》首先论述了法理学的一般性原理，包括立法的六大要件、立法目的、法律分类等内容。就法的性质而言，法律具有强制性，立法者与守法者是统治者与被统治者的关系，遵守法律是被统治者不可以违背的义务。立法具有六大要件：

> 法制乃主治者之命令。而被治者负有遵奉之义务，苟悖之时，直接以裁定威力强迫之，使之遵奉。（立法有六大要件。）一、必须具备保有政权、创立法制者；二、主治者必事先发布命令；三、必须具备遵奉命令之被治者；四、被治者必负有遵守义务；五、必有强迫被治者遵守的裁定威力；六、必维持裁定威力使之必行。①

就法的目的而言，"立法之最大旨归在于保护，换言之则在于保护权利"；最基本的权利——生存权、富周权（财产权）和平等权——必须得到保护。②并且，西方对法制意义的理解甚为混淆，不容易解释，需要对其进行梳理。③在此基础上，小野梓明确指出民法的立法目的，即"解释明示人民之间交流的权利义务，其制定要诀有三。第一，明示权利之种类及与之相应的义务；第二，明示权利所

---

① 小野梓：《民法之骨》，《小野梓全集》第二卷，東京：早稻田大学出版部，1979年，第240—241页。
② 小野梓：《民法之骨》，第252—245页。
③ 小野梓创立了自己的法律框架。他将法制分为内法与外法。内法分为世法与宗法。世法分为常法与军法。常法分为建国法、行政法、民法、刑法、诉狱法。民法又分为永久法、暂时法，或一般法、特别法，或直接法、间接法，或成文法、不成文法。在他看来，法制方案虽有多种，但终归于罪过、权利、通义、服役四种。（小野梓：《民法之骨》，第248页。）

及之边界和范围；第三，详示权利始终之核心情况并规定其申诉的时间"。①

就其中的财产权而言，小野梓综合介绍西方各类法理，将财产权概括为对物权与对人权，在他看来，"法兰西民法将权利分为对人之权利与物上之权。对人之权利分为民权、夫妻权利、亲子权利、养亲养子权利、监护人孤儿权利。物上之权分为五种：所有权、收益所得权、所用权、家住权、土地使用权"。② 他认为：

> 论法兰西权利类别之排序得失，去掉财产继承之权，将其编入权利享有之方法才是恰当的。但以对人之权与对物之权相对应，却不知管物之权属于对人之权，此乃谬误。而且其中排序中加入养子之权利未免产生错杂之意，养子不过是一种基于本体的变制。故今我得失不论。而且物上之权分为五种，此乃依照罗马的遗志与法国特有之惯例，已不占主流地位。今虽无法怪罪当时之立法者，但不得不说此排序有失其宜。……加之代理人、社会契约等直接列于享有财产权利之方法下，也不得宜。因代理人不单单与享有财产方法相关，而且还涉及其他问题。③

法国民法的权利分类有失得当，其分类的渊源来源于法国特有的惯例习俗，无法按照常理来评论其得失。由此可以推断，小野对于日本照搬法国民法典进行本国民法立法的行为，也是持批判态度的。

---

① 小野梓：《民法之骨》，第 252 页。
② 小野梓：《民法之骨》，第 264—267 页。
③ 小野梓：《民法之骨》，第 268 页。

最后，小野梓提出自己独特的民法权利划分方式，即所有权利皆来源于对人权。他阐述道："学者将权利分为对人之权与物上之权，稍稍近于妥当，但不全面。盖所有权皆是对人之权利。"[①]"对人之权利"又可划分为"对众人之权利"与"对特人之权利"。"对众人之权利"乃是从个人角度出发，所有人皆拥有的平等相同的权利，此权利又分为自主之权与管物之权。[②]前者相当于近代法学中的人权，后者则相当于近代法学中的财产权。"对特人之权利"是从社会关系角度出发，每个人根据自身的社会角色而拥有的权利。"对特人之权利"又分为"对内特人之权利"与"对外特人之权利"。[③]"对内特人之权利大抵基于法律所规定之权利，对外特人之权利大多依契约要债。"[④]前者相当于法国民法中的人事编，后者相当于法国民法中的契约编。

在《民法之骨》中，小野梓进一步追溯了罗马民法、法国民法等各种民法的法理，指出"罗马法以来泰西人所定义人的意义具有不当之处……究其起因则来源于所谓自然人、法人的概念，导致其

---

① 小野梓：《民法之骨》，第 257 页。
② "自主之权分为生存权、防身权、自由权、平等权。生存权即所谓人得以生存之权，乃人权之最重之权，诸种权利皆以其为贵。故只要人不损害生存、搅乱社会，人人皆不得妨害他人生存。防身权乃为补全生存权而临时行使之权，是人权的要素。自由权乃在法制域内得以行万般行为，不需受他人妨害，与人之生存关系重大。平等权乃根据个人之法律能力平准地获得自由。管物权乃管理自己所有物之权利，在判定所有或借贷时行使。分为三种：所有权、使用权、占有权。所有权乃保有自己的万物任意使用之权利，使用、占有、所得权皆包含于其中。使用权乃不归自己所有，但暂时得以使用之权利。占有权乃不归自己所有、不归自己使用，却暂时保有之权利，所得权包含在其中。"小野梓：《民法之骨》，第 258—259 页。
③ "对内特人之权利指对家庭成员之权利，细分为八种，包括对奴隶之权利、对主人之权利、对孤儿之权利、对监护人之权利、对子女之权利、对双亲之权利、对妻子之权利、对丈夫之权利。对外特人之权利指对家庭以外特定人之权利，细分为十一种，包括对债务人之权利、对债权人之权利、对担保人之权利、对保领主之权利、对典当人之权利、对典当主之权利、对当事人之权利、对代理人之权利、对社员之相对权利、对所嘱者之权利、对能嘱者之权利。"小野梓：《民法之骨》，第 259—260 页。
④ 小野梓：《民法之骨》，第 261 页。

意义发生混淆，使常人苦于理解。惜哉……故余今日需矫正其弊害，恢复其本源含义……今泰西之学移入我邦，人的意义逐渐失其本真。……本邦不应模仿"。① 以罗马法为蓝本进行法理研究，不独模仿法国法的立法主张，展示了小野梓对于日本囫囵吞枣式地学习西方法律制度的担忧；同时，也表明了立法只有在清楚其立法宗旨，经过理解采择，明确立法本质的前提下，才可以实现制度变革。小野梓倡导学者对于模仿西方法学精神进行日本民法立法持慎重态度。

综上所述，"民法典论争"以前思想界对于民法立法的理论具有两个明显的趋势：

第一，日趋专业化的趋势。森有礼、福泽谕吉仅仅从启蒙主义的角度出发略微涉及民法立法中家族法立法的某些内容，尚未论及立法技术方面的相关事项。目贺田种太郎的《民法论纲》体系性地介绍了财产法、家族法的立法相关内容，井上毅参与继承法论争等讨论提出立法的根本性原则，小野梓则追本溯源从法源角度出发阐述民法立法的法理。

第二，民法立法问题越来越受到重视。启蒙学者谈论民法立法是出于文明观指引下的进步观。目贺田种太郎、井上毅作为外交和法制官僚关注民法立法，表明明治政府在外交和内政方面认识到民法不可缺失，进而展现出主动研究的积极姿态。小野梓身为自由民权运动的先驱人物，不但精通宪法，而且为民法著书立说，体现了追求宪政公权力的同时亦不忘保护私权利的倾向。

---

① 小野梓:《民法之骨》，第 269 页。

第二节　"民法典论争"

　　明治二十二年（1889）五月至十二月，法学士会在旧民法公布前夕 ① 首次提出《法典编纂相关意见》，指责博瓦索纳德民法不裁不备，引起了围绕旧民法命运的社会讨论，包括法学者、思想家、议员、舆论界在内的众多群体，都卷入论战中，形成延期与断行两派截然对立的意见。这就是著名的"民法典论争" ②。

　　"民法典论争"被视为旧民法被废止、明治民法成立的转折点。有关"民法典论争"的本质，在研究者间存在几种观点。历史学家中村菊男、远山茂树等将第三次帝国议会议员有关民法商法延期问题的审议纳入此次论争的范畴，形成了政治论争说，赋予"民法典论争"广义的维度。法学家穗积陈重、星野通等仅关注学界（法学家、思想家）的思想动态，属于狭义"民法典论争"研究，建立了学派、意识形态论争说的立论基点。无论在广义范畴内，还是狭义范畴内，对此问题的研究，都存在着一种非此即彼倾向。事实上，每位研究者都在自身所学范围内，揭示了民法典的部分本质。实际上，"民法典论争"在每个层面体现的面相皆有所不同，反映了知识与权力的复杂关系。本节试图以民法典的学界论争与舆论论争为对象，探讨民法典论争的法理价值和政治价值。

---

① 旧民法典财产编、财产取得编部分、债权担保编、证据编公布于 1890 年 4 月。财产取得编剩余部分、人事编公布于 1890 年 10 月。

② 星野通在《明治民法编纂史研究》中将"民法典论争"分为三个阶段。第一阶段为旧民法公布前后，即 1889 年 5 月至 1890 年 10 月，以法学士会《民法编纂相关意见》为开端。第二阶段为 1891—1892 年，此阶段乃"民法典论争"的转折点，穗积八束的主张为延期派赢得政府的青睐，有助于延期主张获得政府的支持。第三阶段为 1893 年 1 月至第三次帝国议会民法审议（1893 年 5 月至 6 月），此阶段延期派才成为真正意义上的延期派，论争的主要焦点也转移到了民法延期部分。民法延期最终在议会审议中获得绝对多数的赞同，旧民法至此夭折。

一、延期派与断行派的殊途同归

如上所述，对于"民法典论争"的本质，因研究视角的差异，研究者间产生了三种不同的观点。三种观点的对立虽然存在，但也存在很大的缓冲和暧昧空间。延期与断行此种政治决策的对立，并不能完全代表学理的对立，也不能代表意识形态在此问题上的截然对立。

（一）历史法学派与自然法学派

穗积陈重将明治"民法典论争"类比为德国民法典论争，认为二者皆代表着自然法学与历史法学的对抗。所谓德国民法典论争，是指一八一四至一八一八年萨维尼与蒂堡为首的德国法学家，围绕德国是否应该制定一部统一的民法典所进行的学术辩论。

一八一四年，蒂堡撰写《论制定一部德意志统一民法典之必要性》，从政治统一的需要出发，指出统一民法典有利于国家统一、进步和富强。他认为，"一部明智的、经过深思熟虑的、简单且生气勃勃的法典，正是德意志人的强大和进步所必需的，因为这样才能使政治上的分裂和与此紧密相联系的那种狭隘获得一种很好的平衡"。①

与此相反，萨维尼反对基于必要性而进行的民法编纂，认为此举会破坏法律的自然生长。他认为，法律起源于千百年来历史的沉积与人民的习俗，它"首先产生于习俗和人民的信仰，它完全是由沉潜于内、默无言声而孜孜吃吃的伟力，而非法律制定者的专断意志所孕就的"②。正因为"法律依然秉有自身确定的特性，其为一定民族所特有，如同其语言、行为方式和基本的社会组织体制（constitution）。不仅如此，凡此现象并非各自孤立存在，它们实际乃为一个独特的民族所

---

① A.F.J. 蒂堡：《论制定一部德意志统一民法典之必要性》，傅广宇译，《比较法研究》，2008 年 5 月，第 153 页。
② 弗里德里希·卡尔·冯·萨维尼：《论立法与法学的当代使命》，许章润译，北京：中国法制出版社，2001 年，第 11 页。

特有的根本不可分割的禀赋和取向，向我们展现出一幅特立独行的景貌。将其联结一体的，乃是排除了一切偶然与任意其所由来的意图的这个民族的共同信念，对其内在必然性的共同意识"。① 因此，只有根据历史传统立法，才会建立具备民族精神的法制制度。

值得注意的是，萨维尼虽然认为法典化限制了法律自然的、无意识的成长②，但是，他并非法典化的绝对反对者。在《论立法与法学的当代使命》中，萨维尼将法律形式分为三个阶段。第一，习惯法阶段，这时的法存在于民族共同意识之中，表现形式主要是习惯法。第二，学术法阶段，这一阶段的法已上升到法学家的意识之中，法律已经被科学化。此阶段法已经具有了双重性质，既是民族生活的一部分，又是法学家手中的一门科学。最后是法典编纂阶段，要想使习惯法与学问法完美融合，就需要德国包括法学家与全体民众团结一致，同心勠力，制定出一部好的法典来。由此可见，萨维尼仅是反对不分时机的法典化，并不拒绝在条件成熟时进行法典化的要求。

从这个意义上讲，蒂堡与萨维尼在法典化问题上虽然存在着对立，但其对立的根本原因并非法典化是否有益于国家和社会，而是当时的社会环境是否有能力编纂出一部有利于国家社会的法典。此种对立并非不可调和。正如萨维尼本人所说："我将用几句话来概括自己与鼓吹制订法典者的异同。可以说，我们是殊途同归。因为大家都是朝着一个共同的目标：期望良好合理的法律制度，抵制任性与虚伪的侵蚀；同时是为了民族的联合，并且齐心协力，以实现同一目标。就目前情况而言，我们都认为德意志的法律制度是有缺陷的。但是，建议尽快制订法典者认为问题在于没有统一的法律渊源，解决的唯一办

① 弗里德里希·卡尔·冯·萨维尼：《论立法与法学的当代使命》，第 7 页。
② F.P. 沃顿：《历史法学派与法律移植》，许章润译，《比较法研究》，2003 年 1 月，第 153 页。

法是制订民法典。我认为，现在还不具备这一条件。"①

基于此一逻辑，明治"民法典论争"中延期派与断行派的观点是否也存在着殊途同归之处呢？

（二）法国法学派与英国法学派

日本法学界从明治初期，就存在着法国法学派与英国法学派两大势力。明治四年（1871），明治政府以培养本国法学家为目的，在司法省内部设立了明法寮，第二年开始招生。明治八年（1875），明法寮改称司法省学校，聘请博瓦索纳德为讲师，主讲法国法学与自然法学。明治十七年（1884），明法寮归文部省管辖，改称东京法学校，第二年合并入东京大学法学部，成为东京大学法兰西法学部，是东京帝国法学院法国法专业的前身。

作为明治时期法曹会与法学界支配势力的法国法学派，以本国的正统法学派自诩。旧民法起草正是由以博瓦索纳德为首的法国法学派法学家为主体完成的。山田显义成立的法典取调委员会中，大部分取调委员和报告委员都是法国法学派的毕业生，包括矶部四郎、井上正一、岸本辰雄、龟山贞义、熊野敏之、光妙寺三郎、宫城浩藏、河津裕之、栗塚省吾、今村和郎等。

另一方面，明治七年（1874），幕府时期的番书调所改组为东京开成学校，后与东京医学校合并成为东京大学。该学校讲授英国法，后来扩大势力，成为东京帝国大学法学院英国法专业的核心力量，渐有与早前的法国法学派分庭抗礼的趋势。

同时，为扩大影响，两学派在设立官办学校的同时，还以扶植势力为目的，建立了一批私立法学校。法国法学派建立的法学校有：明治法律学校（明治大学的前身），以法制协会为依托；和佛法律学校

---

① 弗里德里希·卡尔·冯·萨维尼：《论立法与法学的当代使命》，第48页。

（法政大学的前身），以明法会为根据地。二者在"民法典论争"中成为法典断行派的大本营。另一方面，英国法学派建立了东京法学院（中央大学的前身）、东京专门学校（早稻田大学的前身），在法典论争中表现出了积极对抗的姿态。

　　虽然明治时期的法学教育确实形成了英国法学派与法国法学派两大学派，并因教育背景不同而产生派阀冲突，但是，从政策主张上来说，两派在"民法典论争"中，并没有形成截然对立的延期派与断行派。事实上，当时存在着三派意见。第一，绝对的断行派，认为民法（商法）需要在明年（1893）一月开始实施，假令需要修改，则在实施以后再进行徐徐修改。一部分法国法学者主张此一做法。第二，绝对的延期派，认为民法（商法）需要延期，永不实施。一部分英国法学者主张此一做法。第三，相对的延期派，认为民法（商法）自明年（1893）一月开始延期，但并非永远延期，仅将其延期数年，充分修正，再行实施。部分英国法学者和法国法学者主张此一做法。[1] 由此可见，法国法学派与英国法学派在"民法典论争"中的政治主张并非截然对立，其中存在暧昧空间。

　　法国法学派与英国法学派并没有如穗积陈重所判定的那样，在"民法典论争"中截然对立，两派在有关旧民法命运的判定中留有缓冲余地，显示出两派所坚守的学理中存有殊途同归之处。

二、法理的"民法典论争"

（一）"民法典论争"的核心问题

　　抛开延期派与断行派截然对立的论断，将两派组成人员看成独立

---

[1] 《法典問題》，《明法誌叢》第二号（明治二十五年［1892］四月一日），村上一博編：《〈明治法律学校機関誌〉にみる法典論争関係記事（六·完）》，《法律論叢》，2010 年 9 月，第338 页。

分子，再分析他们对于旧民法的态度，不难看出，"民法典论争"中所争论的核心问题并不是自论争开始才为人们所发现，它来源于旧民法作为继受性立法的尴尬身份。

博瓦索纳德法典是以近代法为母法的继受法，它从谋划立法开始，即反映出立法者的两难处境。如前所述，无论客观需求如何，江藤新平作为明治时期最初关注民法立法问题的政治家，从打算立法之日开始，主观上即面临着以近代法为母法的继受法是否适应本国国情的根本问题。大木乔任、山田显义同样也面临着此种困扰。不但中央政治家、官僚关注到继受法立法与国情的问题；明治十四年（1881），地方官僚高知县县令北垣国道也注意到该问题，上书太政大臣三条实美奏请停止民法编纂。《建白书》中，北垣指出：

> 民法编纂应该推究我邦风俗民情习惯，令其充分适应我国，此为我国立法之正道所在。试问，哪有本国立法反而尊重欧美习惯的？成文法、不成文法不分轻重，仅在于当事之人的主张。如果无法作为我国惯习的补充，即使万卷的成文法也有疏漏。反之，即使基于我邦惯习的法律并不成文，也具有成文法所无法比拟的优势。①

此份文件是笔者所见反对民法编纂的最早文件，早于"民法典论争"十余年，它一针见血地指出，继受法立法的核心问题在于民法立法是否可以适应本国的风土人情。可以说，"民法典论争"就是法学者们围绕"当时的日本是否有能力成功制定民法典"，"适合本国国情的民法典到底是何模样"而展开的论争。

---

① 《高知县令北垣国道建白新刑法ヲ挙行シ治罪法ヲ廃シ民法編纂ヲ停止スルノ議》，日本国立公文書館，索取号：本館 -2A-001-00。

（二）民法典立法的必要性和可能性

对于"当时的日本是否有能力成功制定民法典"此一问题，延期派与断行派各持一种意见。

断行派认为民法法典化是法律进步与国家进步的必然要求。一方面，从法理角度出发，断行派以进化论的观点论证了成文法相较于不成文法的优越性，认为民法法典化是必要的。在《成文法之根据》中，矶部四郎指出："从不成文法到成文法，从习惯法到制定法的沿革，是法律自由主义旨趣的一大飞跃。"成文法优于习惯法；"习惯法的表述含义多端"，而成文法"并不是习惯事实的罗列，而是以立法的完整性为出发点"；习惯法"基于惯习的感觉无法明确区分道德和法律的界限，无法明确道德的本分与法律的义务"，成文法"区分道德与法律，令两者并行有序，合作无间"，实现"法律真正的进步"。① 另一方面，从社会需要的角度出发，断行派论证了法律对国家社会进步的作用，认为民法法典化势在必行。博瓦索纳德指出："伴随文运之进化发达，商业上的交易诸事，人事百般之关系，往后会越来越错综复杂，与此相关却不存在统一的法律，就不存在保护人权、尊重财产的途径。我国民全体必将翘首以待法典颁布，没有人不希望我国可以与今日欧洲各国之体状并驾齐驱。由是观之，法典编纂实为满足社会切实之需用。"②

与此相对，延期派则关注法典立法的可操作性问题，认为日本没有能力进行本国的民法典立法。他们的基本逻辑是，连进步的西欧尚且有国家认为法典立法不可行，比西欧落后的日本就更不可能完成

---

① 矶部四郎：《成文法の根原》，《明法雑誌》第四十七号（明治二十年［1887］十一月五日），村上一博编：《〈明治法律学校機関誌〉にみる法典論争関係記事（一）》，《法律論叢》，2008 年 10 月，第 157 页。
② 《大日本新法典に付いてボアソナード氏講演》，明治二十五年（1892），索取号：梧陰文庫 B-2324。

此一大业了。相较于西欧，日本落后之处表现在：一则法学欠发达，"连法律学发达、明法之士辈出之英德诸国尚且视法典编纂不易，我国期待法典速成将酿成国家之大患"。二则国情复杂、新规旧制并存，"然我邦法典编纂模仿与本国相异之欧洲，旧惯故法参酌几乎有名无实。要言之，法典大体皆制定新规，欧洲我国彼此编纂法典之难易得失不可同日而语"。三则法典草案存在互相矛盾的技术性问题，"且闻，商法、诉讼法以德国某人草案为基准，民法乃遵循法国某人之原案。本来国籍不同并非是非之标准。但唯恐此草案起草者们之间未经协议而相互抵牾，因其学派各异而令全部法典原则无法贯彻始终"。[①] 更重要的是，日本自身缺乏足够的法律人才。"向来欲全法律之功用，非仅停留于章句编纂之空理，需要精通法律学、在实践中培养能力、增长技术的法律人才。本邦当前的急务并非在于成文的法律，而在于如何培养法律的实用型练达人才。""编制并实践完美的法律有待于练达人才辈出之后，不然不但不见其编纂的必要性，更是无甚益处的事业。"[②]

由此可见，延期派与断行派分别处于天平的两端，分别从日本的主观诉求与客观能力方面展开论述。由于关注的问题点存在偏差，双方事实上并未发生直接的思想碰撞，也没有真正触及明治民法立法作为继受法立法的核心问题。

（三）民法典立法的现实困境

在面对"适合日本国情的民法典到底是何模样"这一问题时，延期与断行两派面临共同的现实困境。两派皆认为法典立法需要在吸收近代法知识的同时，尊重本国的风俗习惯。但是，明治前二十年是日本社会变动最大的二十年，一方面政治制度的变化令传统的风俗习惯被打破；另一方面，社会自身的新陈代谢，引进了许多新的习惯，形

---

① 增岛六一郎：《法学士会法典编纂相関意见书》，星野通《明治民法编纂史研究》，第 390 页。

② 增岛六一郎：《法学士会法典编纂相関意见书》，第 392 页。

成了新的传统。在新旧交替之中，何为日本的旧惯？该如何认定日本的旧惯呢？

从立法实践上说，自大木乔任开始，明治政府业已着手从事民事惯习的整理。但是，由于杂乱的惯习缺乏系统知识梳理，不具备立法方面的参考作用。博瓦索纳德作为旧民法的起草者，他追溯当年日本惯习整理的种类，认为大概可以分为三种，而三种都没有办法被纳入法典编纂范畴当中。

> 第一种多达七千五百五十六册，其中大部分为手写本，藏于司法省日久，仅年年通风，其他时间束之高阁，如今存于档案局，依然无人问津。其内容并没有形成体系，而且种种类别、记录地点、记录年月甚为错杂。它们不过是各地风俗的一种汇编，而且大部分是帝国各地的裁判所和官厅维新以来的档案记录，另外还包括最近两个世纪，即德川幕府中期开始的档案。第二种是各种判决例及各地风俗汇编。它来源于十五年前、司法卿授意下的为法典编纂而进行的民事调查，它们是手写本，由帝国重要的裁判所递交的文书汇总而成，共有十卷，不为世人所知。第三种，是第二种的节略本，为公众所知。因为民法、商法编纂委员会使用的需要而少量地印刷过。因为日本没有（旧惯相关的）教材性的著作，没有（旧惯相关的）法律性的文本，仅有偶然搜集来的风俗、地方规则、判决判例。而且其中还存在大量互相抵牾之处，人们在错杂中好不容易找到两三条规则就能立刻找到抵消这些规则之处，从这些资料中寻找出一致的惯习十分困难。①

---

① ボアソナード：《日本の旧風習及新民法》，《日本之法律》第六卷第八号（明治二十七年［1894］八月），村上一博编：《〈明治法律学校機関誌〉にみる法典論争関係記事（六・完）》，《法律論叢》，2011 年 3 月，第 246 页。

无法定义旧惯，并非完全是博瓦索纳德及法国法学派的能力问题。旧民法立法作为继受法立法，其本身所处的环境注定了旧惯无处可寻。明治维新所造成的知识断裂与西洋制度引入而导致的社会变化，从主观和客观两方面，造就了无法定义旧惯的现实困境。主观上，日本近代法学引入时间尚短，没有形成行业的统一共识，缺乏对旧惯认定标准的共识。

　　日本的美术有明确的历史，有名的学者频繁建立各种流派。但是日本的法律研究却没有历史，没有著名的法律史家，明治的法学者没有先辈可供学习，所以日本国内对旧惯的考察缺乏标准。①

博瓦索纳德表示，以民法典固定习惯，打破旧惯，建立新惯，才是时代发展的必然要求。适应旧惯、按照旧惯来制定民法典，这样的思路是存在问题的。原因在于：

　　要求日本今日之民法制定不可依据维新以前之旧惯而要顺从今日之旧惯，但是何为今日之旧惯？可以肯定的是，它们都是一些不完全之旧惯。事实上，今日所谓的旧惯例如公司的成立、家屋的建造的权利、市区改造的规则等皆来源于西洋的习惯筹划，它们大多受到西方的影响，并不是完整意义上的旧惯。②

① ボアソナード：《日本の旧風習及新民法》，第248页。
② 矶部四郎：《我邦将来の法律》，《明法雑誌》第三十三号（明治二十年［1887］四月五日），村上一博编：《〈明治法律学校機関誌〉にみる法典論争関係記事（一）》，《法律論叢》，2008年10月，第153页。

由于明治维新所造成的知识断裂与西洋制度引入而引起的社会变化导致日本的旧惯无处可寻，延期派与断行派皆无法回答何为日本旧惯的问题，这个问题，同样也是两派共同面临的现实困境。

三、政治的"民法典论争"

"民法典论争"中，不但存在理智的法理话语，还充斥着披着学理外衣的政治话语。其中，最突出的代表是穗积八束的家族国家观与植木枝盛的自由与民法关系论。一直以来，学界将穗积八束视为"民法典论争"的代表人物，因为他提出的"民法出、忠孝亡"引起广泛的社会影响。然而，穗积八束本身是宪法学者，并非专业的民法学者。以"民法出、忠孝亡"为代表的穗积八束的家族国家观，是从公权力背后的意识形态出发看待民法编纂，与其将其视为法理话语，不如将其视为披着学理外衣的政治话语，更为恰当。与此同时，与小野梓不同，植木枝盛作为自由民权运动的代表人物，他对公权力的关注更胜私权，他的民法观也非专业的法理话语，同样是从意识形态出发批判旧民法。

（一）穗积八束的家族国家观

明治二十四年（1891），穗积八束在《法学新报》上发表《国家的民法》《民法出、忠孝亡》《家的法理观念》三篇文章，指责旧民法没有遵循日本的旧惯，体现了他的家族国家观。穗积八束认为"家"制度、祖先崇拜、国体是日本最大的国情、最本质的旧惯，是民法立法应该最先遵守的原则。

在《家的法理观念》中，穗积认为，家制是国体的体现，二者又都以祖先教的信仰为根本。"我千古之国体若以家制为原则，大可成国家，小可成家庭。明晰家制即明晰了国体，因为我国是由共同始祖而产生，我民族团结在一起，共同崇拜始祖的威灵，在其保护下享生。皇位乃共同始祖的威灵所在，居于直系的皇胤在其位代表宗祖，发扬宗祖的慈爱保护子孙。我国臣民归服于万世一系的天皇，就是归服于作为我国民族祖先的共同始祖的威灵，此乃我民族之信仰，以此为基础，形成了建国的根本。"①

《民法出、忠孝亡》中指出，国家是家族的结合体，家又是血缘的结合体，是历史的产物。"血统团体的存在是历史的事实。父母子孙相依成家是人类自然之通性，这恐怕是团体原始之形式，社会组织之最初单位。以此为原形，众多单位加以重叠，形成部落，众多部落联合，就形成了国家。"②"国家是由民众结合而成，这种结合形成了唯一最高之主权。国体是主权之所在。"③国家和"家"皆共同信仰一个祖先，这使日本具有了独特性，而这种独特性即以国体为代表。因此，国民应该服从国家。"国家是由民众聚合而成，但并非机械地聚合而成。国家以永远共同的生命为目的形成独立自存的国体。……国民作为国家的一份子要为国家的生存目的做出贡献，这种共同心就造就了国家的观念。我民族拥有相同的血脉，我万世一系的天皇即作为民族的祖先使人追想起天祖的威灵，崇拜神圣的天皇，在其威灵下同族团结亲和，维护千古历史之成果，伸张日新国家之国运，此为我爱国精神之所在。"④

不难看出，穗积八束所构筑的家族国家模型是以"家"作为国体和宗教的基础，把在家庭中养成的最原始、最自然的"服从"这一"人道之教"，通过"祖先教"的纽带，发展成为国民的道德，使个人、家庭、国家融为一体，从而实现"孝悌的家庭成员"—"有用的自治公民"—"忠良的国家臣民"的国民道德的自觉升华。其国家理

---

① 穗積八束：《国家の民法》，星野通《明治民法编纂史研究》，第390页。
② 穗積八束：《民法で出、忠孝亡》，星野通《明治民法编纂史研究》，第410页。
③ 穗積八束：《民法で出、忠孝亡》，第410页。
④ 穗積八束：《民法で出、忠孝亡》，第410页。

论和法的理论充满道德伦理的色彩。穗积八束拒绝英法思想、社会契约论中将每个独立的个人作为社会组成单位的逻辑，而将"家"视为社会组成的单位；拒绝英法思想、社会契约论中以个人签订平等契约组成社会的方式，而将"家"的血缘纽带视为"国家"的组成方式，将日本民族视为拥有共同血缘关系的群体，将天皇"家"视为日本全民族血缘关系的源头，将祖先教信仰视为代表日本全民族拥有共同血缘关系的明证。以此种方式，穗积八束构筑了家族国家观，将封建体制下家内子辈服从祖辈的逻辑扩大解释为日本帝国治下被统治者服从统治者的逻辑，解答所谓"国体"的真意。在穗积八束看来，国体不但是天皇万世一系，而且是天皇家对日本国家的统治万世一系，是日本成千上万个"家"对天皇家的彻底服从。

（二）植木枝盛的自由与民法关系论

作为自由民权运动中著名的自由派学者，在"民法典论争"中，植木枝盛撰写《如何制定民法》一文，号召尽快制定民法，而且民法"应该尽可能打破这些旧习"，体现了文明论视野下对于自由主义的追求。

首先，植木枝盛认为日本社会本质上是封建社会，腐朽不堪，遗留的封建惯习不值得留恋。日本社会是"千百年来专制政体下运行之社会也，是命令主义下运行之社会也。其专制政体、命令主义不但在一国之上行使，而且蔓延缱绻至一州一郡、一家一族之上。于是乎，其间孕育、培养、深深繁茂的风俗习惯，有很多极为憎恶之处"。因此，有必要制定民法打破所有丑陋的惯习。

其次，对于民法立法的内容，植木枝盛有如下看法：第一，民法立法要以个人为单位，而不能以"家"为单位。"联家成国产生封建，即使不是封建，也是未开化的社会。……只有联民成国，才会与文明之曙光相映成趣，大放异彩。"第二，民法立法要"废户主，令人人皆可以独立，令作为总体的个人直接以个人的身份与国家对应，直接参与相关社会事务。只有这样，才能使国人成为敏速之人，天下公共之人，愉悦之人"。第三，民法立法要反对道德的规制。为消除传统的"圣人之德，亡以加于孝乎。五刑之属三千，而罪莫大于不孝"的观念，"应在总体改良风俗之上实施民法，方能矫正其弊端"。第四，民法立法要实现男女平等，"不可取男尊女卑之惯。……所以我邦制定民法典，在规定夫妇关系或男女关系时，应该特别关注十九世纪正确的新思想。……将男尊女卑的思想驱逐出其脑髓"。第五，民法立法要实行分割继承。"长男继承实乃封建的遗物，死人的衣裳。虽然约定俗成，但岂能珍之重之。……我辈不得不认为民法立法应该采用分割继承。……给予兄弟姐妹以继承权，此乃吾辈所切望。此可谓继承之本意，社会之真益。"[1]

穗积八束与植木枝盛对于民法立法截然对立的态度的背后则是意识形态的对立。前者作为延期派，指责民法立法不遵从古来旧惯；后者作为断行派，热情号召民法立法打破古来旧惯。然而，所谓的"旧惯"对于二人仅是借口，背后是以"家"为国还是以"民"为国的国家想象，而这种想象的背后又是服从天皇万世一系统治还是社会契约造就民之自由之间的意识形态对立。

（三）政治环境的客观选择

伊藤博文、井上毅等作为明治宪法体制的缔造者，对立宪展现出犹疑的姿态。一方面他们认为宪法实施实乃大势所趋，另一方面又唯恐过度的自由主义有害国体，同时还要防止天皇亲政运动的倡导者元田永孚等儒学思想的反动。因此，趋向于调和道德与法律、国体与

---

① 有关植木枝盛的民法观，皆选自植木枝盛：《いかなる民法を制定すべきや》，《国民之友》明治二十一年（1888）八月—九月，《日本近代思想大系》第二十卷《家と村》，東京：岩波書店，1989年，第382—390页。

宪法。于是，在立宪的同时，又制定出《教育敕语》，倡导民众以忠孝为己任，拥护国体。对于国体的爱护，伊藤、井上等与元田有共通之处。不过，伊藤、井上以立宪主义为原则，较元田具有显著的近代性。因此，在伊藤和井上看来，"只要元田等不妨碍作为使命的立宪政治的确立，将元田主张的道德性政治去除政治性，将其单单局限在道德性的范围内，则与元田不存在根本性的对立"。①

　　明治政府另一位实权人物山县有朋"对于进步思想、自由主义并非特别理解，毫无同情心，只管朝国体、祖宗的遗训迈进"。② 为此，明治十五年（1882），在山县的推动下，政府发表《军人敕谕》。《军人敕谕》使得"封建武士道德作为近代军人道德再生于近代，在近代日本军队的思想性格中确立了绝对不动摇的日本性，将军人思想统一到天皇的支配之下，此点具有重要意义。而且，它不但确立了近代日本军队的性格，而且广泛规制了市民社会以及国民思想的发展。一般国民因征兵制成为军人，在军队将《军人敕谕》作为军人道德，此种道德并非由内心自发产生，而是被严格灌输的，从而确立敕谕的绝对尊严性，尤其是将忠节观念作为中心，将绝对献身于天皇作为最好的道德价值，并将此种价值根植入每个人心中。而军人还乡会将此种思想带入市民社会，极大影响了国民道德，起到了阻止社会民主化倾向的作用"。③

　　《军人敕谕》《教育敕语》相继颁布显示出，山县和伊藤两位实力派人物的政治观念隐含着家族国家观的意味。由此，家族国家观也成为笼罩于明治立宪体制上的面纱，若隐若现。以此为背景，穗积八束

---

①　梅溪昇：《教育敕語成立史——天皇制国家観の成立（下）》，埼玉：青史出版，2000年，第27页。

②　渡辺幾治郎：《明治史研究》，東京：東京大学出版会，1994年，第401页。

③　梅溪昇：《軍人敕諭成立史——天皇制国家観の成立（上）》，埼玉：青史出版，2000年，第276页。

的主张迎合了当政者的施政观，而植木枝盛的主张却触碰到了施政者的痛脚，二者的命运可想而知。

（四）"民法典论争"的政治化倾向

穗积八束具有政治性的学理言论因迎合了当时的政治环境而受到广泛关注，将"民法典论争"带向了高潮，同时也引导着"民法典论争"在政治斗争的道路上渐行渐远。自此以后，延期、断行两派不断发表战斗檄文，不以学理为依据，而以政理为旨归，试图影响议会对于旧民法典命运的判定。

明治二十五年（1892）四月，即第三次帝国议会召开前夕，延期派代表人物十余人联名发表了《法典实施延期意见》，把不断激化的争论推向一个新的高峰。《法典实施延期意见》中列举民法典断行的七大罪状，包括"新法典败坏伦常""新法典缩减宪法上的命令权""新法典违背预算原理""新法典欠缺国家思想""新法典扰乱社会经济""新法典变动税法根源""新法典以其威力强制推行法理"，并逐条展开详细论证。

对此，断行派立即予以回击，法治协会七人联名发表《法典实施断行之意见》，刊登在《法律杂志》和《法治协会杂志》号外上。该文从法典立法是近代法治国家不可或缺的条件这一立场出发，亦列举了延期施行的九宗罪，包括"延期施行法典扰乱国家秩序""延期施行法典败坏伦理""延期施行法典损害国家主权、丧失独立国家之实""延期施行法典妨碍宪法实施""延期施行法典扰乱国家经济"等，极力主张断行民法典。两派的言论影响了议会的议员，使得"民法典论争"陷入了政治斗争的泥淖，失去最初探讨民法立法理念的本真。

"民法典论争"体现了明治民法立法作为继受法立法的理论困境和现实困境。针对继受法立法的核心问题——如何令西洋母法适应本国国情，延期派与断行派站在不同的立场给予回答，但都未能回应何为日本当时当地的国情、何为日本旧惯这样一个问题。两派面临的困境是明治维新所造成的知识断裂与西洋制度输入引起社会变化而导致的必然结果，在这一点上，两派具有殊途同归之处。

与此同时，鉴于旧惯认定标准的混乱，穗积八束与植木枝盛将政治斗争引入学理论战。他们从意识形态出发定义旧惯，前者倡导家族国家观，后者倡导自由主义。以明治立宪体制下国家主义思潮、维护国体为背景，穗积八束的观点赢得了政府的青睐，使得延期派的主张占据优势。最终，"民法典论争"脱离学理讨论的旨归，走上政治论争的道路。

第三节　舆论导向的民法典反对论

学界"民法典论争"拉开帷幕之际，舆论界也随之喧哗。值得注意的是，舆论界对于民法典的观感存在与学界不同的语境，其出发点并不来源于学理，而是从民族情感的角度，将民法立法与条约改正相关联；从实用性的角度，批判旧民法法条晦涩难懂。

一、民族主义情感中的旧民法反对论

明治二十年（1887），井上馨的条约改正事业引来一片反对。反对者中的著名人物，一位是博瓦索纳德，另一位是当时的农商务大臣谷干城。谷干城曾多次上书，表达其反对条约改正的意见，其反对的立场虽然与博瓦索纳德相似，即认为井上条约改正案的签订可能会有损国家主权；但反对的原因与指责的对象却不尽相同。博瓦索纳德对于主权干涉的隐忧来自于外部，唯恐"日本的立法权受到外国的束缚而发生动摇"①；谷干城的担忧则指向内部，条约改正意味着卖国求荣，新条约的签订会使本国民法立法合乎外国人的习惯，而忽视了本国人的需求。

谷干城在《反对条约改正意见书》中明确指出：

> 如今缔约盟国（邦交国）如有可能废除我国法权，服从我国法律，岂不为国家人民可喜可贺之事耶。但又听说，我国向来之法律不适应外国人多矣，此乃外国人不能服从之原因所在，故欲制定适合外国人服从的法律以讨外国人的欢心。呜呼，此说果真可行耶？我国政不可无独立之精神，法律规则只有依照一国的建国历史及人民的风俗、习惯、教法等制定，才能保全本国的安宁幸福。然今欲为外人变革法律规则，独立之精神何在。我国法律规则不善则改正之，此乃众所期望之所在。我建国历史复杂不明，此种立法改正只有与持特殊习惯、风俗之人协商、咨询，令他们满意，满足他们的诉求，才能体现独立大权之立法，此立法范围受到他人之干涉实乃国家颓废的先兆。盖国家法典并非为外人所制定的规则，而是为增进本国人民的安宁幸福而制定。今若属实，谈判的结果即不可向外人让步，渐渐扩大波及，开容许外国人拥有立法权的端绪，其害岂鲜少。古人曰，名器不假他人，今涉及国家独立的重权即立法权，岂可受到外国人干涉，此岂非亡国之兆焉。②

① 《条约改正に関する井上毅・ボアソナード対話筆記》，明治二十年（1887）五月十日，第154页。（该文亦收在井上家文书。）
② 谷干城：《明治二十年反对条约改正意见书》，《谷干城遗稿二》，第90页。

谷干城以民族主义者的立场怀疑民法立法的独立性，将条约改正与民法立法相关联，认为当时明治政府进行的民法立法实践，其目的在于改正条约，而非关注民生大计。如果按照井上馨的意见行事，民法立法会沦为条约改正的附属品。

为反对条约改正，谷干城愤然辞职。当时，"以旧自由党员林包明为发起人，有志之士三百余人在靖国神社境内举办了盛大的'谷君名誉表彰会'，其参与队伍绵延至市谷的谷宅，万岁之声此起彼伏"。[①] 此举使得谷干城身份转变，从藩阀官僚跃身为民间反对派的代表人物，成为政府外的意见领袖。

明治二十年（1887），"外务大臣井上馨条约改正失败，拟以大隈重信为后任，与伊藤博文谋之，伊藤以之为善，即通过内阁顾问黑田清隆与大隈交涉入阁。大隈当时虽非名义上的改进党首领，但事实上却有如此地位。他认为此决议影响到改进党之进退，遂咨询于其股肱矢野文雄。……大隈重信参考文雄之建议，与伊藤谈论入阁条件，伊藤、黑田等却认为其条件不可容忍，事遂未定而止。九月二十七日，井上馨被罢免，伊藤博文亲任外务大臣，二十一年（1888）任用大隈担任外交事务之议复起，在元老院议长大木乔任的斡旋，博文、清隆的恳请下，大隈释然，收回昔日所提出条件，同年二月就任外务大臣"。[②] 自此，条约改正进入大隈重信阶段。

明治二十二年（1889），大隈重信与外国初步达成一致。大隈的改正条约案附属宣言中有任用外国人法官的内容，有违宪法，舆论哗然。[③] 不过，大隈重信主持条约改正乃伊藤亲自拜托，并得到井上毅

---

① 平塚篤编：《伊藤博文秘録》，東京：原書房，1982 年，第 37 页。
② 《大隈重信関係文書》第五卷，東京：東京大学出版会，1970 年，第 135 页。
③ 《大隈重信関係文書》第五卷，第 276 页。

的支持。井上毅不仅为其出谋划策，提出以归化法弥补条约改正与宪法互相抵触的缺陷①；还积极为之奔走，明治二十二年（1889）七月七日亲自拜访民间反对条约改正的急先锋谷干城，为大隈条约改正进行斡旋。

  井上毅拜访，谈及条约改正。井上曰，我对于大隈的改正案，部分同意，部分反对。同意是因为比起上任大臣（井上馨）的改正案，其年限缩短、外国人判事的比例减少、税降为一分二

---

① 有关井上毅提及的归化法建议，主要内容如下：

  宪法第十九条曰：日本臣民根据法律规则所定之资格，均得以担任文武官员及其他公务职务。此条原则显示了日本臣民专有公权以及其专有权之平等，所以外国人不能享有与我日本臣民一样的平等公权。根据立宪各国之案例，人民权利分为公权与私权。其私权普及至外国人，使其沾恩泽与国内臣民共同享有乃近时的通例。但公权则有明确的内外分别，乃本国人民专有，决不能将其普及至外国人。因为所谓公权即国民权，它依据宪法及法律的明文规定赋予本国臣民，私权属于人民各自的自然权利，故公权、私权源流各异。

  ……宪法没有规定将日本臣民之公权分给外国人，而政府依据条约或条约以外的公文任命外国人，将他们置于行使主权的枢要地位，这种做法是政府亲自破坏宪法，必然导致条约和宪法不能两立之结果。

  今日，消除条约与宪法矛盾的唯一方法就是制定法律，承认外国人之归化，使其担任日本的官职，此乃必要条件。首先要特别赋予外国人归化证，使其成为归化之民，使其享有与日本臣民同样的权利与义务。（此乃德国使用的方法。）如此，担任日本官职的外国人就不是外国人，而是日本臣民，享有公权与私权，同时也要服从日本国并承担服兵役的义务。这样宪法正文的实施才不会产生障碍。

  其他各国允许外国人担任海陆军职务将他们置于施行主权的枢要地位吗？允许他们服从与权利并行的国防义务吗？荷兰制定法律允许使用外国人担任教官、技术官、外国领事及翻译官等职务，但他们并非与其施行主权直接相关的枢要官吏。以未归化的外国人为裁判官（即直接施行主权的官吏），不问国之强弱大小，绝非独立之立宪国所为。

  归化法要与宪法并行，可以起到调和宪法与条约的效力。但是条约国政府对该法律的态度如何？条约国政府认为此法律乃预期中的事情吗？条约国政府是否会不拘此法律批准新条约案呢？这也是一个问题。该问题应该在两国批准条约前提出，得以为善后之策留有余地。若批准之后提起，政府将陷于对内自己破坏宪法、对外背信弃义的不幸地位。

  《井上毅書翰大隈重信宛》，明治二十一年（1888）七月四日，《大隈重信関係文書》第五卷，第271—275页。

厘，反对是因为与宪法相悖，不如设归化法以避免该问题。我
道，足下如此说明，我不能完全信服，此举乃出于爱国的立场。
井上曰，约政府之人与您面谈可好？我曰，不好，至于约大隈直
接面谈，他必然百般设辞强辩，所以大隈之言不足信。唯足下在
明治二十年反对条约改正时与我意见相同，且足下位于枢要地
位，通东西之学，正人也，可信之。若足下能够说服我，我会表
示同意。大隈无论如何风光，其人品及学力皆不足信。故没有听
取的必要。今足下之说明如此薄弱，我实在惋惜慨叹。井上又一
直说，此次如果又中止改正，则日本将失去信义云云。我反而持
相反的意见，说，如此没有条理的条约为舆论所中止，实乃有益
于日本的事情也。①

由此可见，至大隈条约改正阶段，谷干城仍坚持明治二十年（1887）
以来反对条约改正的一贯立场，认为当前的条约改正交涉意味着卖
国，意味着按照外国人的指示编纂民法，意味着日本的主权受到侵
害。并且，他试图利用舆论阻止大隈条约改正。谷干城在与井上毅会
面同日的日记中写道：

　　福泽（谕吉）拜访，他和我一样，不同意此次条约改正，认
为此次改正与前大臣（井上馨）的改正相比，只是五十步与六十
步的差别。他也同意我的看法，认为法典与条约改正有着不可言
说的连带关系，很难理解政府说的，法律与条约改正没有关系。
并且他说，就目前的形势来看，条约改正应该会停止，恐怕到时
法律亦会如此。

---

① 《谷干城遗稿二》，第 780—781 页。

晚上，杉浦、高桥、福富、陆、弘田、佐佐、小野等来，确定了对于新条约确乎反对的意见。[1]

谷干城集合了一群条约改正反对论的支持者，其中包括福泽谕吉。他们在反对当前的条约改正案的同时，也反对法典实施，认为旧民法就是政府为条约改正而制定的"急就章"，同意旧民法公布施行即意味着卖国，乃是损害国家主权之举。

基于民族主义立场，舆论界也偏向于谷干城一方，认为改正不平等条约乃日本基于万国公法的正当权利，政府没必要卑躬屈膝，对外国提出如此"不正当、不得策、不必要、可怜的条件"[2]。甚至对政府产生怀疑，传出井上毅因为反对条约改正、不惜以辞职相威胁的谣言。[3]

当时媒体报道显示，政府内部外部也出现大量反对大隈条约改正案的政治力量。例如，"元老院、枢密院有大量反对者。以元田永孚、西村茂树、佐野常民为首，鸟尾小弥太等，反对最甚。常曰，我愿以身献世。非常奇怪的是，据说河野敏镰也为反对论者，空穴来风，其来有自。外部，据此风说，谷干城子爵必然为反对论者。（坂垣伯的反对自不待言。）佐佐、古庄等定保持反对意见，思九州一元，宗旨与此论同。奥羽的大众与东京的大同派持一样论调，滔滔于天下"。[4]民间，特别是自由党、大同团结派、国粹保存派联合起来，纷纷表明反对大隈条约改正案的立场，掀起反对条约改正

---

① 《谷干城遗稿二》，第 781 页。
② 《ロンドンの新聞特派員、改正問題を論ず（一）》，明治二十一年（1888）一月十日，《明治ニュース事典》第四卷，東京：毎日コミュニケーションズ，1986年，第 323 页。
③ 《井上毅、改正に反対して辞表》，明治二十一年（1888）七月十九日，《明治ニュース事典》第四卷，第 326 页。
④ 《井上毅、改正に反対して辞表》，明治二十一年（1888）七月十九日，第 326 页。

运动。[①]

鉴于条约改正是维新以来的国是，大隈重信、伊藤博文抵挡住如浪的反对意见，政府内部初步达成统一。八月二日断行归化法，初步达到了条约改正与宪法的调和。八月十一日，《东京日日新闻》有报道称：

> 与美德的条约签署工作业已完成，在野之人不用说，就是内阁亦产生一片的反对之声。反对外国人土地所有违反国宪，三田会议以来，开始反对任用归化的外国人为法官，反对其方针固定、锐意进行条约改正的方向。元老院议官中，在未知条约改正内容以前尚有人显示了强烈反对之倾向，听闻此事待其说明后，虽然不赞成现条约，但也不表示反对，主张中止施行者占据了优势。与此事相关，如坊间所言，没有人欲提出建白，只因有人被坊间视为条约反对论的坚定支持者，为表明立场，不得已可能会象征性提出建白。枢密院顾问官中二三人热心尝试反对，大多数人虽然不赞成，但皆恐中止条约会招致外国的不信任，以后可能很难与英、法、意诸国顺利签约。至此眼前政府的多数以不反对代替了不赞成，只是有传言表示，很多人危惧到来年（1890）二月二十日短时间之内外务大臣的成效，真伪不可知。[②]

然而，就在这个关键时刻，八月三日伊藤博文忽然提交辞呈，辞

---

① 《大同派の改正反对演说会》，明治二十二年（1889）七月三十日；《佐々友房、頭山満ら、改正反对を陳述》，明治二十二年（1889）八月三日，《明治ニュース事典》第四卷，第326—327页。
② 《改正反对論、やや後退の形勢》，明治二十二年（1889）八月十一日，《明治ニュース事典》第四卷，第327页。

去枢密院议长的职务。八月十日五团体非条约论者齐聚大阪，决定十一月一日再次提交全国联合建白，反对条约改正。连东京帝国大学校长都集合法科学生立场鲜明地反对条约改正。[①] 十月十八日大隈受到炸弹袭击。在内外压力下，十月十九日阁议决定中止条约改正。十月二十四日黑田内阁集体辞职，条约改正已穷途末路。

在此种情况下，因为条约改正与民法立法的连带关系，反对条约改正的许多人都因民族主义情感而直觉地反对民法立法，旧民法并未获得舆论的任何好感，甚至遭到抵制。

二、实用主义的旧民法反对论

福泽谕吉作为谷干城条约反对论的支持者和法典延期论者，明治二十二年（1889）至二十三年（1890）期间，在《时事新报》上多次发表文章，陈述反对条约改正与民法施行的态度[②]。福泽避开法典论争中延期、断行两派针锋相对的观点立场，以渐进论的态度阐述自身的法典延期论，强调"我辈本身并不拒绝法典编纂，也并

---

① 《帝大総長が非条約改正演説、法科学生は条約改正研究会を組織》，明治二十二年（1889）九月二十九日，《新聞集成明治編年史》第七卷，東京：本邦書籍株式会社，1982年，第310页。

② 此期间福泽谕吉在《时事新报》上刊载的文章包括：《条约改正、法典編纂》（明治二十四年［1891］七月十七日、十八日）、《法典編纂の時機》（明治二十四年［1891］七月二十五日）、《法律の文字》（明治二十四年［1891］八月一日）、《条約改正の形勢》（明治二十四年［1891］八月二日）、《条約改正の困難》（明治二十四年［1891］八月八日）、《条約改正の困難は公論の裏面に在り》（明治二十四年［1891］八月九日、十日）、《条約改正に対して英国の意向如何》（明治二十四年［1891］八月二十四日）、《法典発布の利害》（明治二十四年［1891］八月三十日、三十一日）、《条約改正の始末》（明治二十四年［1891］十二月二日—七日）、《条約改正の風聞》（明治二十三年［1890］九月十八日）、《条約改正の功は多人数に分つべし》（明治二十四年［1891］十月七日）、《条約改正の噂》（明治二十四年［1891］十月八日）、《商法実施の延期》（明治二十三年［1890］十二月二十一日）、《商法延期の一事にてべきなり》（明治二十三年［1890］十二月二十四日）、《法典と条約》（明治二十四年［1891］一月六日）、《国会と国情》（一月七日）。

不非议西洋的法理"①，但"无法赞成（实施），并非认为我国法典无用，而是因为恐怕急于颁布会对我多数国民不利。人文的进步好似东方朝阳的曙光，渐次发光则其光明照耀到的部分可为自国明法的要素，根据其紧迫的要素，在紧要部分指定简单的法律，由浅入深，渐渐前进，遂数年之后可期法典的全备"。②更确切地讲，与其说福泽谕吉是一位法典延期论者，不如说他是一位法典渐进实施论者。

福泽对于旧民法的疑虑主要在于，旧民法是"为条约改正仓促而就"，"就每科每条的实际而言，难道（将颁布的法典就）没有留下为外国人而制定法典的痕迹吗？"③不过，福泽也不赞同舆论中一味反对法典的非理性态度，认为此举有益无害。他写道：

> 不悦于新法典的人们，对于此事一见之下，纷纷认为不合适、不能急，翻译法典不适合我国民情云云，频频说是非，指责其缺陷，但若问起法典编纂的方法如何可行，却对此没有确定的妙案。我辈不能为之感服。比如说医生旁观他人治疗，认为他人给出的处方不适合学理，或者说适合学理却与病人的身体不相应，仅非难其他医生的处方，自己也拿不出自己的主张，上述人等乃以破坏为目的，并非出于整合事业的目的。失于走极端之弊，乃我辈所不取。④

---

① 《条约改正、法典编纂》，明治二十四年（1891）七月十七日、十八日，《福泽谕吉全集》第十二卷，东京：岩波书店，1970年，第206页。
② 《法典发布の利害》，明治二十四年（1891）八月三十日、三十一日，《福泽谕吉全集》第十二卷，第240页。
③ 《条约改正、法典编纂》，第204页。
④ 《条约改正、法典编纂》，第204页。

在福泽看来，立法主旨在于实用，"比起法理的斟酌，适应国俗民情，探求人民的诉求，尽力给予人民有限之方便，更为重要。……涉及西洋的法理，一定要对照国俗民情，决不可与之相背离，此为第一着眼点，其次要斟酌洋法之道，唯以渐进"。[1] 因此，民法实施不应过激，应该采取渐进的方式。福泽将法律继受比作进口食物的渐进增多。

> 法律犹如食物。日本的食物以米为本，以鱼肉、蔬菜、酱油而成，西洋的食物以麦为本，以鸟兽肉类、盐、糖等而成。如此原料上具有显著的差异，若斟酌西洋风俗，将其移入我国，该遵从何等顺序进行呢？据说日本人可将自己吃的盐用西洋的奶酪代替，也可将自己吃的鱼干用西洋的汉堡肉代替，自己喝的葛汤用西洋的牛奶代替。恰似此类。但喝葛汤者不会厌恶牛奶吗？吃鱼干者会喜欢汉堡肉吗？
>
> 一步一步渐进，知道奶酪或许真能取代盐，而后再尝试牛奶与葛汤，经过试验，经过以下种种阶段，合适则用，不适则止，应该注意再注意。欲一下在日本饮食中掺入百种异样的食物，过早洋化，不可避免会造成社会的剧烈动摇，引来人民的非议。洋法的斟酌确实不容易。[2]

无论立法还是实施，法律继受应该遵循一切从简、唯要是举的原则。

> 只要不给日本的实际造成障碍，法典的各条宁可有不足之处，亦要编纂至极简单的法典，他国的所谓西洋学者观之，可能

---

[1] 《条约改正、法典编纂》，第206—209页。
[2] 《条约改正、法典编纂》，第205页。

觉得其可笑，但也不可求全责备，从微小的实验开始渐渐进步以为重大的断行制造方便。在智愚混同、少智多愚的社会中，唯有如此才可以为最大多数人谋求最大的幸福，学者们的锐意进取应当稍稍缓和。日本国并非学者们的试验品，我辈正是站在日本国的立场上考虑学者们企图施行的伎俩才做如此评论。暂时赌国民之大利害而浪费实验的材料，实乃事物本末倒置的失误。[1]

基于上述认识，福泽希望将判定旧民法是否可以施行的选择权交给国会，而非如山田显义所希望的一般，赶在宪法颁布前、"条约改正之后、领事裁判权废除之前要求法典颁布"[2]。在他看来，国会代表着民众的信赖，只有国会通过的法典，才是民众能够接受的法典。

所以法典编纂必定以民度的标准立案，以日本固有的习惯为骨，以西洋文明的法律为皮，草案成就之时恰逢国会开设之期，全部付诸议会议论，咨询讨论顺利通过后再颁布，不但多数人民会信赖法典、安定民心，而且内地杂居的外国人也没有丝毫不便利而渐渐习惯之。[3]

福泽谕吉所主张的渐进立法，并非无限期拖延民法公布的时间，而是指望民法能够等到国会开设之后，接受国会的检验。

明年帝国议会可开，如是也。我辈不认为国会中议员能够代表各种各族的人民，但其名义上或者说即使在事实上亦是离代表

---

① 《条约改正、法典编纂》，第 206 页。
② 《法典発布の利害》，第 240 页。
③ 《法典発布の利害》，第 239 页。

人民最为相近的组织形式，咨询国会、得其协赞，然后编成也为时未晚。我辈也并非认为要等到国会开设或十年、二十年后，前程远途之后的时机再行决定法典，只是希望等到屈指算来仅十五个月之后，此前不可仓皇编纂完了。国会开设的宗旨有种种，与人民共同立法却是国会开设的第一精神与本质，民法与人民关系重大，当其编纂之时，若不堪等待十五个月而将其过早成事，与国会开设的精神本质相互背离。为日本人民制定至宝之法典，宜当暂且收其锐气，延迟至国会开设之后决定，可以说此乃顺理成章之事。①

在他看来，以法国民法典为蓝本，由博瓦索纳德编纂的旧民法，文字新奇，"即使法学者也不知所云，更非为寻常一般学者所可以轻易理解、容易记忆"②。他甚至专门撰文批判新法典条文对于本国人民来说过于晦涩难懂。

语言文字乃思想的代表者。没有思想则没有语言文字。文字在东洋代表东洋的思想，在西洋代表西洋的思想。东西思想各异时，其语言文字也随之各异，西洋一语用东洋语言解释起来可能要数十言。东洋的一句文言在西洋可能需要更多迁远的解释。东洋的文言优美、西洋的一语精炼，皆在其国方可行。

回顾古来日本之锁国，断绝世界交往，除中国的思想之外，其他思想皆没有输入我国，所以文字仅限于和文、汉文，三十年前我国开国，开始与西洋交际之时，迫于了解他国语言，翻译他

---

① 《法典编纂の時機》，明治二十二年（1889）七月二十五日，《福沢諭吉全集》第十二卷，第210页。

② 《法典発布の利害》，第240页。

国文字的必要，有很多不合适、思想相异、不恰当之处，往往译也不可译，可以说给当时的翻译者带来很大的困难。

然此种道理延伸到今日民法、诉讼法、商法等的编纂上，可以称之为成文的法典。未曾颁布，我辈虽无评论的理由，但其大体一定出于纯然之西洋主义。西洋主义的斟酌，虽然不是不可，但其可斟酌之处，根据我前些天的分析，可以认为，并非容易的事情，若斟酌其主义，势必要翻译其文字，必然会创造出很多新的文字。

何况数百条的新法中，杜撰了多少所谓的难解之语，要通过文字的方式使人们了解，其中各种，并非一朝一夕之事。盖欲颁布的法典，广泛影响到一般人民，日日不可分离，当然要尽可能使人民易于理解，但是各种学科皆有其固定的用语，要兼顾其完全的通俗易懂，我辈并非仅仅怪罪法典用语的难懂，但输入洋法的精神、翻译其文字，会使得无辜的良民受到好事之辈的愚弄，不但会激起社会的波澜，而且当日本人与外国人相互对峙之日，其损益得失又当如何。[①]

福泽谕吉认为，在法典语言没有本土化的情况下，以翻译语言为基础，立法民法，不利于法学家把握民法本质，更不利于民众理解，反而有利于外国人借助语言优势，把持民法解释权，从而阻碍本国社会经济发展和国家主权维护。

法典立法要适应国情，要不损于经济，要给民以便利。他写道：

我近来国情，伴随人事的进步，中央政府、地方厅颁布改正

---

① 《法律の文字》，明治二十四年（1891）八月一日，《福泽谕吉全集》第十二卷，第213—214页。

的诸条例、诸规则，没有界限。不但新条款繁多，而且执行起来连当事官吏都惶恐于不能完全了解法的旨趣。

当法律条文以真面目直指人民时，身为人民则渐渐不堪繁文缛节，甚至因此妨碍无辜度日，小则因其个人为难，大则不利于国家。

制定细密的法典于仓促之间颁布，我辈厌恶繁文之弊，思及民间的混杂，所以不能同意。盖实用的风气乃是根据人事的演变而制定法律，或者制定法律指导人事的方向。

良民，乃君民共同依赖、可保平安之所在，乃今日维持我日本经济、立国所在之良民，即人口的大多数大抵产生于文明的教育之外，不得不说皆是旧日本的遗老。我文物近来虽然取得很大进步，但其进步的领域仅存在于中上学者社会，他们与国家的殖产经济甚少有直接关系。观殖产世界的人民，身心皆不惯于文明的新事物，而眷恋于旧物，若教导如斯人民入文明之门，令其得以安心，固非一朝一夕之事，唯渐进以外，别无名案。①

福泽谕吉的民法实施渐进论，并没有一味批判当局者无用，而是真正以国民代言人的立场考虑问题，其充满辩证法式的逻辑分析，具有很强的说服力。在他看来，国家步入文明阶段与社会步入文明阶段，二者不具有同步性。国家的中上层以文明论的眼光俯视底层未步入文明阶段的民众，主张定立以西洋近代法为模板的法典，这种做法没有考虑到社会发展的客观形势，没有看到民众尚且被排除在文明发展阶段之外。而民法是规定民众私人关系的法典，以俯视的姿态立法民法，必定给民众生活带来不利影响，更有害于经济社会发展。

---

① 《法典発布の利害》，第 239—241 页。

综上所述，舆论中的民法典反对论呈现两种极端的倾向。一方面，民族主义者因反对条约改正而反对民法立法，体现了对政府的极度不信任。另一方面，实用主义者将民法立法的前途寄希望于帝国议会，体现了对宪政的忠诚拥护。不过民族主义者与实用主义者皆认为民法立法应该立足于本国的风土民情，应该基于本国的国情。

第三章　初期议会法典延期战

随着《大日本帝国宪法》的颁布，以天皇主权为核心，以内阁、帝国议会、裁判所和枢密院四大权力机构为中枢，以军部和内阁分立为主要特征的明治宪法体制初步建立。以此为契机，政府又迅速颁布了《民事诉讼法》（1890）、《法院组织法》（1890）、《行政裁判法》（1890）、《民法典》（1898）、《商法典》（1899）、《刑法典》（1907）等一系列法律，建立了一个比较健全的近代立宪主义法律体系，确立了一整套法治原则，完成了从封建法律向近代法律的变革。

明治旧民法经元老院审议通过，其财产法部分于明治二十三年（1890）四月公布，家族法部分于明治二十三年（1890）十月公布。时值明治宪法颁布之际，立法审议机构发生变化，从当初的元老院转移到议会。帝国议会拥有有限的立法权和预算审议权，协赞天皇，对其负责。因此，旧民法虽然通过了元老院的审议，还需要获得帝国议会的承认才能获得合法性。最终，"民法典论争"的发生令旧民法没有通过第三次帝国议会的审议，胎死腹中。

第一节　第一次帝国议会商法典延期战

在总结民法延期问题时，穗积陈重曾有如下一番说法：

> 二十三年（1890）商法延期战可以说是一统天下关键之关原之役，二十五年（1892）民法商法延期战顺其势而产生，如大阪之阵。天下大势由关原一战而定，大阪再举乃不可避免之趋势，经过大阪之战而天下归一。[①]

如此看来，明治二十三年（1890）的商法延期案实为明治二十五年（1892）民法商法延期案的序章，并为后者的走向定下了基调。

明治二十三年（1890）四月二十六日商法颁布，定于明治二十四年（1891）一月一日起施行。明治二十三年（1890）十一月二十九日第一次帝国议会开幕，商法典延期提案首次将法典论争引入了议会。商法延期案暴露出明治政府内部在法典立法上所存在的诸多矛盾和问题点。

一、法典取调委员会有关民法商法延期的争议

山田显义尽管对井上馨的条约改正心存疑虑，认为急于以泰西主义进行法典编纂存在风险，但还是许下承诺，尽全力于明治二十三年（1890）以前完成法典立法。为达成目标，山田显义亲自接任外务省法律取调委员会的运作，在法律取调委员会解散后，又重新在司法省设立法典取调委员会，制定规则。明治二十年（1887）十月，山田将商法的一部分（总则、第一编第一章至第六章）提交内阁，付诸

---

① 穗積陳重：《法窓夜話》，第 256 页。

元老院审议。元老院从明治二十年（1887）十一月一日开始审议。明治二十二年（1889）一月二十四日，山田进一步把全部草案交由元老院审议，至八月九日商法典完成审议。整个商法典审议历时一年零九个月，比预计时间提早八个月。同时，明治二十三年（1890）四月，山田又将民法草案提交元老院审议，并初步决定在明治二十四年（1891）一月一日起正式实施商法，明治二十六年（1893）一月一日起正式实施民法。

山田强硬的作风，引起法典取调委员会多位成员的不满。其中，身为元老院议官兼法典取调委员的村田保就曾多次抱怨法典取调委员们所遭受的不公。他后来回忆说：

　　此法典取调时间过短，大体审议的法律取调方法甚为轻率，委员会中开始就存在很多不认同者，足以证明此点。法律取调从明治二十年（1887）十一月四日选法律取调委员十名，委员长由原司法大臣山田显义担任，当日委员长向委员陈述法律取调的方针，言曰，此度设置委员进行法律取调乃因条约改正的必要而产生，其目的固然在于我邦之法律整备，所以二十一年（1888）中，上述法案即要整顿完毕，向政府提出并接受内阁审核。所以，以此为目的，设置法律取调委员会会议规则及略则，并发放会议日程一览表。会议规则要求一日一定要完成十五条法条的审议，日程表预计民法从二十年（1887）十一月四日开始至二十一年（1888）十二月十三日终了，共经历会议百六十回；商法从二十年十一月一日开始至二十二年（1889）八月九日终了，共经历会议六十四回。并且一一确定开会时间。略则还规定，需要调查民法、商法及诉讼法草案的可行性及法典与其他法律规则是否存在抵触，不允许讨论法理的得失、实施的缓急、文字的当否。

而且审议稿件仅以直接翻译而成的法条为原稿。①

　　在重压下工作的委员们很快发现，商法草案中存在着与惯习严重不符的问题。其中，商号问题处于论争漩涡的中心。

> 　　日本以暖帘区分商号乃惯习，此所谓名誉之国。然商法规定，不允许在同一营业的同一地域内使用同一商号，故自己的商号必须去裁判所进行登记。如此绝非日本惯习。即使在欧罗巴，这种有关商号的规定也仅为德国所有，英吉利、法兰西、意大利等商业盛行的国家也没有。法典取调委员会对此商号的规定，无一人赞成。

> 　　最初该法案于司法省法典取调委员会审议中，委员十名大为反对，唱其不可，委员长山田司法大臣固执起草者之意见而不动摇，虽咨询商工会其利害关系，该会对此规定亦大加非难。箕作司法官从中折衷调和，将其改正为若敢滥用商号，必施加惩罚，此条款遂渐渐通过取调审议。②

　　受到条约改正的影响，明治二十二年（1889）十一月四日，法典取调委员会不得不暂停旧民法第二案的审理，直至翌年二月六日才恢复运作。当时的评论说：

---

① 《貴族院議事速記錄》第四卷，東京：東京大学出版会，1979 年，第 83—84 页。
② 《貴族院議事速記錄》第四卷，第 85 页。
　　对于商号问题，指原安三在《明治政史》中解释道："原来该法乃内阁雇用外国学者罗斯列尔起草，他为德国有名法学者，曾反对首相俾斯麦而辞职，遂为民间大学教授。罗氏的学识虽次于施泰因，在他看来到历史习惯完全相异的我国从事立法工作至难。然罗氏起草的商法多依据德国商法而被舆论评为德国商法的仿作。即使模仿德国法典但行事便宜亦大可。但该法中商号等条目久已为欧美学者所非议，认为德国商业不振皆因此而起，而我国却将此条目照搬至本国商法。例如三菱商店欲置其他分店，根据商法规定同一商号在一家之外不允许使用同一商号，所以其分店无法称为三菱分店。夫我国惯习乃以暖帘为主划分商号，然今若实施此法，实将祸害也。"指原安三：《明治政史》，《明治文化全集》第十卷《正史篇下卷》，東京：日本評論社，1968 年，第 193 页。

山田伯为委员长，取调编纂法典，因大隈重信的遇袭及条约改正中止谈判而日渐式微，其后几乎没有任何消息传入世人耳中。政府内部总理大臣为首，三大臣更迭，而新内阁之方略与旧内阁也有相异之处，是故取调之诸法律也只有暂且束之高阁，有待帝国议会召开，作为原案付诸众议，才得以编出适合民情风俗之法律。法典编纂未必急于今日。因产生议会开设之前不应颁布法典之反对声，去冬以来，法典编纂与法典取调委员会呈中止之姿态。①

在休会期间，明治二十三年（1890）一月二十二日，村田保为反对山田显义的专制，在委员长山田显义不知情的情况下，特地组织法律取调委员召开人事编座谈会，商议起草联名意见书，针对民法人事编作出修正。取调委员十人中，出席者包括：箕作麟祥（元老院议官）、清冈公张（元老院议官）、渡正元（元老院议官）、村田保（元老院议官）、尾崎三良（元老院议官）、尾崎忠治（大审院院长）、南部瓮男（大审院民事第一局局长）、西成度（东京控诉院院长）、松冈康毅（大审院刑事第二局局长）、北畠治房（东京控诉院评定官）八名，只有三好退藏、细川润次郎两位委员未出席。这次座谈会预示着，取调会中取调委员与报告委员的分裂，及随后村田保与山田显义之间的对立。尽管未达成一致意见，但座谈会还是取得了一定成果，制成包括村田意见书在内的四本意见书和村田人事编修正案，此即所谓的"民法另行调查案"。

二月十五日，法典取调委员会审议村田意见书，席间村田保与山田显义之间爆发剧烈冲突。二月十六日，村田保向山县有朋总理大臣陈述，民法存在行文不可理解、法条粗疏、有害伦理等问题，不征

---

① 《法典编纂中止》，明治二十三年（1890）一月十七日，《明治ニュース事典》第四卷，第361—362页。

得委员同意，决不可依照山田所言施行。二月十七日，或许得到山县的暗示，取调委员会开始审议村田保制定的"民法另行调查案"，不过，最终还是决定断行法典。村田保"民法另行调查案"的失败，标志着法典取调委员会内部矛盾激化到无可挽回的地步，反映出围绕旧民法立法明治政府内的对立。

二、元老院与内阁有关商法延期的分庭抗礼

关于元老院对商法的态度，《邮便报知新闻》叙述道：

> 我国商法通编一千一百三十三条因已完成，本次上述第一编至第六编完整二百七十条提交元老院，付诸同院审议。同院前日召开第一读会，种种讨论最后决定，选择调查委员七名从事全案调查。据闻，同法中第六十六条至二百三十三条，曾作为商社法一度经由同院决议，本次仅讨论同法中的一部分，即总则及其附属条款，却有许多条款未能做到首尾连贯。而且第二条夫妇分居等规定，因与民法相关，首先作为其本源的民法未能确定，商法却轻率作出很多规定。因此可以说无法预料同法调查和审议的具体进度。①

商法与民法分别由德国顾问、法国顾问起草，双方没有经过事先沟通。法典取调委员会仓促审议两法草案，在没有解决两法条款相互抵牾问题的情况下，即提交元老院审议。元老院面对此一重大缺陷，只能另行在其内部组织调查委员，尝试解决这一问题。由此，元老院内部产生了延期公布法典的呼声。

明治宪法颁布以前，元老院作为立宪主义的先导机构，在明治政

---

① 《第一编第一章より六章まで元老院に送付》，明治二十一年（1888）十月二十日，《明治ニュース事典》第四卷，第 321 页。

府中负责立法审议工作。正如岛田三郎所言，"我国立宪政治的期限虽始于去年十月帝国议会召开之日，但适用立宪主义之程序却始于明治八年（1875）元老院之设立，即在行政部门之外设立立法部门，将行政运作置于法律之范围内，是为立宪主义。元老院构成未容纳人民的元素，元老院的权力不免受制于内阁的颐指气使，但理论上评之，其具有立法部门的特点，此明矣。内阁权力至盛亦无法一意孤行，制一法，改一律。加之近年枢密院兴起以后，立法一事愈加处于行政权之外，此势渐涨。无论在施行之上是否存在诸多缺失，法律之外形与其他政务相比，呈现稍加整顿之形状"。①

明治宪法颁布前后，因条约改正问题，政府受到民间大力批判，逐渐收敛权力扩张，元老院的地位随之得到提高，一改过去屈从于政府的立场，在商法审议问题上开始拥有独立的态度。指原安三即认为："民间政治热潮的发展令元老院的权势与日俱增。加之去年条约改正问题（明治二十二年［1889］）产生争议，令该院势力又更上一层，以致逐渐丧失与内阁圆滑交际的态度，立场甚为强硬。虽然议会开设前，内阁提交而欲颁布的法律敕令堆积如山，但元老院却不再根据内阁的意见，轻易放手令其通过，反而对其一一进行精细审查并屡屡主张废案。内阁诸大臣以之为大患，时时出席该院执辛劳说明议案的大旨。然而，元老院并不屈从，以至于愈来愈呈现出与内阁抗辩论争之势，令二三大臣屡屡不堪忍受而中途离席，其中斗争的焦点涉及元老院审议商法、建议商法延期的论说。"②

元老院从自身的立场出发，基于商法的缺陷无法在短时间内修正，希望商法延期，并将审议结果告知司法大臣。与此相反，代表政

---

① 《第一期国会始末》，《明治文化全集》第十卷《正史篇下卷》，東京：日本評論社，1968 年，第 498 页。
② 指原安三：《明治政史》，第 192 页。

府立场的枢密院则认为，商法施行刻不容缓，急于颁布该法。两院无法达成一致，司法大臣山田显义遂将该问题付诸阁议，以阁议否决元老院的请求。

元老院一边，经过数日讨论，元老院达成多数一致，决定否决行政权的决议，正式向内阁提交商法延期建议书，并将建议书的起草委托于村田保。这就是所谓的《元老院商法典延期建议书》，由五十三名元老院议官联署，直接经元老院议长之手向内阁提交。① 建议书具体内容如下：

> 政府公布商法，命令二十四年（1891）一月一日开始施行，该法乃本邦未曾有之法典，法条多至千余条，除民法外无法与之相提并论。加之其法条意义深奥、词语崭新、手续繁重，无论是否可以理解，其施行期限已定为明治二十四年（1891）一月一日。仅仅数月之内，欲熟知商法，言不可行。刑法、治罪法全编不过四百余条，尚有明治十三（1880）年七月至明治十五（1882）年一月一年六个月的施行缓冲，市町村制仅仅二百余条，亦从明治二十一年（1888）四月至二十二年（1889）四月缓期满一周年后施行。唯独不顾商法乃千百余条之大法典，却欲在仅仅数月间紧急实施，甚为不得当。宜循旧例，给予商法相当的缓冲

---

① 有关元老院商法延期建议书的形成经过，指原安三《明治政史》如此叙述："村田君同月二十四日将商法延期建议书起草完毕，二十六日将草案发送各议官，二十八日建议案于总会付诸审议，毫无异议通过三读会。以村田议官为首，土肥实匡、石丸安世、秋月种树、醍醐忠敬、穗波经度、河鰭实文、中村孝禧、小原重哉、南乡茂光、千家尊福、五条为荣、藤井希璞、中岛永元、田边良显、森山茂、冲守固、建野乡三、中村正直、中村博爱、久我通久、由利公正、壬生基修、安藤则命、平冈通义、长松干、桥口兼三、田边太一、上杉茂宪、青山贞、尾崎三良、锅岛直彬、大迫贞清、三浦安、本田亲雄、伊集院兼宽、永山盛辉、楳取素彦、岩村定高、神山群廉、宫本小一、长冈护美、渡边清、伊丹重贤、河田景兴、宍户玑、西周、植村正直、神田孝平、林友幸、细川润次郎、津田真道、津田出、山口尚芳等合计五十三人连署。"（《明治文化全集》第十卷《正史篇下卷》，第193—194页。）

期限。今政府又将颁布商法施行条例，将我旧来惯用之商事俄而驱入新商法之范围，于此商况不振之际，定会为商业更加增添一层困难。而且商法本来即特别法，同法没有条款明确表示，应遵从民法通则之规定。若欲先于民法实施商法，则未达施行期限之民法一部亦不得不随之实施，此亦不合时宜。何况在商法施行期限之前，不但要熟悉商法之法意，还要了解浩瀚之民法，实乃至难之事业。请延期商法至与民法同一期限（明治二十六年一月一日）实施，令商业者获得余暇熟读知悉商法。①

在该建议中，元老院并没有明确指出商法与民法存在抵牾之处，而仅提出商法应与民法同一时间施行，而非早于民法施行。以这种婉转的方式，元老院希望能够给商户理解商法以及商法与民法条款统合留出时间。

值得注意的是，加入联署的元老院议官涉及群体非常广泛，包括法典取调委员会相关人员尾崎三良、细川润次郎，守旧派司法官三浦安，幕末维新期首次将法制引入日本的启蒙先驱津田真道、神田孝平，知名儒学者中村正直等。此后，元老院议官多数成员成为帝国议会的议员，形成了商法典施行延期派的一股势力。②

三、商界商法质疑会对内阁的失望

在元老院商法典延期案提交内阁之前，明治二十二年（1889）五月二十四日，东京商工会与东京银行集会所联合召开会议，针对即将施行的商法，成立商法质疑会。商法质疑会几乎云集了当时东京商

---

① 指原安三：《明治政史》，第195页。
② 参见浅木慎一：《明治三十二年会社法制定の歴史的展開·補論：旧商法典の成立から第一回帝国議会》，《神户学院法学》，1996年10月，第612页。

界全部重量级人物，以东京商工会会长涩泽荣一（第一国立银行董事长）、副会长益田孝（三井物产会社社长）为首，包括：阿部泰藏（明治生命保险会社董事长）、梅浦精一（石川岛造船所委员）、林贤德（日本铁道会社社长）、益田克德（东京海上保险会社负责人）、大仓喜八郎（日本土木会社社长）、山中邻之助（第三十二国立银行经理）、吉川泰次郎（日本邮船会社副社长）、渡部温（东京制钢会社社长）、奥三郎兵卫（肥料、贡米批发商）、矢岛作郎（东京电灯会所社长）等。不过，其最初目的仅在于了解商法大意，并非呼吁商法延期。[①]

　　商法质疑会计划与山田显义为首的法典取调委员会直接接触，咨询商法事宜。经过双方每月两次的会面，商法质疑会不但没搞清楚商法草案的大意，更发现商号等规定完全不符合现有的商业经营方式。并且，他们判断，在预算等重大问题得到解决之前，第一次帝国议会议员们不太可能集中精力解决商法问题。《朝野新闻》就此评论道：

　　　　二十四年（1891）元旦之际，对于匆匆将要实施之商法，各地商人无不头痛不已，一时商法实施延期谈之火愈演愈烈，因翘首以盼之国会幸而开幕，国会场内舆论沸腾，商法实施延期案应运而生。政府易偏离，徒赖空想之力，顿而实施，却不进行与之相关的准备，浮浮度日至今业已十二月。国会尚未着手预备调查预算案之前，却寄希望于商法的实施延期等，好似缘木求鱼，应该放弃对它的期望。由于这些痴愚之辈的存在，实业家对于商法实施着实感到甚为困难，例如需要变更账簿等等。[②]

① 《商法質疑会稿本》，明治二十四年（1891）刊，《渋沢栄一伝記資料》第十九卷，東京：渋沢栄一伝記資料刊行会，1958年，第292页。
② 《商法実施と商人》，明治二十三年（1890）十二月四日，《新聞集成明治編年史》第七卷，第533页。

由于不确定国会是否能够阻挡商法施行，商界决定独自表明态度。明治二十三年（1890）八月二日，东京商工会正式向司法大臣山田显义提交商法典延期意见，其内容如下：

明治二十三年（1890）三月二十七日，以法律三十二号颁布之商法，实在与我国商业社会不相融合，而且其实施期限定为明治二十四年（1891）一月一日，虽然给予我国商人暂时从事其研究进行准备的时间，但商法乃我国未曾有之大法典，对于向来缺乏法律思想之商人来说，其一字一句之本义尚苦于理解，何况其中还存在许多尤其新奇之规定条款，该当如何？花费仅仅数月时间，对其通篇大意进行了解并做出相应之整备活动实在非常之困难。我国商业尚为幼稚，具有秩序不备、失于放纵之弊端，故制定商法，对商业加以相当之规正，乃本会之所望。但是无论商法规定如何完备，我辈无法对其作出相应之整备，却要求我辈直接遵守之，对于我辈商人来说实在是最困难之所在。因此本会尤其希望商法实施延期。

驳论者曰，本来商人就不应研究法律，即使商法延期、缓期三至四年亦无益处，不如尽速施行。盖我辈商人热望商法延期，并非为了自行研究法理，从商者只需了解商法中如何规定从而自行遵守，不能遵守之者则会与法学者或代言人商量探讨遵守之计。所以要言之，商人为了不违背商法，需要时间进行相当之准备。据所闻，欧美诸国中，一般人民亦不知法律明文，此言属实，但我国商法如此迫切需要实施之理由，岂可谓之适当？盖欧美诸国之商法向来在本国通行，采择商人习惯立法而成，学者甚至将其称为"商人制定法"。也就是说，此商法中并不存在有关事项之新奇规定，其商法精神出于商人本身，故商人即使不熟知其明文依然可以安心遵守。若将商法比喻成一本翻译书籍，则商人之习惯就是此本译文之原稿，商人即是译文之作者，即使不解其译文，又有何妨？

我国新商法中却规定了很多我国商人做梦也未曾想过的新奇事项，不先了解，无法安心遵守。而且在欧美诸国，稳妥之商人必然雇用适当之法学者为顾问，以求行事便利。但我国商业尚为幼稚，每个商人绝不可能如斯般雇用法律顾问。假使可能，也缺乏合适之人选，该当如何？虽然说人才缺乏，但也并非绝无仅有，是故我商人欲遵商法，必须尽全力准备，尤其需要花费相当时日。

政府明示商法实施以来，我商人虽然业已汲汲于其准备，但却无法自行解释其规定事项。即使寻找代言人或法学者商量也未得到足以值得充分信赖之忠告。于是乎，更加增添了我商人之恐慌。连我辈最为信赖的代言人和法学者尚欠缺其准备，商人要依靠何人遵守法律呢？本会热望商法延期实属迫不得已。

京中有许多知名法学者非难新定商法。据所闻，或曰民法与商法关系未明，他日必生纠纷。或曰商法与诉讼法互相抵触。其评说不一而足，令本会不但无法详尽转述，而且其论点颇为高尚，不是以普通思想便可以评判得当。此等学说并非全部可取，但若政府能够暂时延期商法，一方面可以参详此等学说，一方面可给予我辈充分研究的余地，此实乃我会热望之所在。

驳论者或曰，商人若认为商法不合时宜，请确切指出其不合时宜之处。若不然，则反证了商法的完整性。呜呼，此论可谓极其不具亲和力。夫举证之责任何在？本案诉讼之当否姑且不论，该语气往往出现于法庭辩论中，岂是讨论国家大事之方式？本会确信当局者必定不会接受如此浅薄之诡辩论。要言之，本会切望商法延期之大旨不敢奢望其是否合适，而是作为商人，一定要对法制社会进行充分准备，需要相当之岁月。所以本会并不就目前自身对商法的研究发表私见，其立法得失另当别论，犹需要进行充分研究，以期他日详表。

盖人民有遵守法律之义务，即使不知法律，亦必须遵守。今若不给予商人相当时间的准备余地直接断行商法，多数商人不知不识，则可能或违反商法，或为奸黠之徒所骗而陷入法网，难保此种蒙受意外不幸者不会接踵而来。而且我国商人向来之营业习惯和方法亦有不少与现在商法规定互相抵触，俄而改之也需要时间。为此商人不但要斥资无益之费用，而且可能会产生商业上的暂时激变，会给国家的经济带来极为不利之影响。此乃本会为前途之忧虑所在。

商法质疑会认为，明治二十四年（1891）一月一日施行新商法，会对商人造成困扰，对国家经济也甚为不利。原因在于：第一，商法因其继受法的本质，存在很多日本商人闻所未闻的条款。大多数商人如果不理解这些条款，不但无法遵守商法，而且恐怕会导致商业秩序紊乱。第二，国内的法学界对于商法未达成一致认识。法典论争正酣之际，法学者基于自身立场发表各种观点，学界无法统一认识，无法承担起解释商法的责任，也就无法为商界提供有意义的法学咨询与服务。因此，商法质疑会希望商法延期至明治二十六年（1893）一月一日施行。①

第一次帝国议会期间，涩泽荣一集合50名商界代表，十二月十三日上书贵族院议长伊藤博文、众议院议长中岛信行，要求商法

---

① 《東京商工会議事要件録》第四十六号，《渋沢栄一伝記資料》第十九卷，第410—412页。

延期。其商法延期请愿书中，直指商法本身存在问题，明确批评"商法不适于实际应用""商法与我国惯习抵牾""商法乃徒费无益之构想"，暗示商法不但需要延期，更需要修正。其中写道：

> 我国商业日益发达、新事业勃兴之今日，我等相信法律规定有其存在的必要。我等也相信中外商法相关规定不能仅根据一国固有之习惯。但凡法律可贵之处在于其实际应用。若果不适应实际情况，法律何以为法律。即使法条完备到底不免沦为死法，甚至会扰乱实际之事业。即使我国商法乃当局者就欧美各国普遍实行之商法斟酌考量、择其精美立法而成，体裁甚为完备，但我等在意之处则在于，此等商法的法条不适于实际应用，会给商人带来大大不便。
>
> 观察我国商法则发现其置我国风俗习惯于不顾，一意采择外国商法使其移入我国。是以此等法条中，或乃外国法条直译、或其意义不明、或弃向来之用词、或用新奇之文字，要言之，乃徒费无益之构想，与我国惯习抵牾，其文意无法理解之条项不胜枚举。[1]

商法即使是按照进步主义的理念来立法，体现未来商业的发展方向，但是它与日本商业的实际运行情况相悖，不符合日本商业的发展现状，不免沦为死法，无法得到执行。

商界对于商法批判态度的形成并非一蹴而就。最初，其主动与当局接触，希望能够在了解商法的基础上遵之从之。但是，通过一次次的接触，商界不但没有获得更多有利信息，反而发现商法本身存在很

---

[1] 《東京商工会議事要件録》第四十六号，第 436—437 页。

多与现实相悖的规定。最终，商界两度上书，恳请商法延期。

四、第一次帝国议会的商法延期论争

有关商法典实施还是延期的争论出现在山县内阁期间的第一次帝国议会中。明治二十二年（1889）十二月二十四日，明治立宪体制下的第一任内阁山县内阁成立。明治二十三年（1890）十月一日，政府发布帝国议会召集敕诏，决定于十一月二十五日进行第一次帝国议会选举，十一月二十九日开院。岛田三郎回顾第一次帝国议会的情况，写道：

> 此期议会不能忘记法律整备此一比较特殊的用语。今年政府有意倾向设立新法，陆续颁布翻译的法典，实施会令人民极为不便。去年一年间制定的法律就多达百余号。此间不乏极为疏漏莽撞之规定，对此延期施行论者有之，加以改正论者有之。而且数年以前公布以应付一时之紧要关头，而今日却不再施行、视为死法的法律政府也没少颁布。运用议会立法权力对此现象加以矫正论者也有之。综上所述，政府数年来新定诸多法律，人民展现出厌恶立法的倾向。此情势下，议会不能在立法上积极活动，采取消极的方式才更为适当。所谓消极的方式并非制定新法，而是改正旧法不便的部分，中止不适应时势的法律实施。此乃吾等同志者考察时势，在第一次国会中为何于立法上提案很少，而积弊横生的财政上提案很多的大要所在。[1]

明治维新以来，为破旧立新、建立近代化国家，无论太政官制下，还

---

[1] 《第一期国会始末》，第498—499页。

是内阁制下，政府都颁布了许多新法律规定。此时，为了配合宪法施行，营造法制完备的社会形象，在宪法颁布前，政府又仓促颁布了许多法律法规。二者叠加，各种规定互相抵触矛盾的情况十分常见，给民众生活带来许多困扰。第一次帝国议会中的议员对此种状况深有感触，对预计颁布的商法、民法多少存有疑虑。

以此为背景，商法延期法案在商界与原元老院势力的推动下，进入众议院、贵族院的审议议程中。众议院吏党大成会①议员永井松右卫门得到30位议员赞成，十二月十五日提交《商法及商法施行条例施行期限法案》，希望商法与商法施行条例能够与民法一样，推迟至明治二十六年（1893）一月一日起施行。提案者首领永井松右卫门，乃东京米商会所首脑、东京米谷仓库会社社长，在大成会的政务调查事务中负责商法相关事宜。支持永井提案的30名议员中，大成会成员占据多数有19名，立宪自由党4名，立宪改进党2名，无所属2名。②可见，该提案的赞成者是由大成会所倡导的、包含自由民权派的超越党派集合体。

永井的提案，随后被修改成檄文，在全国55个商业会议所和商工会中迅速传播开，获得除大阪商工会所以外其他大部分商工会所的支持。③由此，敦促全国商工会所采取统一步调，支持商法延期。

众议院商法延期审议理由书中指出如下七点：第一，商法应与民法实施时间一致。商法与民法互相配合才能发挥作用，民法未实施前，不可实施商法。第二，商界实施准备时间不足。让不习惯法

---

① 大成会是得知政府即将进行总选举之后，用三周时间成立的政治团体，由官吏、前官吏、实业家等中立会员组成，属于吏党系（政府系），其政治思想欠缺统一性，以国家主义者为中心力量。（参见内田健三、金原左门：《日本議律史録》第一卷，東京：東京大学出版会，1995年，第67页；政党政治研究会编：《議会政治100年》，東京：德間书店，1988年，第105页。）
② 政党政治研究会编：《議会政治100年》，第118页。
③ 政党政治研究会编：《議会政治100年》，第118页。

律的实业家用仅仅八个月的时间完全理解法律，实是强人所难之举。第三，本国商业规范不统一，商法统一标准需要时间。第四，商法中存在许多违反本国商业惯习的条目。第五，商法中许多条文前后矛盾。第六，商法中的用语欠统一。第七，商法排斥本国用语，不易理解。

众议院第一读会中，议员冈山兼吉指出："在社会欠发达之际滥用法典，有可能会导致如中国、印度一样的退步。"[①] 今井矶一郎认为："模拟并制定我国商业上无遵循必要、只适应欧美各国的法律，虽然形成许多规定，但是勉强引入之际，会抹杀法律的公德心，丧失本国美质，此乃一大忧患"。[②] 元田肇认为："商法并非迫于国内形势而存在，仅仅是出于外交上的必要……出于条约改正的必要，其存在只会导致横滨、神户居留地的外国人受益，却会引起我国四千万国人的不便。"[③] 以上几位发言者皆是法典延期派的代表人物，他们的发言已经超出了实业家所提出的商法弊端的边界，延伸到了法律与国家、内政与外交的关系层面。

反对延期者所持理由也同样值得关注。第一，实施商法有助于实现公平。如实业家丰田文三郎认为，商法可以整备商业秩序，"今之社会，股票持有者以信用为基础作为发起人发行股票，然发起人实际上并未成立任何具有实体之公司，往往以空壳买卖。此等严重罪行应当坚决取缔，不然很难维持所谓商家之信用"。[④] 实业家家永芳彦认为，商法可以振兴道德，"如今商业会社，没有廉耻，没有道德，欺人欺己，欺诈百出，实乃商业社会之弊端，不可容忍之状况"。[⑤] 宫

---

① 《大日本帝国議会誌》第一卷，東京：東京大学出版会，1960 年，第 506 页。
② 《大日本帝国議会誌》第一卷，第 506 页。
③ 《大日本帝国議会誌》第一卷，第 507 页。
④ 《大日本帝国議会誌》第一卷，第 507 页。
⑤ 《大日本帝国議会誌》第一卷，第 507 页。

城浩藏为旧惯不统一而编纂商法辩护，认为"日本二十年前还处于封建时代，各藩旧惯各异，因此商法取此地之旧惯必然与乙地之旧惯不符，取乙地之旧惯必然与此地之旧惯不符，如此编纂商法实乃不得已而为之"。[①]"我们皆希望国家富强，工商业兴盛，日本之富强在于发展工商业，若期待工商业能够顺利发展，就不能允许一二商人垄断利益。真正寄望于工商业的发达，寄望于日本将来的富强，就一定要制定统一的法律，形成统一的规则，称善除恶，不以恶小而不罚，充分发展对外贸易，于裁判之下作出一定判决，如此日本商人才可真正寄望本国商业之发达。"[②]箕作麟祥也指出："商法编纂仅限于一国的狭小范围，今日之见不可，颇有几分万国公法之意。它与民法不同，无论如何要求都不可放任，遵循任意之旧惯，因为旧惯颇不规律，不适应一部统一商法的编纂。……但是在编纂过程中，已经尽量减少弃置旧惯，在旧惯的取用上注意再注意，取调再取调。……论者所谓商法之弊端，或曰公司之弊，或曰破产之弊，立即弃置确实很难。而民法仅仅是有关个人的规定，虽然不是纯粹的私法，但是不会对社会的经济产生如商法一样的影响。在此商法与民法不同，我国国情之下，实施乃当今之急务。因此商法的制定首先可以矫正商业之弊害，清除以设立公司为名实则害民的行为，所以应尽快促进商法实施。"[③]与涩泽荣一相比，丰田文三郎、家永芳彦皆是中小工商业主的代表，他们寄希望于商法能够打破大资本家的垄断，维护商业公平，清除商业弊害，为中小工商业发展创造良好的营商环境。

　　最终，众议院以总数 256 票，189 票赞成、67 票反对，通过了商法延期案。[④]对此，《东京日日新闻》评论道：

---

① 《大日本帝国議会誌》第一卷，第 507 页。
② 《大日本帝国議会誌》第一卷，第 510 页。
③ 《大日本帝国議会誌》第一卷，第 601 页。
④ 穂積陳重：《法窓夜話》，第 252 页。

　　商法延期是此次议会的一大议题，即商法延期法律案需要进行审议。此案由众议院议员永井松右卫门氏提出，二月二十五日进行第一次讨论，此乃开会后的第一次论战。讨论延续二日，双方竭尽毕生之力互相论辩，丰田文三郎、末松三郎、菊池侃二、井上角五郎、宫城浩藏、高梨哲四郎、井上正一、箕作麟祥（政府委员）诸位发表演说。赞成一方包括：元田肇、冈山兼吉、大谷木备一郎、田中源太郎、末松谦澄、关直彦、今井矶一郎等诸位，尽力辩论无一丝漏洞，最终两日后裁决，以大多数可决通过，众议院决定商法延期。问题虽关系重大，但辩论却温和亲切，大概是开会氛围最好的一次，即使对延期深表遗憾的各位，最后亦能尊重议事的程序和结果。①

　　贵族院中，村田保募集了77名支持者，提出商法典延期案，并最终以104赞成、62票反对，在贵族院通过了议案。②对此，《东京日日新闻》评论道：

　　　　本案众议院通过直接送交贵族院，贵族院鉴于此非常重视，将其确认为紧急案，在同月二十日、二十二日两日进行最为郑重之讨论。延期反对者包括渡正元、平田东助、冈内重俊、加纳久宜、槙村正直、周布公平、渡边清等，赞成者包括加藤弘之、小畑美稻、村田保、三浦安、穗积陈重等。最终贵族院以多数可决表示同意众议院之决议。两院可决，等待上奏裁可之时，最为有力之当事人司法大臣山田显义担一身之责任，上奏辞表。世人不

---

① 《第一回議会、商法延期を可決》，明治二十四年（1891）三月十七日，《明治ニュース事典》第四卷，第322页。
② 穗積陳重：《法窓夜話》，第252页。

但没有认为此乃责任大臣理所当然的结果，反而惋惜伯之辞任。圣上优诏不许，假以时日任其养病，暂以大木枢密院议长代行司法大臣，即商法延期实施裁可。此乃我睿圣文武的天皇陛下采纳议会舆论之第一例，可喜可贺，为天下颂赞。①

议会中的商法延期战作为民法延期战的前战，在议员中积累了大量的赞成者。反对商法断行的实业家、反对政府专断的部分原元老院议官，都成为随后主张民法延期的储备军，为民法延期法案在明治二十五年（1892）第三次帝国议会的审议中取得绝对胜利，奠定了基础。

五、山田显义辞职事件

商法延期案在众议院通过、转送贵族院之际，前法典取调委员会委员长山田显义激烈反对。山田认为政府不拘民法之施行期限为明治二十六年（1893）一月一日，而将商法提前至明治二十四年（1891）一月一日施行，"是因为条约改正之时，本国人、外国人之间首先产生的问题乃是商业交易的问题。出于以商法巩固我国商业基础，给予商人完全的权利与义务的主旨才做出的决定"。若延期案通过，会"影响条约改正，使外交谈判在进行中产生挫折"。②

商法延期案最终在两院通过后，山田"称病再三上奏辞表，司法大臣的决心如顽石，不可扭转。天皇陛下闻伯之请求没有批准，仅允许其至病愈为止闲地修养，其间命大木枢密院议长兼任临时司法大臣"。③

---

① 《第一回議会、商法延期を可決》，第322页。
② 德富苏峰编：《公爵山县有朋传》下卷，東京：原書房，1980年，第22—23页。
③ 《山田司法大臣の辞表御聴許なく、大木枢密院議長が臨時摂任》，明治二十三年（1890）十二月二十六日，《新聞集成明治編年史》第七卷，第538页。

当时的报纸，对于山田显义辞职有如下报道：

> 　　司法大臣兼议定官从二位勋一等伯爵山田显义君呈辞表。表示最近罹患风寒，不可胜任。方今国家多事之秋，本当身死为国，何惜朝露之命，日夜参与政务。但经常高热频发，烧到四十余度，到底难堪政务，遂提交辞表。但社会传言，大臣提交辞表完全是商法于两院延期实施之故。果真其然，伯之勇退，其中之勇气，实在令人敬服。而且当时商法之议呈交于两院，伯亦带病挡其冲击，其热心与之抗战，其炽热之情，亦实在令人拜服。这样看来商法延期绝非无限期延期，伯一再上呈辞表，尽全力承担侍奉陛下之责任，陛下于此不会允许。此次伯再次鼓足勇气，以热血确认商法之前途，应得到圣旨之协助，国民之期望。记者只希望伯能尽早痊愈，见我法典完备，然后悠然游于五湖。[①]

第二节　第三次帝国议会民法商法延期战

　　第三次帝国议会召开于明治二十五年（1892）五月二日。此前两次议会的关注点在于内政方面的削减预算，此后两次议会的关注点则转向外交方面的条约改正，第三次帝国议会介于二者之间，具有承上启下的历史意味。

---

① 《山田顕義辞表提出の真相、〈商法〉の実施延期に嫌気がさす》，明治二十三年（1890）十二月二十六日，《新聞集成明治編年史》第七卷，第538页。

一、第三次帝国议会政情上的承上启下

第三次帝国议会会期仅有四十天，但它却是承上启下的一届议会，集中体现了初期议会期间参众两院关注焦点的转移及内阁权力的更替。

第三次帝国议会延续了前两次议会重视内政的议政状态。第一次帝国议会期间，由于大隈条约改正受挫于舆论，民党目光集中于内政，提倡民力修养，地租减轻论抬头，同时围绕预算问题在议会中展开宪法六十七条论争。① 到第三次帝国议会期间，条约改正重启在即，预示了第五次帝国议会"条约励行论"与"条约改正论"争议的到来。

明治二十五年（1892）四月五日，第三次帝国议会召开前夕，内阁总理大臣伯爵松方正义召开阁议，枢密院议长伊藤博文、外务大臣榎本武扬及各省大臣联袂出席，确定条约改正相关四条方针，其方针要领如下："派出条约改正全权公使出使各国，与各国政府商议。改正立案应来源于我国政府。选定条约草案调查委员，于外务省召开会议。委员事务由外务大臣负责。"② 此一举动暗示着松方内阁正式在伊藤博文的意志下，以榎本武扬为首，重开条约改正谈判。四月十二日，条约改正调查委员会于外务省设立，标志着沉寂多时的条约改正谈判重启。此次谈判吸取上两次失败的教训，决定以慎重的方式处理各界争端，并以天皇敕令的形式规定了其调查方针。"盖条约改正乃至难至重的大问题，关系国家百年利害，斟酌全国开放的进度与领事裁判权收回后的规划时要深思熟虑，要充分慎重鉴别利害得失，以待时机

① 参见長岡新吉：《明治二十年代の地租軽減論について》，宇野俊一编：《論集日本歷史 11：立憲政治》，東京：有精堂，1975 年，第 157 页；《第一期国会始末》，第 498 页。
② 《明治天皇紀》第八卷，東京：吉川弘文館，1941 年，第 46 页。

到来。"①

虽然政府方面决定在此问题上采取慎之又慎的谈判方针，但民党对政府始终缺乏足够的信任。凭借着以往反抗条约改正的经验，到第五次帝国议会开始时，民党联合组成"对外强硬六派"，反对修正现有条约，提倡严格履行旧有条约，将不平等条约的损害维持在居留地内，坚决反对内地杂居，明确拒绝全国开放。

就在国政议题由内政转向外交的同时，政府内部也经历了重大变化。第三次帝国议会前后，松方内阁到第二次伊藤内阁实现过渡。伊藤博文重回政权核心，预示着其以强硬立场厉行执政方针的开始。受到松方内阁选举干涉事件影响，开会期间政情颇为险恶。"众议院首先因选举干涉事件提出弹劾政府，提案虽因三票之差成为废案，但却通过了希望政府引咎辞职的决议案。连向来温和的贵族院，于议事之初，也指责政府横加干涉众议院议员总选举，导致各地流血事件发生，通过希望政府妥善处理善后问题的提案。"② 面对议院的不信任案，又迫于大津事件的压力，明治二十五年（1892）七月三十日，松方内阁下台，第二次伊藤内阁成立。此届内阁被称为"元勋内阁"，群英荟萃，政星云集，包括：外相陆奥宗光、内相井上馨、藏相渡边国武、陆相大山严、海相仁礼景范、法相山县有朋、文相河野敏镰、农商相后藤象二郎、递相黑田清隆。第二次伊藤内阁可以说是，伊藤博文为实现藩阀政府到明治立宪体制过渡，完成条约改正夙愿的奋力一搏。

二、议会民法延期战的承上启下

第三次帝国议会期间，贵族院议员村田保提出"民法商法延期

---

① 《明治天皇紀》第八卷，第 51 页。
② 春畝公追颂会编：《伊藤博文伝》中卷，東京：春畝公追颂会，1940 年，第 838 页。

实施法律案"，要求对业已颁布的民法商法进行修正，并延期至明治二十九年（1896）十二月三十一日施行。明治二十五年（1892）五月二十七日，贵族院开始审议村田的提案，二十八日通过，下付众议院，众议院六月十二日通过审议。考察贵族院审议中赞成、反对论者发表的言论，可以发现，议会民法延期战既有延续"民法典论争"中两派学统、政治立场对立的一面，也存在体制内官僚对于民法立法持有截然不同立场的一面。

民法断行论者的意见大略有两种。大木乔任等认为，民法立法旷日持久，旧民法已尽最大程度保证立法质量；而且民法施行迫在眉睫，只有施行民法，才能统一国家的法制规范，保证司法审判质量。榎本武扬等则从条约改正立场出发，认为施行民法是条约改正能够成功的必要条件，时值条约改正的关键时期，民法实施势在必行。民法延期论者则基本延续"民法典论争"期间延期派的主张。村田保等人坚持民法本身存在问题，其规定不符合日本的旧惯，有违宪法精神，应该在延期之内进行修正，方可实施。

（一）民法断行论者的两大论点

大木乔任与榎本武扬是民法断行论的坚定拥护者。大木乔任继江藤新平之后，主持政府内民法立法，委托博瓦索纳德起草旧民法草案。榎本武扬继井上馨、大隈重信之后，领导条约改正谈判。在松方内阁期间决定重启条约改正谈判时，榎本受命设立调查委员会，全权负责处理该问题。二人分别从各自立场出发，阐明按时施行民法的必要性。

大木乔任站在前任民法立法者的立场，追忆了法典立法的全过程。在大木看来，无论对于国家还是社会，法典编纂具有相当的必要性，按时实施民法，乃贯彻明治维新以来政府一贯立法方针的体现，是统一国家法律规定、规范司法审判不可或缺的条件。大木指出：

（民法立法）事业始于江藤就任司法卿之时，他深感今日社会规定民法的必要，当时即从翻译法兰西民法起逐步着手立法，而至本大臣任司法卿时亦深知应不辱使命，深知法典编纂的必要而致力于该事业。……当时司法卿章程中论述司法卿之权责，除法典编纂外，裁判所之疑狱难案皆由司法卿决之。是故各地疑难案件纷至沓来，在本官席上堆积如山，尽力亦不可能完成。是故不得已只有采择多方意见决之，但是每次案件判决中至少五分、六分与我今日之考量不相宜。以今之眼光看来，在判决上有不知轻重之嫌。是故我认为一定要整理法律，无法律则无法判决。而且有一次，美国船只经过奥州地方要求停泊，当地拒绝收留，裁判所无法可依只有诉诸司法卿，突如其来给政府造成困难。所以出于无法律则无法判决的思想，出于司法省文件代替法律的效力不妥，出于司法省实在劳累不堪甚至无暇思考法律的窘境，法典编纂势在必行。①

榎本武扬则从外务大臣的立场出发，指出条约改正符合日本的切身利益。"法典实施乃条约改正之第一必要"，民法按期实施有利于条约改正谈判顺利进行，坚决反对法典延期。在议会上，他详细阐述道：

法典延期与条约改正密切相关，前者会对后者产生重大影响。现行条约可谓不适应我邦目前之时势，必须尽早改正，此业已为全国舆论所承认，任何人皆不能否认。条约改正的大要一言以蔽之即保护本邦之国权与国利。作为此目的的必要手段，就应

---

① 《貴族院議事速記録》第四卷，第99页。

该编纂适应普遍文明世界人类之法典，如斯法典不行如何举上下热心以望平等之条约改正。如今不平等条约要追溯到当年当局者不懂外国事情，而且即使通晓，外国人也不会将其国人民的生命财产置于没有法律的国家的国权之下。所以若欲令他们有所托付，就必须制定适应普遍文明世界的法律。明治十五年（1882）井上馨就任外务卿时即发誓，纵令领事裁判权如何铜墙铁壁，也要将其逐步撤除，一举粉碎，故而用尽种种手段召开条约改正预备会议，暂时有所小成，结果结局不堪。再至大隈伯条约改正，其结果众所周知。从明治十五年（1882）至明治二十二年（1889），我邦第一流政治家致力于条约改正，其种种提案，并非无理取闹。推而察之，虽然结果令人失望，但到底只有制定出适合文明社会的法典，才能指望缔约盟国（邦交国）撤除领事裁判权。[1]

值得注意的是，大木乔任与榎本武扬的意见，都没有回应民法本身内容是否存在缺陷的问题。

（二）民法延期论者的旧民法批判论

此次法典延期战中，村田保谴责法典取调委员会委员长山田显义独断专行，他领导的法典取调委员会并未能履行好民法审议职责。村田指出，在取调委员会期间，已有委员提出审议过分草率，并绕过山田显义，私下组织，另行从事私拟民法的编纂工作。可以看出，村田的诉求，不仅在于民法延期施行，而且要修改后再施行。他在第三次帝国议会中陈述道：

（我）认为，如此重要的法典，其进行清躁之审议甚为不宜，

---

① 《貴族院議事速記録》第四卷，第100页。

屡次劝告委员长审视自己的主张。但是委员长认为，以条约改正为目的定立法典，诚乃国家之美事，大家只能根据委员长的意图进行调查。但是，无论如何也难以忍受我邦的民法如此为之，故委员中仍然存在异议。甚至委员众口一致请求委员长一定要编纂与我邦相应的民法。于是反对者决定，私下再选出二位对于民法另行调查，制成五十余条草案并尝试向委员会提出。其他委员皆认为私下草案编纂之体裁尚可，并建议继续编纂，此乃大家希望所在。此事委员长并不知情。①

村田保细数旧民法的诸多缺陷，财产法部分的财产权利规定不符合日本民众的惯习，家族法部分的夫妻、继承等规定不符合日本传统道德。这些观点延续了"民法典论争"时期延期派的主张。

在批判旧民法财产法部分时，他论述道：

用益权、使用权、居住权等完全违背我邦惯习，特别是使用权、居住权乃日本人做梦也不知之事端。用益权由财产编第四十四条至百十四条绵密规定，表面来看似乎日本有此现象，但为人所不知的是，日本根本不存在此种问题。此乃我邦古来绝对未曾有之现象，何况此规定近来渐渐于欧罗巴即将被废除，在日本今天又有何必要将如斯规定设置于民法之中呢？……法典中占有权与宪法精神相矛盾。因为占有权为物权，所以若因疏忽导致他人占有自己的土地，自己仅有权从他人处取回地面。宪法规定日本臣民之所有权不得侵犯。根据民法的规定却可以侵犯他人之所有权，减少了宪法的效力，违背了宪法的规定。……如今法

---

① 《貴族院議事速記録》第四卷，第85页。

典将租借权视为物权，租借权在法兰西被视为人权。因法典将租借权视为物权，所以租借人有权将其租借权转卖或抵押给他人，所以租他人家屋者有权将其租借之权转卖给他人，而且卖给他人还可以继续买卖，如此会导致最初的租借方可以暂时逃避房租，而被租借方却无法对租借方提起诉讼，因此无法确定房租缴纳期限，损失的房租计入损失无论如何也无法再行通融，此皆因物权而生。而且他人的土地一年几经易主，即使自己建造的家屋被破坏也无法取回，就犹如到最后将其所有权给予他人。即使取得地租也无法去除，而且国民卖田地签订契约拥有使用权，必须附带锹锄牛马等，新法典规定主要物的处分连带次要物的处分，故卖田地其附属物皆要随之而去，以至于若签署卖地面之约定，其附属的石灯笼、水钵等皆默认归买方所有。……这些规定都是不合理的。[1]

村田保对于旧民法中几乎所有的财产权利规定都进行了批判，认为它们不符合日本的惯习。在他看来，这些规定要么在日本根本没有存在过，要么尚在施行中，它们会使民众利益受损。例如，法典中不存在有关永佃权的规定，而且永佃权的实质是租借权，租借权在法典中被视为物权，允许让渡或抵当，如此一来，会导致土地在一年几易其主，影响永佃农利益。这样的看法，回应了初期议会期间议员倡议减轻农民负担的号召。

对旧民法家族法部分的批判中，村田保说道：

我邦古来从遵守伦理习俗出发，臣不忠、子不孝乃不为我

---

① 《貴族院議事速記録》第四卷，第86页。

国国体所容许，是故所谓刑律上干名犯义，即诉亲诉夫者反而要受到惩罚。即使今日我国刑法依然规定对父母缺乏奉养者要罚以禁锢罚金。如斯法律在欧美各国所未见，重伦理实乃本邦古来之美习。现在小学学生背诵教育敕语，其中曰吾臣民孝父母，友兄弟，夫妇相合等，一方面教导孝悌之道；另一方面却容许我国民法违背我国国体风俗，紊乱伦理，绝非诬陷，实乃不孝不悌的体现。

日本继承法即家督继承法即家名继承。然而保氏编纂的法典中乃如法国财产继承，却没有家名继承的旨趣。民法因出于保氏之手的部分，采择财产继承的意趣；出于日本人之手的部分则采择家名继承的意趣，是故互相矛盾，破坏家族主义。

财产取得编第三十六条，配偶者作为其继承人。所谓配偶者乃夫妇的意思，给予了母继承的权利。然日本采取家名继承。所以父还在世时，母没有继承权。

债权担保编第五十二条，连带由遗言产生，明显出于财产继承的意趣，体现了法兰西亲死子分割财产的分割主义。但是出于必要，家名继承实乃长子一人单独继承亲之财产。各种情况下皆不产生连带义务。①

村田保对旧民法家族法部分的批判，一言以蔽之，这些规定通过明确家庭内部的权利义务关系，尽可能给予所有家庭成员平等的权利，违背了日本传统道德。村田理解的"家"是以家长为核心构成的内部存在等级差异的单位。按照传统"家"结构中金字塔形的位阶排序方式赋予权利义务，才符合日本传统。以法国民法典为蓝本，旧民法打破

---

① 《貴族院議事速記録》第四卷，第86页。

了家庭中不平等的权力结构，不符合忠诚孝悌的道德原则，有违宪法宗旨，会紊乱伦理，败坏风俗。

除以村田保为代表的激进派外，持法典延期论者当中尚存在温和派。他们承认旧民法某些部分的编纂不够严谨，但这些缺陷并不足以否定旧民法的全部。他们要求法典延期，仅是希望对旧民法不严谨的部分进行修正，并没有彻底否认旧民法的价值。

宫本小一是温和派的典型代表。他认为，民法速行乃出于条约改正的需要，井上馨领导条约改正时期，法典编纂深受条约改正需要的左右，这种情况至今仍然存在。为条约改正而编纂成民法，必然符合外国人的喜好，而不合乎日本人的惯习。宫本追溯道：

> 岩仓使节团当时巡回各国要求条约改正，但外国政府无论如何也不答应。认为日本既无民法，也无商法，不可将本国人民置于未知的法律之下。为使外国人在我国受到支配而令政府感受到编纂法典的必要。虽然不知法典与条约改正的关系是否始于江藤新平，但明治十七八年以来井上外务大臣负责条约改正谈判期间，将法律取调委员会转入外务省管辖之下，自己担任条约改正的委员长，至改正失败，转移至司法省，法典编纂的精神一直与条约改正相伴，法典编纂会也是作为条约改正的机构而存在。故而法典编纂不注重本国人的习惯，是为了配合外国人、迎合外国人的喜好。……如此这般，将日本全国人民驱入巨大试验场，令人感到可悲，此乃不仁之政，是日本人民的最大不幸。①

---

① 《貴族院議事速記録》第四卷，第96页。

（三）民法断行论者与延期论者的针锋相对

第三次帝国议会的审议中，鸟尾小弥太与村田保针锋相对，直接反驳后者主张民法延期的诸多理由。鸟尾认为，日本的旧惯是旧时代的遗留物，不应该如村田保等人所主张的那样原封不动保留，而应顺应时代潮流，依据民法，对旧惯进行采择取舍，区分法律和道德的边界，统一法度，这样的做法才符合日本民众的根本利益。他论述道：

> 法律规定并非道德，法律决不会导致亲子之间相争，夫妇之间相诉。如果家人之间互忍不理、相互怠慢，诉诸法律，则其妙可知。但此种状况的根源在于亲子间、夫妇间之道德关系，法律仅提供了诉讼的场所。日本有乞丐，但是法律却不受理乞讨的诉讼；日本人民并非皆华族，但却同样有权利进行诉讼。所以所谓法律仅是在日本社会生存允许的限度内提供人民适当的选择方式，此乃立法的原因所在……
>
> 日本尚处于封建时代的萨摩藩的尽头到东京最快也要三十日左右，彼此几乎不相往来，风俗习惯各异，却在一律一法之下接受统一的裁判构成法的支配，施行非常困难。何况今时不同往日，格外纷乱错杂，孔子是混蛋、耶稣是白痴、释迦是傻瓜这样的说辞也通行世间，人民的思想很难确认，如此情景不可能将其归结为区区习惯。维新开始后破坏了大量习惯，萨摩人移居北海道，青森人迁移东京，我国人民前往与出生地风俗习惯各异的地方杂居，今日比往昔更甚。如果法典需要将一个一个的习惯进行采择，则法律家会头痛至死。所以我认为打破习惯绝非不合时宜。
>
> 村田君所论家继承时其财产皆为长子继承，此乃古来论调，即使在当时也仅通行于士族以上。御政一新之后人口增加，现在

大概增加了五百万人，仅仅二十四五年时间人口增殖五百万人，这些增加之人成立家庭，五人一家尚且增殖百万余家，而且不断增殖之人口往来频繁，种种共谋。

　　人人皆以己之臆想判断人所执之正与人所执之不正，民法施行可以将自己和他人所为的权利和义务事先确定，裁判官除此之外别无评判标准。必然有倾向于我本人的意见，也有倾向于诸君的意见。所以需要法典来统一裁判。①

鸟尾小弥太从进步主义的视角审视日本惯习，从中发现，村田保所谓的惯习要么是道德伦理而非法律，要么是零星散乱、无法被法律家统合的风俗，要么是需要打破的不符合时代发展方向的糟粕，要么是已经被时代抛弃的旧物。以这些所谓的惯习衡量代表进步主义的民法，纯属无稽之谈。民法的真正价值在于统一标准，以固定的标准明确个人的权利义务，有利于审判，有利于正义，更符合日本大多数人的根本利益。

　　与此相反，加藤弘之从政治学的角度论述民法违宪，支持村田保的观点。加藤认为：

　　察宪法之精神可以得知人民的权利乃是国家主权所赋予的，虽然此人民的权利分为公私二权，在公法与私法上有所差别，但是其本源来自于国家主权。国家主权乃是大本，由此赋予人民公私权利。宪法的精神在这一点上无论公权私权毫无差别，因国家主权而生。但是此民法商法的精神却承认以天赋人权为基础，所谓天赋人权乃以自然法为大本，以此为基础产生人民的权利。此

---

① 《貴族院議事速記録》第四卷，第92页。

乃事实，我国法学者无论如何进行论辩亦无法否认。学者的观点，我一素人无法详细解释，但民法乃由法国博士起草，此求助于外的做法即使非断行论者也要确认其乃以天赋人权为基础，其理由书中业已写明。此导致宪法与法典的立法基础相悖。基础相悖，其上之规定亦不会相同。认为自然法或性法赋予人民天赋的权利，固在欧罗巴暂时盛行，但如今欧罗巴的法理学者却认为权利来源于国家，而且不断有后来者居上的趋势。国家最初的权利即由主权而产生的权利，此乃我之所信，宪法精神乃钦定，决不能轻率，必须在此之上对其改正。①

《大日本帝国宪法》与旧民法的法理基础不同，前者基于国家主权学说，后者基于自然法、天赋人权学说，二者立法机理的相异性决定了宪法与民法的不相容性。理论上，宪法是国家的根本大法，决定国家的立法方向，民法要遵循宪法。因此，旧民法需要被修正，延期施行。

针对加藤弘之的观点，乌尾小弥太从善政、良政的角度，论述了天赋人权论与主权论的关系。他论述道：

　　我认为民法与宪法不相矛盾，民法大多处理人民之间相互的问题，人与人结成社会，如古人所言，乃以物为则。人起源于猿类，以前没有所谓的心，人到处皆是人，人具有天然的权利或者其他类似说辞，即使不知道这是西洋人的提法，也会了解，人皆有生而为人的权利。如果对此权利严厉剥夺，古来的国君被称为暴君者，执政被称为暴政者，即是如此道理。所以社会上的人

---

① 《貴族院議事速記録》第四卷，第 95 页。

　　其实根本不介意人的权利与义务是否依附于主权，即使依附于主权既会产生暴政，也会产生良政。如斯道理我不知是西洋何种学说，人人却都了解人所拥有的权利和义务从天而来，从地而涌，对于国事、国政是否由主权所赋予权利义务感到无所谓。就像我现在这样站在贵族院中提出我自己的意见完全是我固有的权利，此乃宪法所赋予，但是将此事推广至民法、商法，却不知是出于西洋何种学说，但就我一家之学问而言，我认为不合理。

鸟尾认为，善政、良政的核心是遵循自然法中的进化论。人从猿演化至今，存在一定的演进规律，这一规律深刻蕴藏在自然法中，是主权国家也必须遵循的法则。自然法确认了人与人天生权利平等，民法规定了私人之间权利与义务的对等关系，主权国家在自然法下也必须承认这种关系，这样才能实现国家对社会的良性治理。因此，鸟尾认为，加藤弘之提出的国家主权思想与民法遵循的自然法思想并不矛盾。

　　大木乔任进一步深化鸟尾的观点，认为"主权无法撼动人民的权利，即使在德国也不行。人民以其各自的权利保护自己的生命财产，此乃天然的道理，毋庸置疑，所以才可以产生人与人的交往，我国与外国的交流。加藤君的观点将人民视为国家的奴隶，这是没有道理的，即使在德国也行不通"。①

　　综上所述，贵族院的法典延期战除了延续"民法典论争"的一贯风格外，还体现了如下特点：

　　首先，延期战反映出自第一次帝国议会以来延续到第三次帝国议会的矛盾焦点。法典延期的辩论，不但包括传统的"家"制方面，而且包含了对土地、财产等诸多领域的讨论。这种议论倾向与第一次帝

---

① 《貴族院議事速記録》第四卷，第93页。

国议会以来，注重地租减轻、修养民力的思想一脉相承。

其次，延期战将民法理论与宪法理论的论争推向了高峰。德国学派的代表人物、东京帝国大学校长加藤弘之与政府文部大臣大木乔任之间有关民法中"民权"的论战，代表了国家主权论与天赋人权论的政治立场对立。此种对立不但出现在议场内，而且在不久的将来也延伸到议场之外。大木乔任的人权论受到了谷干城、陆羯南等众多国家主义者的批判，成为众矢之的。

最后，延期战反映了儒学者在维新中的保守与进步。大木乔任、鸟尾小弥太、村田保、加藤弘之皆为儒学者出身，但是却因断行、延期的立场不同，站在了天平的两端。他们对于各自立场的解释，在某种程度上也借助了儒学的理念。比如，鸟尾小弥太对于天赋人权说的理解即建立在古代"水能载舟，亦能覆舟"的民本学说基础上；而加藤弘之对天赋人权说的批判，则以"普天之下，莫非王土，率土之滨，莫非王臣"为前提，认为无论公权私权，都由国家主权赋予。

三、民法断行派元老的陨灭

明治二十五年（1892）五月，旧民法在第三次帝国议会遭遇延期审议，旧民法危殆。在此之前，明治二十五年（1892）二月十二日，旧民法的立法者之一、"法典伯"山田显义离世。对于山田显义在日本法制史上的地位，当时报纸评论道：

　　刑法、治罪法的实施，裁判所构成法的实施，民法、商法、诉讼法的编纂，若博瓦索纳德为其承办者，那其指挥者可以说在于伯也。若加诸伯以赞赏之词，伯于我法律界相当于尤里乌斯的位置，而就法典问题，众论沸腾，名公巨卿往往迷失方向，当初热心断行者转而成为热心延期者，空中旗帜各异，唯伯独自岿然热心于断行，以身事法典，以身殉法典，其志悲矣。往昔拿破仑与欧洲之大陆抗衡，卧病在床接到滑铁卢的战败报告，他手指地图扬言曰，卷此地图，以为我今后所用。史家断言，滑铁卢的战败报告实则杀死拿破仑之元凶。如今山田伯身死可谓因法典延期案，后世之史家亦可断言之无所忌讳，山田伯乃因法典殉国耳。①

大木乔任身为第二任民法立法主导者，当年任民法编纂局总裁，从醉心国体的儒学者成为一个认同进步主义的政治家，可谓"虽出身汉学，却渐入进步主义，晚年至死不渝"②。他在法典延期战中与加藤弘之的对抗，为自己招来祸端。在当时的《国民新闻》上，教育家伊泽修二将矛头直指大木，撰文曰：

　　吾辈就国家教育，不得不饮泣向各位通报一事。于此际教育之大局中，在法典延期讨论时，不止一次倡导天赋人权说的竟然是全国的教育者领袖、人人敬仰的大木伯。据闻大木伯平素沉默寡言，然此次却在贵族院频频发表大篇幅演说。又据闻大木伯学识丰富，注重国体，然他此次所谓天赋人权，实与我国体不相容，明显意味着对我国历史的背叛。③

受此影响，明治二十五年（1892）八月松方内阁总辞职之际，大木乔

① 《明治の功臣山田顕義》，明治二十五年（1892）二月十二日，《新聞集成明治編年史》第八卷，東京：本邦書籍株式会社，1982年，第322页。
② 重松優：《大木喬任と"天賦人権"——民法典論争における大木喬任の舌禍事件》，《ソシオサイエンス》，2007年3月，第137页。
③ 《議会評論》，《国民新聞》明治二十二年（1892）五月二十七日，《伊沢修二選集》，長野：信濃教育会，1958年7月，第469页。

任亦随之离开文部省，转任枢密院议长。十一月，又因教科书检查机密文书泄露事件引咎辞职，离开权力核心。

上述事件发生于具有承上启下意味的第三次帝国议会前后，也给民法延期战罩上承上启下的历史意味。

就论战内容而言，延期战中所有议员的观点和主张均未脱离学界"民法典论争"的理论范畴，是学理应用于议会论战的典型性代表。同时，延期战又将民法理论与宪法理论的论争推向了高峰，把道德与法律的论争发挥到极致。在明治立宪体制框架下，从议会论争的角度，再次确立了宪法中国体论的核心地位，《教育敕语》中道德高于法律的指导方针。

就论战结果而言，延期战则体现了政府内部的新陈代谢。江藤新平明治七年（1874）卒于佐贺之乱。山田显义明治二十五年（1892）"因法典殉国"。大木乔任明治二十五年（1892）因主张法典断行、倡导天赋人权遭到舆论攻击，离开权力中心。至此，领导旧民法立法的政治领导者们全部离开了政治舞台。

第三节　伊藤博文与旧民法的废弃

明治二十五年（1892）六月十二日，第三次帝国议会众议院通过民法商法施行延期法律案。至此，帝国议会参众两院一致通过法典延期案。然而，民法商法的命运并未就此定案。六月十八日，司法大臣田中不二麻吕即致信总理大臣松方正义，敦促内阁坚定立场，强行施行法典。他在信中写道：

　　《大日本帝国宪法》第六条规定，天皇批准法律，命其公布及执行。也就是说，天皇既有批准法律的权力，当然也有不批准法律的权力。因此在议会法第三十二条中明确规定，经两院通过而上奏的议案，要经过天皇批准并在下次议会开始前公布，在下次议会开始前没有公布的议案则意味着天皇没有批准。也就是说并非所有的议案都可以获得天皇批准。①

也就是说，田中不二麻吕主张利用宪法中规定的天皇权力，否定议会的延期法案，以此对抗议会的权力。他的态度代表了松方内阁成立当初断行法典的施政方针。事实上，早在五月十六日第三次帝国议会贵族院提出民法商法延期法案时，松方内阁就曾召集阁僚，商讨对策。五月二十日，在总理大臣宅邸召开会议，与会各大臣②一致决定"即使此延期案获得两院通过，政府仍要执行固有的方针，断然施行法典"。③但是，受到选举干涉事件和大津事件的影响，第三次帝国议会闭会后仅三天（六月十六日），松方首相即表示"如果不启用伊藤，自己难堪重任"④，流露出辞职的意向。这样一来，松方内阁坚持施行法典的主张就此被搁置下来。十八日，在接到田中不二麻吕敦促内阁坚定立场、强行施行法典的书信后，尽管松方罢免了田中不二麻吕，但是，此举并不意味着松方内阁彻底放弃施行法典的打算。从六月中旬酝酿辞职到七月三十日松方内阁下野，其间的一个半月时间中，松方内阁始终未将民法商法延期法案提交天皇批准。这就意味着法典问

---

① 《秘書類纂：法制関係資料》上卷，東京：秘書類纂刊行会，1934年，第398页。
② 这些大臣包括：松方正义内阁总理大臣、大木乔任文部大臣、榎本武扬外务大臣、后藤象二郎递信大臣、桦山资纪海军大臣、副岛种臣内务大臣、河野广中农商务大臣，高岛鞆之助陆军大臣因病缺席。
③ 《秘書類纂：法制関係資料》上卷，第390页。
④ 《伊東巳代治書翰伊藤博文宛》，明治二十五年（1892）六月十八日，《伊藤博文関係文書》第二卷，東京：塙書房，1975年，第219页。

题仍然悬而未决。在有意无意之间，松方内阁把问题留给了它的继任伊藤博文内阁。

一、伊藤博文内阁设立民法商法施行调查委员会

明治二十五年（1892）八月八日，第二次伊藤内阁成立。此次内阁是明治宪法公布后，伊藤博文首次组阁。自明治二十二年（1889）年十月辞去枢密院议长职务后，伊藤博文处于半隐退的状态。之所以选择在这个时候从幕后走到台前，亲自担任内阁总理大臣，是因为伊藤博文敏锐地觉察到，在明治宪法"弹性"体制下，松方内阁强硬的超然主义施政方针给藩阀政府带来了空前的政治危机。明治二十五年（1892）七月三十一日，组阁前夕，在写给井上馨的信中，伊藤说道："以目前形势推论之，不出两三年，政权将崩溃而不可收拾。在小生看来，此已洞若观火。"[①]针对此一危局，伊藤博文的应对之策是组建元勋内阁，几乎网罗尽维新以来的功勋元老[②]，试图借助元老的政治影响力，保障政府的提案能够在议会中顺利通过。无怪乎当代研究者认为，本届伊藤内阁是"藩阀势力面临与民党进行最后决战之际，以伊藤为主导而再建的几乎可以说是理想形态的实力内阁"[③]。

元勋内阁的成立蕴涵着两层意思。一方面，组建元勋内阁表明了伊藤博文坚守政府超然主义施政方针的决心。正如伊藤博文组阁时所言："国运如此维艰，当此之际，欲贯彻我等之目的而进行明治政府（与民党的）最后一战，非互相提携，则不能为之，此其明矣。"[④]另

---

① 《伊藤博文書翰井上馨宛》，明治二十五年（1892）七月三十一日，井上馨関係文書講読会编：《〈井上馨関係文書〉所収伊藤博文書翰翻刻——明治一五年三月から明治二六年四月まで》，《参考書誌研究》（56），2002 年 3 月，第 28 页。
② 内阁成员包括：外相陆奥宗光、内相井上馨、藏相渡边国武、陆相大山严、海相仁礼景范、法相山县有朋、文相河野敏镰、农商相后藤象二郎、递相黑田清隆。
③ 佐佐木隆：《藩閥政府と立憲政治》，東京：吉川弘文館，1996 年，第 284 页。
④ 《伊藤博文书简》，转引自信夫清三郎《日本政治史》第三卷，第 229 页。

一方面，松方内阁的倒台，让伊藤博文意识到，持强硬超然主义的态度，与民党公开对立，恐怕也是行不通的。在对地方官员的训喻中，伊藤自己也不得不承认："根据我国宪法精神，国务大臣应奉天皇圣旨、理万机事务，不受其他权力所左右。但是根据将来的事实，难保宪法今日精神为之一变，政党内阁大势可成。"[①] 这意味着，伊藤内阁准备采取一套更为温和的方式来实践其超然主义施政方针。

在此一背景下，伊藤内阁采取了一种迂回曲折的方式，扭转了政府在法典问题上的颓势。明治二十五年（1892）十月五日，伊藤内阁在政府内部设立了一个特殊的委员会，即民法商法施行调查委员会，重新审视法典施行或者延期的问题。在设置该委员会的政府公文中写道：

> 议会决定了民法商法施行延期，而政府则面临着遵从议会的决议、延期法典和不顾议会的决议、断然施行法典两种选择。而且，延期施行法典的核心并不在于仅将施行法典的日期延后，而在于充分修改法典，令法典适应现实社会的需要。对此，还有人主张延期修正法典之一部分，另外一部分断然施行，众论无法统一。因此，政府决定先组织专业的法律从业者，商议法典施行之大义，组织民法商法施行调查委员会商议此事，以供内阁参考。[②]

由此可见，通过在政府内部设立委员会的方式解决法典问题，政府又重新夺回了在法典问题上的主动权。以法律专业人员为第三方而组成的委员会强调立法的学术性，弱化了立法的政治性。此举相当程度上降低了议会对于政府不顾议会决议、重新审议法典延期断行问题的反

---

① 工藤武重：《明治宪政史》，東京：有斐閣，1934年，第355页。
② 高橋良彰："《民法商法施行调查委员会"关系資料》，《山形大学法政論叢》10，1997年8月，第105页。

感，体现出伊藤内阁对于议会的谨慎态度。另一方面，也应当注意到，这段政府批文将政府置于包括议会在内的各种意见分歧之上，暗含着超然主义的意味。实质上，它表明了伊藤内阁以强大的政治实力为后盾，重新担负起决定法典命运的责任。

舆论界敏锐把握到了伊藤内阁的这一动向。《东京日日新闻》评论道：

> 据闻，政府就法典问题，断行、延期、一部分延期三者之间选择未定。因此，决定组织调查委员，在上呈三案之中择其一。此委员会可谓"掌握了两院通过延期法案之生杀大权，延期是否成行尚有待此一决议"。①

如果说《东京日日新闻》的评论尚属就事论事的话，《日本之法律》的社论则更加尖锐。明治二十五年（1892）十一月，《日本之法律》刊载题为《论法典施行调查委员会及现内阁》的社论。作者信冈雄四郎声称他亲耳听闻伊藤博文在法典施行调查会中，作过如下一番演讲：

> 首相伊藤博文在法典施行调查委员会上说，对于法典问题，内阁的态度素来是明确的。今天特地邀请诸位委员来开会，并不是为烦请各位讨论法典断行的利害得失，而是希望大家来研究一下，如果法典一部分断行、一部分延期，这样的做法会不会导致学理上的自相矛盾。无论委员会的最终决议如何，都丝毫不能撼动已经确定的内阁决议，不过，虽然内阁决议执行自身之所信，但为慎重缜密起见，特别希望各位在学理方面的讨论可以作为内

---

① 《法典取调委员会任命事情》，明治二十五年（1892）十月七日，《新闻集成明治编年史》第八卷，第308页。

阁的参考。失礼之处，请各位不要见怪。①

就此而言，在《日本之法律》看来，伊藤内阁早已下定决心，部分施行法典。所谓法典施行调查会，不过是为内阁部分施行法典的主张寻找依据。于此，也可略见时人对该调查会的一般认识。

《明治法律学校学报》的评论则直接点明，政府此举意味着公然反对议会决议。其文曰：

> 　　法典延期法案距离第四次帝国议会开设不过数月之际，仍未获得通过。此时，政府反而无端任命调查委员，顿时引起舆论的沸腾。有的认为此举是政府蔑视议会的表现，有的认为此举是政府违反宪法的所为，有的认为此举是政府采取的姑息之策，有的认为此举意味着政府将自身责任推卸给调查委员。报纸上每天都在攻击政府，但满天下竟然没有一个人赞成此次政府的举措。呜呼！是耶？非耶？直耶？曲耶？②

面对漫天舆论，议会法典延期派也开始担忧政府有可能利用法典施行调查委员会反对议会决议案，断行法典。并且，他们也深知云集了维新以来功勋元老的伊藤内阁，绝非前任松方内阁可比，完全有实力将之付诸实践。于是，十月十四日，在经过反复考虑之后，身为法典延期派领袖的贵族院议员谷干城，最终还是决定直接致信伊藤博

---

① 信冈雄四郎：《法典施行取調委員を論じて現内閣に及ぶ》，《日本之法律》第四卷十一号（明治二十五年［1892］十一月），村上一博编：《〈日本之法律〉にみる法典論争関係（五）》，《法律論叢》，2011 年 2 月，第 246 页。

② 《法典取調委員の任命》，《明法誌叢》第八号（明治二十五年［1892］十月二十一日），村上一博编：《〈明治法律学校機関誌〉にみる法典論争関係記事（六・完）》，《法律論叢》，2010 年 9 月，第 387 页。

文。谷干城以相当委婉的方式表达了他对设置民法商法施行调查会的疑虑，他在信中写道：尽管对于设置民法商法施行调查委员会的"是非我不敢判断"，但是，"政府如若想博得好名声"，消弭舆论的种种猜测，需要对外宣布如下两点，即第一，"此次设置委员会并非猜疑议会之决议而命令调查，故丝毫不会因此委员会之报告而决定法典的断行、延期"；第二，设置该委员会主要是政府"在向天皇上奏（议会通过的）法律延期案时，需要准备资料以奉答陛下咨询"。[①] 采取这种以退为进的方式，谷干城实际上是希望伊藤博文能够明确表态，"议院决议案与设置委员会之间没有关联"，设置委员会并非为堵议会之口，而是为应答天皇的咨询准备材料。

事实上，比起法典究竟是断行还是延期来，让谷干城更感忧虑的是，设置法典施行委员会非但无助于解决法典问题，甚至有可能伤及明治宪法体制的根本。在信中，他接着写道：

　　法典延期案应尽快上奏裁可。对国家来说，上奏乃老兄等之责任；对政府来说，上奏乃众望所归。若与此相反，于暗处发力做出反对议院决议之举动，恐怕会造成政府破坏立宪政体的后果。老兄信奉的施泰因先生曾忠告曰：宪法成时必分党派，保守党立于宪法之右，改进党立于宪法之左，双方皆有可能伤及宪法。如今的状况下，看起来现政府多与立于宪法之右者成为盟友，但老兄乃宪法之起草者，并不与脑髓中充满封建思想的保守派持相同意见，至少我认为您是这样的。然而，在多数右党的环绕中，我理解您打算采取中立路线的困难程度，但仍希望您能三思而后行。若果真以有关天皇敕令的规定否定议会决议，则宪法

① 《谷干城書翰伊藤博文宛》，明治二十五年（1892）十月十四日，《伊藤博文関係文書》第六卷，東京：塙書房，1979年，第166页。

将失去中立而偏右，我如是观。①

在谷干城看来，明治宪法体制的核心精神在于"采取中立路线"，使议会与政府处于某种平衡的状态。若伊藤内阁果真打着学术中立的幌子断行法典，实质上是以实力为后盾公然无视议会。如此一来，必然打破议会与政府之间本来应有的平衡，导致整个明治宪法体制陷入危机。因此，他提醒伊藤博文，身为宪法起草者，伊藤有责任守护明治宪法精神，在施政中应当尽量采取中立路线。

面对议会与社会舆论的种种猜疑，为展示政府重新审议法典的公正态度，伊藤内阁在委员会人员构成的选择上格外慎重。伊藤内阁最终决定，法典施行调查委员会由十二名政府指定的专业法律从业者及一名议长构成。在人选上，伊藤内阁力图做到不偏不倚，十二名法律专业人士，延期派和断行派人数各半，且所选委员皆是法典论争中的领军人物或实力派人物。其中，延期派成员包括富井政章、木下广次、松野贞一郎、穗积八束、村田保；断行派成员包括小畑美稻、熊野敏三、横田国臣、本尾敬三郎、梅谦次郎、长谷川乔、岸本辰雄。

尽管伊藤内阁在委员人选上如此谨慎，可是，最终还是未能避免议会对法典施行委员会公正性的质疑。十月七日，民法商法实施调查委员会正式开会，议员出身的调查会委员便首先就委员人选问题发难。根据贵族院议员村田保的回忆，当日的情况如下：

开会的第一天，伊藤总理也亲自出席，各委员无一人缺席悉数到场。总理大臣陈述设置此次委员会的目的，即就民法商法

---

① 《谷干城書翰伊藤博文宛》，明治二十五年（1892）十月十四日，第166—167页。

是如此般实施还是进行修正征求委员意见。我（村田保）开口就说：此次委员的选定甚不得当，因为十三位委员中断行派七人、修正派六人。本来断行、延期人数相同，但西园寺委员长为断行派，势必会同意断行，如此明了的形势下没有开会的必要。且帝国议会决定修正，政府却因循守旧，踌躇于是否修正。此举反映了政府轻蔑帝国议会、无视宪法，我等在此一点上无法苟同。[①]

在村田保看来，委员会表面上断行派、延期派各占六席，势均力敌；但是，委员长这一关键职位却是由支持法典断行的西园寺公望出任，这导致断行派在人数上占优。《东京日日新闻》在次日的报道中，也表达了相似的疑虑。其文曰：

> 即使从西园寺委员长在贵族院的言论来看，无法判明他属于断行派抑或延期派，但鉴于他曾在私人场合对他人明示自己希望断行法典之意见，或可算为断行派之一人。这样一来，此次调查委员会从延期、断行两派各选拔六人，若其首座委员长主张断行，则从开始之时断行派就占据了一人的多数。延期派的委员应异口同声主张，本来这次的委员长就并非从事先选定的委员中选任，但鉴于已被政府任命，则希望政府决定委员长没有投票权，态度应卓然中立于双方之间，仅以主席身份，安排议事程序为好。[②]

为了消除各方疑虑，西园寺公望多次表示，"他身为委员长，不会参

---

① 広中俊雄编：《第九回帝国議会の民法審議》，東京：有斐閣，1986 年，第 7 页。
② 《法典委員初集會と西園寺委員長》，明治二十五年（1892）十月八日，《新聞集成明治編年史》第八卷，第 309 页。

加表决”“仅负责会议内容的整理和报告工作”。①

　　事实上，选择西园寺公望出任委员长，可谓是伊藤内阁煞费苦心之举。西园寺公望留学法国多年，深受自由民权思想之影响，属于华族中的开明派。由其出任委员长一职，比较容易被议会接受。更为重要的是，西园寺公望与伊藤博文关系密切。西园寺曾经追随伊藤博文赴欧洲调查宪法，“在调查法国法制的过程中，获得了伊藤博文的知遇”②，自此被引为心腹。在后来为重新编纂民法而成立的法典调查会中，西园寺担任副总裁，在绝大多数时间内，实际上代表伊藤博文履行其总裁的职责。因此，由西园寺出任委员长是比较容易为议会和政府双方接纳的方案。

　　在十月七日首次会议上，西园寺公望有一番颇耐人寻味的发言，他说：

> 　　我既然身为委员长，在今日的情势下不会主张断行，请各位委员安心。既然大家来此，就要彼此互信，安心出席会议。我身为断行派的一员但不会主张断行，认为民法商法有修正的必要。③

即便是身为委员长，应当保持态度中立，但在讨论尚未展开之前，就决然表态“不会主张断行”。如此突然之举，不能不让人感到奇怪。不过，如果考虑到西园寺与伊藤博文的特殊关系，那么，这段出人意料的发言就不能简单地视为西园寺个人的态度，西园寺背后隐含着伊藤内阁的立场，它实际上是伊藤内阁向议会释放的一个信号。透

---

① 高橋良彰：《"民法商法施行調査委員会"関係資料》，第132页。
② 伊藤之雄：《元老西園寺公望——古希からの挑戦》，東京：文藝春秋，2007年，第61页。
③ 広中俊雄編：《第九回帝国議会の民法審議》，第7页。

过西园寺的发言，伊藤内阁试图告诉议会，他们最为担忧的事情不会发生，政府并不打算公然无视议会断行法典，把局势推至极端，破坏明治宪法体制本来具有的平衡关系。事实上，政府设立法典施行委员会，不过是要在部分施行、部分延期，与完全延期之间做出权衡。

以设置法典施行调查委员会的方式消弭各方分歧的策略，在一定程度上，部分奏效。根据《民法商法施行调查委员会报告书》（十月八日至十月十三日）①，经过几天的讨论，委员们在商法问题上达成一致，赞同商法部分延期、部分断行的主张。但是，在民法问题上，委员会成员却始终未能取得一致，一半的委员支持民法全部延期修正，另外一半委员则主张民法人事编和财产取得编第十三章以后的部分延期，其余部分立即施行。这一结果表明，断行、延期两派在民法问题上的矛盾依然不可化解。

在此种情况下，十月二十六日，西园寺公望最终决定，"当议事提案无法获得多数通过、赞成票与反对票数量相同时，由委员长进行最终裁决"。②这意味着，伊藤内阁试图以学术讨论的方式消弭政治分歧的做法没有彻底解决问题，民法究竟是延期还是部分延期这一难题，又被抛回政府一边，西园寺背后的伊藤博文仍然只能以政治决断的方式解决问题。在这个意义上来说，伊藤博文成为民法典命运的最终决定者。

二、伊藤内阁决定实施民法延期修正案

经过一个月的踌躇，明治二十五年（1892）十一月二十四日，在

---

① 《民法商法施行調査委員会報告書》，高橋良彰：《"民法商法施行調査委員会" 関係資料》，第 107—113 页。
② 高橋良彰：《"民法商法施行調査委員会" 関係資料》，第 132 页。

召开第四次帝国议会敕诏下达的前一天，政府在官报上公布了第三次帝国议会通过的法典延期法案（明治二十五年法律第八号）：

> 为修正明治二十三年法律第二十八号民法财产编、财产取得编、债权担保编、证据编，同年三月法律第三十二号商法，同年八月法律第五十九号商法施行条例，同年十月法律第九十七号法例，第九十八号民法财产取得编、人事编，将其延期至明治二十九年十二月三十一日。但如果完成修正，即使在本文期限内，也得以施行。①

至此，法典延期法案经过两届议会的波折，最终获得了合法性。然而，有意思的是，就在公布法典延期案的同日，伊藤内阁上奏《商法及商法施行条例中改正并施行法律案》，请求将之交付帝国议会审议。事实上，在法典施行委员会一致赞同商法部分施行后，伊藤内阁就开始为商法部分施行做准备，责成委员会对准备部分施行的商法进行"微调"。仅用了短短一个月的时间，伊藤内阁就拿出了商法修正案。紧接着，十一月二十九日，第四次帝国议会召开当日，伊藤内阁即向贵族院提出商法部分施行、部分延期的法律案，并于十二月二十日获得通过。如此戏剧性的转变，当时的舆论界也不得不为之惊叹：

> 政府于第四次议会劈头，提出的第一个议案，即向贵族院提交商法中改正并实施法律案。其中要求对商法中商事会社、票

---

① 《法典实施の延期、商法の改正施行》，《明法誌叢》第十号（明治二十五年［1892］十二月二十四日），村上一博编：《〈明治法律学校機関誌〉にみる法典論争関係記事（六·完）》，第388页。

据、破产部分进行细微修正，于明年即二十六年一月一日起施行。作为明治二十三年延期法案提出主体的贵族院针对该法律案进行了微调，将其施行期限改为七月一日，无异议通过此法案。会社、票据、破产相关规定乃商法之骨髓，此部分的实施意味着商法的全部实施。那些曾经迎合奸商滑贾的口味，借民众舆论之口倡导延期说的人士，却至今寂然无声；过去倡导商法不完不备、嚣嚣论及商法改正之人士，如今反而赞同该法律案。短短数月前认为没必要实施的法典，怎能到如今就被认为有必要了呢？区区字句的修正删改，能将不完全的商法规定补充完全吗？过去认为全部实施没必要、不完全，如今怎能认可一部分施行的必要性、完全性呢？令吾辈觉得颇为不可思议。但是，议会议员以语言和行动证明了此种做法的可思议性。[1]

实际上，伊藤内阁这些看似先后矛盾的举动，自有其道理。上奏议会通过的法典延期案，不过是政府避免与议会正面冲突的策略，并不意味着政府完全认可了议会法典延期的主张。另一方面，伊藤内阁又以天皇的名义将商法部分施行案提交议会审议，希望议会能够从中领会到政府部分施行商法的决心。事件随后的发展，也证明了政府这套看似自相矛盾的行动策略是行之有效的。次年二月二十三日，两院正式通过商法部分施行法律案，政府的意志得以贯彻。

尽管伊藤内阁在第四次帝国议会会期并没有提出民法部分施行的法律案，不过，根据商法由全部延期到部分施行的历史过程，如果伊藤内阁选择部分施行民法，也并非没有实现的可能。这样看来，民法最终全部延期，恐怕也并非完全出于议会的意志，根本上还是基于伊

---

① 《法典实施の延期、商法の改正施行》，第 388 页。

藤内阁对民法的考量。

对于民法延期战的议会决议，伊藤内阁利用议会"协赞"权的宪法原则将其暂缓，设立法典施行调查委员会重新评估法典的价值。此举可以视为对于明治宪法的灵活应用，可以看出伊藤对于知识与权力关系的平衡运用，利用知识为决策寻找依据，将民法是否延期的政治决断权力抓在内阁手中，掌握旧民法的命运，以此应对议会通过的民法商法延期法案。

第四章　明治民法起草过程中的政治家与法学界

　　旧民法与明治民法相比，从体例上来说，前者参照法国民法典的体例，而后者则参照德国的潘德克顿民法体例，"历来民法的编别或采用罗马式或采用德国式。罗马式的编别以罗马法学家的法律思想为胚胎。罗马法学家将民法分为人的法、物的法、诉讼法。法兰西民法则以此区别为模板，分为第一编人事、第二编财产及财产所有的种类、第三编财产所有权利取得之方法三编，另设总则"。[①] "博瓦索纳德认为法国民法财产取得编涉及内容过于广泛，把它分割开，形成了独特的五编制。这样，旧民法由人事编、财产编（物权、债权总论和违法行为）、财产取得编（契约法和继承法）、债权担保编（担保物权和保证等）、证据编（时效及其他）五编构成。"[②] 而明治民法则采用德国式，分为总则、物权编和债权编、亲族编和继承。如此编排，意味着明治民法不但参照了法国法的立法原理，而且将德国法的内容纳入了立法参照的考量范围之内。这种做法形成于由伊藤博文领导的明治民法调查委员会。

① 仁井田益太郎:《旧民法》，東京：日本評論社，1943年，第9页。
② 何勤华、曲阳:《传统与近代性之间——〈日本民法典〉编纂过程与问题研究》，《清华法治论衡》，2001年，第266页。

第一节　伊藤博文与法典调查会

伊藤博文是明治时代继大久保利通之后最重要的藩阀政治家。他被誉为"明治宪法之父"，其位于横须贺市的夏岛别墅也被称为"明治宪法草案起草之地"。明治二十年（1887），伊藤博文、井上毅、伊东巳代治、金子坚太郎曾在此起草明治宪法，此段历史已广为世人所知。但是，鲜少有人知道，伊藤博文还拥有一栋位于小田原市的别墅，名为沧浪阁。迄今为止，其旧址上依然矗立着一座纪念碑，上书明治"民法的发祥地"。明治二十七年（1894），伊藤博文以法典调查会总裁的身份，邀请穗积陈重、梅谦次郎、富井政章三位起草委员，居于沧浪阁半年，起草明治民法，故而得名。正如在纪念伊藤博文去世20周年的演讲集中，富井政章所言，论及伊藤公对明治立法事业的功绩，"世人仅知道他为制定宪法、确立帝室制度鞠躬尽瘁。相反，他对法典编纂做出的贡献却至今未引起世人的注意"。①

一、伊藤博文的民法立法观

伊藤博文对于民法立法问题的思考，开始于他对条约改正问题的考察，明治二十年（1887）发表《裁判权条约意见书》，可以视作他对此问题最初看法的表达。因此，这份文件仍不失为我们重新解读伊藤博文民法立法观的重要切入点。其中，伊藤博文曾建议，在签订新的外交条约时，可以承诺外国编纂成文化的法典，却不可承诺编纂与行政相关的法律规则；可以承诺在法典公布或修改的八个月前，将其英文副本提交外国政府，却不可承诺行政诸规则也依此行事。为什

---

① 富井政章：《法典編纂と伊藤博文》，国民新聞編輯局编：《伊藤博文公》，東京：啓成社，1930年，第23页。

么伊藤博文要特别区分行政法规和法典呢？对此，他自己是这样表述的：

> 盖如刑法、治罪法、民法、商法、诉讼法，可以称之为一国的大法，不容易发生变动。但是行政诸种法律规则要依据时势变异、国家需要、民度消长而变化，仅仅在年月之间就需要经过数次更改，这是为了实现开明的政治前景所不可避免的常态。……如果行政诸规则如五法一般不容易改正，则将来我国必然失去行政上的能动性，如死水一般。①

伊藤博文把刑法、治罪法、民法、商法、诉讼法等法典归为一类，强调其编纂的稳定性；而认为"行政诸种法律规则"有别于"一国的大法"，强调其立法的灵活性。伊藤博文为何从灵活性的角度来对法律作出区分？又为何要单单强调行政法的立法灵活性？这些问题在《裁判权条约意见书》并没有得到明确的回答。要追究伊藤博文此一区分的深层含义，尚需从他对明治国家制度建设构想的根本立足点——"行政国家"的理念谈起。

伊藤博文对于国家制度设计的整体构想可以概括为，在宪政体制下，建立一个行政权优位于立法权和司法权的"行政国家"。根据泷井一博的研究，这种观念萌生于伊藤博文在明治十五年（1882）至明治十六年（1883）间所进行的欧洲宪法调查。在此期间，伊藤师从现代行政学的创始人施泰因（Lorenz von Stein，1815—1890），意识到"要建设立宪政治的完整形态，仅仅制定宪法是不够的。应该将宪法视为整体国家构造的一个环节，在更广阔的视野下展望整体国家制度

---

① 《伊藤伯裁判権条约意見書》，《秘书類纂：外交篇》上卷，東京：秘书類纂刊行会，1936年，第11—12页。

的改革"。① 其中，"行政是'主持邦国生命的机构'，它在整体国家制度的脉络中处于至高地位"②。

伊藤博文的"行政国家"制度建设构想最终落实到了《大日本帝国宪法》。在《大日本帝国宪法》第九条中有如下规定：

> 天皇为执行法律或保持公共安宁秩序及增进臣民之幸福，得发布或使令政府发布必要之命令，但不得以命令改变法律。

在他组织编纂的《宪法义解》中明确指出，该条款"揭示了行政命令之大权"③。具体说来，"法律必经议会协赞"；而行政命令因为是"属于天皇的行政大权，得以不必经过立法的程序，而制定一般遵守的规定"。④ 不过，《宪法义解》也指出，"命令不可变更法律"，而"法律可以变更命令"。⑤ 照此看来，似乎政府的"行政命令"被置于议会通过的"法律"之下，政府需要依法运用行政命令。

然而，进一步往下读，我们就会发现，明治宪法第九条尚隐藏着另外一层深意。在《宪法义解》对该条的解释后面，还有这样一则附记：

> 所谓行政者，不仅要执行法律的条规。原因在于，法律仅具有作为普通的准绳、制定大则的能力，而不能体现在万殊事物的活动中逐一对应的权宜之计。就像一个人预先明确的心志虽然可

① 瀧井一博：《ドイツ国家学と明治国制——シュタイン国家学の軌跡》，東京：ミネルヴァ書房，第 202 页。
② 瀧井一博：《文明史のなかの明治憲法》，東京：講談社，2003 年，第 120 页。
③ 伊藤博文：《憲法義解》，宮沢俊義校注，東京：岩波書店，1963 年，第 34 页。
④ 伊藤博文：《憲法義解》，第 34 页。
⑤ 伊藤博文：《憲法義解》，第 34 页。

以指导行动的方向，却无法顺应变化无穷的事绪、随机应变，有必要考虑临时应对的方策。如若行政仅限于执行法律，国家在法律有所缺失的部分则会失去履行职责的本分。所以命令不能仅发挥执行法律的作用，必须要顺应时宜，才可发扬法律固有的宗旨。①

法律因其稳定的特性，能够为国家制度奠定"指导行动的方向"；行政命令则由于具有相当的灵活性，而能够顺应变动不居的时势制定"临时应对的方策"。这则附记对于法律与行政命令之间关系的处理，并不着眼于法律体系的位阶关系，而是从国家制度建设中二者所发挥的作用来加以把握。如此，我们也能够理解伊藤博文在《裁判权条约意见书》把"行政诸种法律规则"与刑法、民法、商法等"一国大法"区分开来的缘由。从这一国家制度建设的视角出发，不难看出法律与行政命令之间本来应有的上下位阶关系被模糊掉了，所凸显出来的则是一种相辅相成、相互补足的并立关系。在这个意义上，可以说在《宪法义解》的解释框架中，明治宪法第九条所体现的意义并不是把行政命令置于法律之下，而是将之置于法律之外。

同时，也应当注意到，这种将法律与行政命令置于并立关系中加以把握的方式，暗含着对法律与行政命令管辖范围的划分。法律发挥指导性作用，适用于制定国家发展的"普通准绳""大则"；行政命令则针对具体实践中遇到的问题制定政策，为变化万千的时势提供"权宜之计"。这个认识暗示着，在"行政国家"的建立过程中，为了保证行政能够顺应时宜、充分发挥作用，恐怕需要对立法的范围作出一定的限制，将之局限在普遍准则和方针的层面上。这一点后来在对民

① 伊藤博文：《宪法义解》，第35—36页。

法的考虑中展露无遗。

通过以上分析，伊藤博文对于立法问题的思考，是以"行政国家"的制度建设构想为基点的。从这一基点出发，对于包括民法立法在内的法典编纂问题，伊藤是以行政权与立法权的关系作为考量的机轴。

众所周知，旧民法是以法国民法典为蓝本起草而成的。一八○四年的法国民法典建立在"市民社会"的国家构想基础上。它假定存在一个人类在形式上、实质上皆平等、自由的市民社会，而主权国家是市民社会按照社会契约论的原则、个人向集体转让自己一部分权利而形成的共同体。社会和国家是一元的、统一的整体。从这个意义上说，这部法典确立的三项著名原则——自由和平等原则、所有权原则、契约自治原则——不但是市民社会的基本规范，而且是有能力限制国家行政权力的法律制度。与此相对，伊藤博文的立法理念却是建立在行政权优位的"行政国家"基础之上，难怪在旧民法颁布后所引发的法典论争中，他一改从前条约改正时期对旧民法的支持态度，态度鲜明地站在了延期派的立场上。

明治二十五年（1892）四月末到五月初，伊藤博文派的机关报《东京日日新闻》，以十篇社论连载《民法修正论》[①]，反对旧民法，要求对其进行修正。《民法修正论》是否可以视作伊藤博文的主张呢？事实上，当时就有人指出了这一点。当时的报纸《国民新闻》在对《民法修正论》进行评论时说道："令人惊讶的是，在法典问题上，《东京日日新闻》站在了政府的对立面上。……（《民法修正论》）中拥护宪法等主张宛然是小田原伯的口吻。吾人虽然不确定《东京日日新闻》是否隶属于伊藤博文的机关报，但是却认为《东京日日新闻》

---

① 这十篇社论分别刊载于《東京日日新聞》1892年4月22日—24日、4月26—30日、5月1日、5月3日。

展示了伊藤博文公对于法典问题和现内阁的看法。"① 当代研究也从不同侧面，印证了《国民新闻》的看法。日本家族法学大家有地亨就指出："《东京日日新闻》在法典论争中，始终主张延期，对此积极宣传，此乃周知的事实。这件事情可能显示了伊藤公及其智囊团也站在民法延期的立场上。"② 依田精一教授通过分析法典论争期间政府系报纸也发现，《东京日日新闻》对法典问题的立场以伊东巳代治收购为界限，发生了很大变化。自伊东收购以后，"《东京日日新闻》的主张明确代表了对于法典问题进行重新思考的伊藤、伊东路线"。③ 在上述认识的基础之上，有理由推测，尽管《民法修正论》并非由伊藤博文亲自执笔，但是该系列论文在一定程度上可以视作代表伊藤博文在民法典论争期间对于民法的认识。因此，本文将以《民法修正论》作为主要分析对象，探讨伊藤博文的民法立法观。

《民法修正论》是从行政命令与法律的关系这样一个独特的出发点，展开它对于民法问题的讨论。论文旗帜鲜明地打出"独立命令"这个概念，并提出：

> 独立命令以宪法第九条的大权为渊源，实际上是国家行政权的枢轴。④

此一命题包含着两层意味，其一是在法理层面上，确立行政命令与法律的并立关系；其二是在政治实践中，确立起行政命令在国家制度

---

① 村上一博编：《資料　東京日々新聞の旧民法批判》，《法律論叢》，2004 年 3 月，第 208 页。
② 有地亨：《明治民法起草の方針などに関する若干の資料とその検討》，《法政研究》，1971 年 1 月，第 120 页。
③ 依田精一：《法典論争と明治憲法体制——政府系新聞を資料として》，《東京経大学会誌》，1976 年 3 月，第 255 页。
④ 《民法修正論（三）民法と行政命令（上）》，《東京日日新聞》明治二十五年（1892）四月二十四日。

建设中的枢纽地位。《民法修正论》随后沿着这两个方向展开了详细论证。

首先让我们来看法理层面的讨论。《民法修正论》中写道：

> 帝国宪法规定行政命令的独立，为维持公共安全或增进臣民幸福，只要不变更法律，政府即可以发布与法律并行的命令，或者说保留发布命令的大权。因此，我国在地方政务、行政诉讼、财政、警察、劝业等方面皆是法律与命令并行，可以兼顾规定的慎重性和行使的灵活性。①

不难看出，这一表述实际上是沿着《宪法义解》的思路而来。值得注意的是，《宪法义解》中有关法律与行政命令之间存在上下位阶关系的表述，在这里已经完全看不到了。《民法修正论》从强调行政命令独立的角度，明确指出这种独立性的保证端赖于"法律与命令并行"。这意味着，《民法修正论》承认在行政权的行使中，行政命令与法律具有同样的效力，进一步确认了行政命令与法律的并行关系。

接下来，《民法修正论》着重论证了行政命令与法律之间的这种并行关系在法理上的依据。从法源的角度，《民法修正论》通过对明治宪法根本宗旨的阐释，否定了法律与行政命令的上下位阶关系，由此将行政命令独立于法律之外。《民法修正论》解释说：

> 根据帝国宪法的明确主旨，君主统治的大权为一切权力的本源，无论宪法还是法律都是君主统治大权注入的结果。没有君主

---

① 《民法修正論（二）民法と憲法の撞着》，《東京日日新聞》明治二十五年（1892）四月二十三日。

统治大权的准许和保护，一切权利不可能存在。①

《民法修正论》将君主统治大权置于日本帝国一切权力的本源之处，这就意味着，并非宪法和法律赋予君主统治大权以合法性，恰恰相反，正是君主统治大权的注入才使得宪法及一切法律有了正当性。政府所发布行政命令乃是天皇统治大权对政府的委任，因此，其正当性来源亦可视作君主统治大权注入的结果，而非宪法所赋予。这样一来，《民法修正论》就从法源上否认了行政命令与包括宪法在内一切法律之间存在隶属关系，从而确立了行政命令位于法律之外的独立性。

在理论层面上将行政命令与宪法、法律一同视为君主统治大权注入之结果的基础上，《民法修正论》更举出日本现行地方制度为例，试图把这一论点建立在更为坚实的基础上。《民法修正论》进一步论述道：

> 市制中，委任于市会议决的事务（第三十条）、委任于市参事会处理的事务（第六十四条）、市长掌管的事务（第七十四条）、需要强行增加预算支出的事务（第一百一十八条），皆明确规定需要依据法律、敕令或者命令。府县制、郡制②皆如此，都明确规定法律和命令并行。而且，根据行政裁判法规定，认定其所管辖的事件可以依据法律和敕令（第十五条），这意味着

---

① 《民法修正論（二）民法と憲法の撞着》。
② 《市制·町村制》（明治二十一年法律第一号）、《府県制》（明治二十三年法律第三十五号）、《郡制》（明治二十三年法律第三十六号），三者合在一起，构成了明治时期地方自治制度的法律规定。不过，严格说来，《市制·町村制》是《大日本帝国宪法》尚未成立前发布的，虽名为法律，实质却相当于行政命令。《府县制》和《郡制》却是在第一次山县有朋内阁时期，经过第一次帝国议会协赞而通过的法律。

法、令二者皆是与国家行政相伴的准则。还有，法律规定了对违反行政命令所要施加的惩罚（明治二十三年法律第八十四号），这意味着赋予命令以制裁权，使其保有独立的效力，使命令成为行政的准则。这些皆来源于宪法第九条的精神。[①]

日本现行的市、府、县、郡等地方制度中，皆明确规定了政府行使行政权秉持法律和命令并行的原则。另外，违反行政命令如同违反法律一般，同样要受到制裁。由于在法源上否定了行政命令的正当性来源于法律规定，《民法修正论》并不将上述情况视为行政命令需要依法行使的表现，相反，它认为这些都体现出"法、令二者皆是与国家行政相伴的准则"，是天皇的统治大权赋予行政命令与法律同样的效力的结果。这就意味着，行政命令实质上被理解为独立于法律之外，政府行使行政权的另外一种方式。

《民法修正论》并不满足于在法理层面上确认行政命令与法律的并立关系，它试图更进一步，在政治实践层面上，确立行政命令在国家制度建设中的枢纽地位。对此，它解释道：

> 行政权的独立作用，是国家的进步和帮助民间事业的发展所不可或缺的。如果将之委任给法律规定，往往会阻碍行政权的灵活行使。议院或者说政党间为私益发生冲突的事件不胜枚举，难保不会发生因私益终止公益的突发状况。而且，即使议院可以做出合乎公益、公平无私的议决，也难保不会因为迁延时日错失良机，使得公益最终不得其所。[②]

---

① 《民法修正論（三）民法と行政命令（上）》。
② 《民法修正論（四）民法と行政命令（中）》，《東京日日新聞》明治二十五年（1892）四月二十六日。

《民法修正论》从这样一个有意思的立场出发，即制定法律的议会不过是私益的集合体。如此一来，议会在制定法律时，即便不会因私废公，恐怕也很有可能贻误甚至错失公益施行的良机。由于对议会立法的不信任，行政权的重要性就被凸显出来，被视作国家进步、社会发展不可或缺的要素。这背后所隐含着的，自然是把政府视为公益的代表这种认识。保证"行政权的独立性"便是为了避免私益侵害公益。从这种意义上说，出于国家和社会公益的考量，在国家政治活动中，行政权比立法权更为重要；在行使行政权的时候，行政命令比法律更为重要。

根据以上的分析，可以看出，尽管在法理上行政命令与法律被视为并立关系，同样是君主统治大权注入的结果；但是，在国家制度建设或者说国家政治活动中，出于公益的考量，行政权、行政命令比立法权、法律来得更为重要。这就意味着，行政权优位于立法权，行政命令的行使优位于法律的执行，伊藤博文建立"行政国家"的制度构想逻辑已然清晰可见。

沿着上述逻辑，《民法修正论》继续往下论述，走向了其逻辑的归宿点：为了确保行政权的独立性，让行政命令在国家政治活动中充分发挥作用，立法权需要受到一定限制。对此，它有如下一番表述：

如若希望国家的行政权充分发挥作用，法律仅需要在明确公权结构及保障私权方面进行必要的规定即可，以确保独立命令可以自由发挥作用。而宪法已然制定了必要法律规定。其他事项只有主要委任于行政命令的行使，方能显示行政权独立的本色。不然，行政权则成为法律的奴仆，无法完全发挥作用，以达到维持纲纪、发展进步的目的。而且，行政权的性质也并非等同于行政

　　法规，虽然行政权需要以行政法规为准则。①

只有限制立法权，才能使行政权不成为法律的奴仆，为行政命令的行使留有足够空间。在此，《民法修正论》赋予了《宪法义解》中原本暗含的限制法律的想法以具体内涵。在《宪法义解》中，所谓不可事无巨细、仅可有关普遍准则和大政方针的法律制定原则，在《民法修正论》中被具体化为"法律仅需要在明确公权结构及保障私权方面进行必要的规定即可"。

　　这一有关法律之限度的具体认知对于处理私权利的民法来说极为关键，它更透露出伊藤博文对于民法立法的基本看法：民法虽然需要在保障私权方面进行必要的规定，但是一旦有关私权的规定涉及行政权的行使问题，则不属于民法的立法范畴。从充分保障政府行政权的角度来衡量旧民法的内容时，很容易发现，以法国民法典为蓝本的旧民法对于私权概念的界定太过绝对，针对具体情况所作出的规定也是巨细靡遗。如此这般法律条规对于触及私权的行政权而言造成相当大的限制，不但大大压缩了行政命令的管辖范围，将行政命令置于法律之下；甚至还明确规定了某些行政法的制定原则，限制了行政法的立法空间。凡此种种，皆构成了政府充分行使行政权的障碍。

　　正由于此，在厘清行政命令与法律、行政权与立法权、立法之限度等问题之后，《民法修正论》围绕民法立法与行政权的关系，正式展开有关民法的论述。具体而言，《民法修正论》从警察权、劝业权、公共事务管理权、公用征收权等四个行政权的主要范畴，对旧民法逐一展开批判。

---

① 《民法修正論（四）民法と行政命令（中）》。

第一，旧民法对"所有权"的界定具有绝对性，缩小了行政权的基本范畴——警察权。《民法修正论》指出，警察权在行使过程中会发生各种意料之外的状况，因此需要"因时间、地点、机宜不同而发生变化，权衡警察权行使的范围及目的"[1]。为预防危害发生，在没有相关法律规定的领域内需要限制所有权的情况，也很有可能出现。然而，根据旧民法财产编第三十条规定，除所有权者的自由意志外，没有法律规定则不能限制所有权。这意味着，如果不存在相关领域的法律规定，警察权则无法对所有权进行限制。[2]如此一来，警察权的使用范围会大大缩小。

第二，旧民法对"法人"作出绝对性的定义，导致政府的劝业工程无法顺利进行。行政权需要根据具体事宜在市町村下设立贫困者行业组合，或者茶叶、渔业、养蚕业同业组合。但是，旧民法人事编第五条规定，法人不经法律认可不得设立。这意味着，行业组合单单经过政府认可，无法享有拥有财产、签订契约的权利，从而无法展开正常的经济活动。这样一来，会导致政府的劝业事业无法正常进行，从而损害公益。[3]

第三，旧民法越俎代庖，对公共事务管理问题进行了详细的规定，侵害了行政权的管辖范畴。《民法修正论》指出，有关水利事业等公共事务的管理问题属于政府行政权的范畴，因此，理应由政府行政进行统筹，决定哪些问题该制定法律，哪些问题该委任于行政命令。但是，旧民法对上述问题进行了详细规定，"这意味着，将本来属于行政权的事项规定吸收到民法中，使其成为民事上的规定"。[4]这

---

[1]　《民法修正論（四）民法と行政命令（中）》。
[2]　《民法修正論（四）民法と行政命令（中）》。
[3]　《民法修正論（四）民法と行政命令（中）》。
[4]　《民法修正論（五）民法と行政命令（下）》，《東京日日新聞》明治二十五年（1892）四月二十七日。

种做法会混淆民事行为与行政权管辖范围的界限，妨碍行政权对公共事业的统筹规范管理。

第四，旧民法对动产和不动产的公用征收问题进行了详细的规定，妨碍了行政权限制私权的能动性。本来，宪法第二十七条已经确立了政府在以行政权进行公用征收时的基本准则，即不因公益不得要求强行让渡所有权，公用征收必须经过法律规定。[①] 而民法财产编第三十一条对此进行了更加详细的规定：把事先支付所有权者的赔偿金作为不动产公用征收的条件，限定无偿征收的范围，甚至规定租税征收的形式。[②] 这些规定皆导致政府无法根据实际需要确定公用征收的方式、方法和程序，妨碍行政权在公用征收领域的行使。

基于以上对《民法修正论》这一能够反映伊藤博文民法立法观的文件的分析，可以看出，伊藤博文之所以倒向延期派，是从民法与行政权关系出发作出的判断。他之所以认为旧民法需要修正，其原因并不在于民法本身，或者更确切地说并不在于旧民法中有关私权的规定存在问题，而是因为旧民法中涉及行政权的相关规定妨碍了行政权的行使。伊藤对民法立法的态度是，民法仅需在"保障私权方面进行必要的规定即可"，同时为保障政府在法律之外独立行使行政权，民法有关私权的规定不应当涉及行政权的行使问题。伊藤博文的这一民法立法观与其"行政国家"的制度构想是一脉相承的。

从这样的民法立法观出发审视以法国民法典为蓝本的旧民法，很容易发现，旧民法对于私权概念进行绝对性的定义，针对具体情况的

---

① 《大日本帝国宪法》第二十七条，日本臣民之所有权不得侵犯。因公益需要之必要处分，依法律之规定。

② 旧民法财产编第三十一条第一项，不动产的所有者经法律许可或宣告的公益需要而让渡所有权时，没有事先收到根据公用征收法规定的赔偿金支付前，不得强行要求其让渡所有权。第二项，动产的公用征收不依据每次指定的特别法，不得行使之。第三项，属于国家和官厅的先买权以及征收令指定的物的征收，和凶灾发生时对物的征收，不适用本条。

规定也巨细靡遗，这些法律条规对于触及私权的行政权造成相当大的限制，极大地缩减了行政命令的管辖范围，将行政命令置于法律之下。甚至，由于旧民法还明确规定某些行政法的制定原则，更限制了行政法的立法空间。凡此种种，均构成了政府充分行使行政权的障碍。正是由于旧民法与建立"行政国家"的总体国家制度建设构想之间存在抵触，在旧民法颁布后所引发的法典论争中，伊藤博文一改从前从条约改正角度出发对旧民法的支持态度，态度鲜明地站在了延期派的立场上，并在第二次伊藤博文内阁时期领导编纂了以德国民法典为母法的明治民法。

二、法典调查会的设置

如上所述，明治二十六年（1893）成立的第二次伊藤博文内阁虽然是所谓的元勋内阁，不过，连山县有朋都不得不承认，实际权力完全掌握在伊藤博文和井上馨手中。这使得此届内阁可以延续明治十五年（1882）以来明治政府的国是政策，全力完成条约改正。伊藤内阁的这一动向，引起民党的抵抗，甚至掀起了"条约励行运动"。鉴于第三次帝国议会民法商法延期的不利形势，伊藤博文最终决定顺应时势，于第四次议会召开前两日公布了民法商法延期案；在民法注定延期的同时，又在第四次议会上提出商法一部分施行案，并得到议会通过。至此，德国式的明治宪法和明治商法得以出台。为了建立行政权高于立法权的"行政国家"，伊藤博文又设立法典调查会，着手编纂德国式的明治民法。

（一）法典调查会的预备会议

为在法学知识框架内实现其政治目标，以德国式的民法为模板，立法新的民法，伊藤博文决定成立一个新的由专家与官僚组成的民法立法会议，即法典调查会。明治二十六年（1893）二月二十二日敕令第十一号发布了《法典调查会规则》^①，其中规定法典调查会属于内阁直接领导，并赋予总裁以规则制定权。这样，身为内阁总理大臣的伊藤博文，通过兼任法典调查会总裁，拥有了人事任免权，使其对法典调查会的控制合法化、制度化。

根据穗积陈重的回忆，"明治二十六年（1893）三月，内阁决定召开法典调查会，预定为法典调查会总裁的伊藤总理大臣首先会同内定的副总裁西园寺公望和委员箕作麟祥，在其位于永田町的官邸招待数名法学家，对于法典调查会大体方针进行咨询"。^②与会者中，包括明治民法的三位起草者：穗积陈重、富井政章和梅谦次郎。明治二十三年（1890）法典论争之际，穗积陈重发表《法典论》，对于法典编纂的实际运作和相应程序进行了详尽的说明。据此，他在预备会议中建议：

> 一、应该对法典进行根本性修正。二、法典的体裁应该采用潘德克顿法的形式，根据萨克森民法的编别。三、编纂方法采取分担起草、联合审议的方式。四、委员中设置主查委员、整理委员、起草委员（一人担任一编起草），共同完成总则编和法例的起草。五、各起草委员下设置辅助委员。六、委员中加入各学派的辩护士、实业家。七、议案分为事务相关议案、大体方针相关

---

① 《法典调查会规则》内容如下：第一条，法典调查会属于内阁总理大臣监督，调查审议民法、商法及附属法律。第二条，法典调查会设总裁、副总裁各一名，主查委员二十名以内、查定委员三十人以内。第三条，总裁、副总裁以敕任官充当。第四条，委员在高等行政官、司法官、帝国大学教授、帝国议会议员、有其他学识经验者中根据内阁总理大臣奏请任命。第五条，法典调查会议事及会务整理相关规则由内阁总理大臣确定。第六条，总裁控制议事进度，其决议向内阁总理大臣汇报。第七条，总裁有事时，由副总裁代理其事务。第八条，委员给予一年千元以内的津贴。第九条，法典调查会设书记，接受上级指挥，从事议事笔记记录及相关行政事务。（法务大臣官房司法法制调查部编：《日本近代立法资料丛书28》，东京：商事法务研究所，1986年，第40页。）

② 穗积陈重：《法窓夜话》，第351页。

议案和正规法条相关议案。[1]

之所以提出上述建议，是因为法典延期的时间相当有限，穗积
说道：

> 我之所以提出分担起草的方式，原因在于民法延期仅仅
> 三年，短时间内又不得不对其进行根本性修正，所以势必采用分
> 担起草的方式，模仿德意志帝国民法的起草方法，一人一编分别
> 起草，在总会上确定方针，各个起草委员再按照协定的方式制成
> 草案。再遴选头脑锐利明晰、内心细致周到的委员担任整理委
> 员，为各位起草委员起草的原案进行调和整理。[2]

由此可见，穗积陈重虽然留学英国，但其对民法立法的学术旨趣却是
德国式的。无论是起草方针，还是起草方法，他都建议模仿德意志帝
国民法，将之运用于本国的民法立法实践中。

富井政章考虑到三年的时间恐怕无法完成所有的工作，提出共同
起草的方式，即起草委员协议立案，以期法典的原则、体裁、行文一
致。他一再强调法典编纂不可过于急进，并认为如果有必要不妨再次
延期。

梅谦次郎并没来得及参加全部预备会议。明治二十六年（1893）
四月十七日，他致信伊藤博文，阐述了他的一些法律意见。

> 本日会议，小生因患病未能出席，敬请谅解。以下陈述我对
> 本日议事之愚见，若认为可行，请示之于议场。

---

① 穗積陳重：《法窓夜話》，第 352 页。
② 穗積陳重：《法窓夜話》，第 352 页。

　　一、有关民法各编顺序。总则如前几日略微陈述般，"亲族编"的编排方式我认为妥当。其理由前几日一应拜陈，故其中详情略而不谈，总之基于身份重于财产之缘故。反对者认为亲族编应该作为特别法，此言差矣。亲族法中所规定的身份即亲子、夫妇等皆为极普通之身份，而且亲族法中并非没有财产权相关之规定，仅影响到与各身份相关联之物权，而不会影响波及作为物权、人权之财产权，不能确定财产权相关之枝叶和主干此等财产权各部分之关系。所以并不能说亲族法乃特殊法，将民法视为财产法……

　　二、规程原案规定民法各编以每编条数起算。第一，令人质疑何故只要是民法，就要依照上述体裁编纂，小生认为此种方式颇为不便。其理由是法条援引时常常要写成或者念成某某编某某条，徒增手续之繁琐，而且若为改动，错误亦有可能随之而来。反对者认为此种方式改正之时便利，难言此乃出于实际考量。参考法德等改正商法之情况，若以条数贯彻始终，一再改正亦不见其改正痕迹，我认为民法、商法以条数为单位更为便利。但一编一编施行的情况下，我的意见是将亲族编设为第二编，而发布顺序后延，等各编别号码全部竣工之后再改条数数码，出于仿照法国民法典，原案可以各编分别设置号码，贯彻始终没有必要。

　　此乃我对今日议事内容的看法，将于议事会上说明，此仅供参考。起草委员会委员三名，前次开会略微讨论过其所决人选问题，所以小生等故意没有将其置于章程中，将听从总裁阁下命令。起草委员的选定将在很大程度上影响法典的未来，在我的位置上，考虑此问题有些僭越之嫌。我认为，可擢升每学派之学者一人，任命法国派富井、英国派菊池、德国派田部此三位。但菊池辩护士固可能不会同意，如此代之以穗积亦可。可令此三人完全抛弃他业从事起草直到两法典草案完全脱稿。

　　心怀尊敬之意供奉此建议，实乃出自于对国家之微衷，如有不足，敬请谅解。①

这封信对于了解法典调查会设置的目的及其人事安排，具有很重要的价值。从信中可以看出，永田町会议的初衷是制定修正民法的原则、方针。梅谦次郎致信伊藤博文的目的，就是希望伊藤博文对这些问题加以评判定夺。至于人事安排，梅谦次郎建议从英国派、法国派、德国派三个学派中各选一位学者参与法典起草工作，显示出此次立法试图调和各学派主张。从后来的安排来看，伊藤博文采纳了梅谦次郎的建议，不过，人选上略有变化。在法国派富井政章、英国派菊池武夫、德国派田部芳三位人选中，伊藤博文只选定了富井政章，另外两个人选则另有安排，分别选择了梅谦次郎和穗积陈重。梅谦次郎自然代表英国派。至于穗积陈重的任命，则颇有意味。在知识背景上，穗积陈重兼有英国、德国两派学统。② 梅谦次郎在推荐穗积时，是把他作为英国派菊池武夫的替代人选。然而，伊藤博文看中的似乎是穗积陈重的另外一面。最终确定的三位起草委员分别代表了不同的法学学统，富井政章代表法国法学派，梅谦次郎代表英国法学派，穗积陈重代表德国法学派。三位起草委员共同起草明治民法，伊藤博文此举应该是希望能够兼取欧洲各国之所长，制定日本的民法。

---

① 《梅谦次郎书翰伊藤博文宛》，明治二十六年（1893）四月十七日，《伊藤博文関係文書》第三卷，东京：塙书房，1979 年，第 175—176 页。
② "伦敦留学时代产生且令其终身难忘的法律体系和祖先祭祀、家制的信念构成了穗积陈重的两张脸，揭示了其法律进化论的本质。"（福島正夫编：《明治民法の制定と穂積文書：法典调查会穂積陳重博士関係文書の解説・目録および資料》，东京：民法成立過程研究会，1956 年，第 119 页。）在《法律进化论》中，穗积运用德国历史法学的学统解释各国法律进步演化的过程，可见其受德国法学派影响之深。

（二）伊藤对法典调查会的人事控制

作为调查会的总裁，伊藤将自己的主要关注点置于调查会人事安排上。不过，相关人事安排也并非其一人作出，常常需要与山县有朋沟通意见。作为当时内阁司法大臣、长州派阀中的另一大势力，山县参与法典调查会的人事实乃理所当然。明治二十六年（1893）三月四日，山县有朋致信伊藤博文，其中写道：

> 根据昨日谈话，法典取调委员姓名已附于别纸，呈上以供参考。请您取舍定夺。我的意见已跟您说过，请决断之，难道不能采用儿岛惟谦吗。担心民法调查会若成为民党巢窟该当如何，请考量之。①

山县有朋对于法典调查会表示出了一定程度的担忧，惧怕其成为民党的巢穴。伊藤博文应该与之有相同的感受，故而两人同时将其派系中的重要成员派驻法典调查会，包括伊藤系的三大天王伊东巳代治、金子坚太郎、末松谦澄，山县系的青浦奎吾。根据法典调查会的议事记录，这些人并没有热心参与法条设定的讨论，但是，他们的存在代表着伊藤和山县，同时也隐含着其背后的立法大原则。

与此同时，法典调查会的人事选任还掺杂进更多的政治性因素。例如，在法典调查会遴选委员之初，三好退藏致信伊藤博文：

> 拜启。今请任命中村元嘉为法典调查委员，不知您意下如何。当然，此请愿乃代表大审院对于法典之意愿。②

---

① 《山县有朋书翰伊藤博文宛》，明治二十六年（1893）三月四日，《伊藤博文関係文书》第八卷，東京：塙书房，1979 年，第 129 页。
② 《三好退藏书翰伊藤博文宛》，明治二十六年（1893）四月九日，《伊藤博文関係文書》第七卷，第 222 页。

其中体现出大审院在法典调查会中安排人选代表其机构发言的意图，伊藤博文接受了大审院的要求，将其代表中村元嘉列为法典调查会委员之一。

而且，伊藤内阁与自由党相互提携之时期，自由党人星亨被列入法典调查委员人选之内。星亨离任后，副总裁西园寺公望致信伊藤博文，将另外一位富于学识的自由党人推荐入调查会，补充星亨的位置。

> 拜启。在星亨提交法典调查委员之辞职报告后，另任重冈薰五郎为委员。不日将公布，请您预审。薰五郎在法国获得博士学位，其学识足以胜任，他是自由党党员，任国会议员亦尽心尽力。[1]

值得注意的是，身为副总裁的西园寺公望在每次改任委员之时，无论是出于象征性还是出于必要性，皆会向内阁总理大臣兼法典调查会总裁伊藤博文汇报，令其充分掌握法典调查会人员的分布动态。

（三）伊藤官邸的民法法典起草

伊藤博文不但亲手设立了属于他全权领导的法典调查会，任命梅谦次郎、富井政章、穗积陈重三人为起草委员，而且将他们请入自家小田原沧浪阁的宅邸中，监督他们起草民法初稿。有评论曰：

> 喧嚣的法典论争因法典调查会的设立而销声匿迹。仅知现今梅谦次郎、富井政章、穗积陈重三委员于小田原沧浪阁内进行

---

[1] 《西園寺公望書翰伊藤博文宛》，明治二十八年（1895）四月二十六日，《伊藤博文関係文書》第五卷，東京：塙書房，1979年，第54页。

其调查工作。而且据吾辈所闻，我政府对此事业尤为谨慎，调查委员中即设置了五种委员，一曰起草委员、一曰主查委员、一曰协议委员、一曰整理委员、一曰报告委员。此等委员正致力于以最新的学理为基础探索撼动从前法典，特别是民法的方针。例如将私权的主体、目的、得失、形式等规定纳入总则，废除从前的财产编，另行将财产相关的物上权归为物权编，另外将人权的得失、行使列为一编即人权编，完全废除从前的人事编并另设亲族编，并将继承编列为一编。真可谓民法的大变革和大移动。对民法进行了如此大的改动，商法则尽量按照原有的体裁。调查事业能否确实从根本上变革以前的法典？其竣工之日何时？此皆无法预测。据说沧浪阁之内三委员尚未完成所谓总则编的起草。①

由此可见，三位起草委员在小田原开始工作，是在《法典调查会规则》确立之后。有关他们在小田原期间活动的史料甚少，不过，大致可以确定，至少从明治二十六年（1893）四月末至九月他们都在小田原，在伊藤的监督下展开工作，其工作内容主要涉及与法典存有重大关系、敏感至极的理论性问题。

综上所述，在民法典被迫延期、继松方内阁后，伊藤博文接手领导编纂明治民法。他建立法典调查会，亲任总裁，安插亲信和政友，并亲自监督起草委员对民法的核心理论进行起草，通过西园寺公望监督法典调查会的进度。与此同时，伊藤也清醒地意识到起草如此庞杂的民法需要专业的知识。他听从法学家的意见，建立结构合理、政学

① 《法典调查会今如何すべきか》，《明法誌叢》第十八号（明治二十六年［1893］八月二十四日），村上一博编：《〈明治法律学校機関誌〉にみる法典論争関係記事（六·完）》，《法律論叢》第八十三卷，2010年9月，第403页。

分立、权责明确的法典调查会，给予了法学家足够的空间对民法典进行独立起草。

第二节　法典调查会的运作及民法起草

明治二十六年（1893）四月，法典调查会《法典调查方针》及《议事规则》确立完毕，意味着法典调查会的预备阶段正式结束，同年五月十二日召开第一次主查委员会会议。

一、法典调查的方针及议事规则

对于法典调查会来说，立法方针极为关键，纵观法典修正后的议会审议可以发现，三位起草委员担任政府委员向议会进行的审议报告，皆是以调查会的方针为基础。此方针确定了明治民法与旧民法相异的基本原则，体现在编别、行文等形式方面。该方针内容如下：

第一条　审查既成法典的各条项并以对其施加必要的修补删正为目的。其编别和顺序按照第二条至第八条规定，法规的分类及排列根据委员会的议定。

第二条　民法全典分为五编，其顺序如下：第一编总则、第二编物权、第三编人权、第四编亲族、第五编继承。

第三条　民法总则中揭载私权的主要特点、目的、权利得失及行使等相关事项。

第四条　民法物权编中揭载物权及其得失、行使和物上担保等相关事项。

第五条　人权编中揭载人权及其得失、行使并人权担保等相关事项。

第六条　民法亲族编中揭载家族及亲族的私法权利关系相关事项。

第七条　民法继承编中揭载家督继承及遗产继承相关事项。

第八条　商法编别及顺序根据既成法典。

第九条　商法规定若与民法重复则删除之。

第十条　法典修正着手的顺序根据如下规定，在便宜处可以适当更改：一、民法总则；二、民法物权编；三、民法人权编；四、民法亲族编；五、民法继承编。

第十一条　法典条文仅揭载原则、变则及会产生疑议事项的相关规定，不涉及细密的规定。

第十二条　法典行文以简易为主，用语采用普通管用的词语。

第十三条　法典中行文用语相关，除立法上需要特别定义的事项外，涉及其他定义、分类、引例等全部删除。①

该调查方针明确否定了旧民法的形式，采取总则、物权、债权、家族、继承五编式的德国潘德克顿民法编纂模式。这可以视作旧民法在形式上被废弃、明治民法诞生的标志。而且，方针中明确指出，民法立法应该用语简单，删除所有无必要的法律定义、分类、引例等，一方面便于理解，另一方面，定义、分类、引例等的删除给予法学者和政治家在立法后更大的法律解释空间。

明治二十六年（1893）四月二十七日颁布的《法典调查规程》则

① 法務大臣官房司法法制调查部编：《日本近代立法资料丛书28》，第18页。

是法典调查会内部规则的细节化，更加有利于明确其内部的运作流程，从而确保调查会能够顺利运作。此外，三位起草委员还制定了法典调查会主查会议事规则和法典调查会查定会议事规则。有杂志介绍说：

> 同会（法典调查会）上个月二十八日以来已经开过数次会议，议定穗积陈重、梅谦次郎、富井政章三博士联手写成的主查会议事规则并查定会议事规则，并确定了法典调查方法，据说业已着手调查，而且同会委员中，分工如下：
>
> 起草委员：穗积陈重、富井政章、梅谦次郎。
>
> 整理委员：伊东巳代治、箕作麟祥、长谷川乔、熊野敏三、菊池武夫。
>
> 报告委员：横田国臣、元田肇、三崎龟之助、鸠山和夫、末松谦澄、木下广次、本尾敬三郎、高木丰三、村田保、田部芳。[①]

这样一来，法典调查会内部运作细节和运作流程得以明确，有助于法典调查会的顺利运行。在制定规则与遴选委员结束之后，法典调查会主查委员第一次会议于明治二十六年（1893）五月十二日召开，随后又递补了总会议的各位委员为查定委员。

二、法典调查会的具体运作

在法典调查会的内部运作中，值得注意的是，该会从始至终皆流露出尽速起草的情状，与法学家们徐徐修正的初衷背道而驰。

明治二十七（1894）年三月六日，法典调查会规则进行修订，废

---

① 《法典调查会》，《明法誌叢》第十五号（明治二十六年［1893］五月二十五日·完），村上一博编：《〈明治法律学校机関誌〉にみる法典論争関係記事（六·完）》，第390页。

除主查委员和查定委员的区别，有杂志即评论认为，此种修订来源于政府希望法典尽速起草的愿望。其中写道：

> 与旧则即二十六年敕令第十一号法典调查会规则相比，新的法典调查会规则相异点梗概如下：……废除旧则中主查委员和查定委员，新则中单单设定委员，并将人数从五十人减少至三十五人。……而此中最主要的规则改正在于废除主查、查定委员的区别，盖旧则不但设置两种委员，并且召开总会议，审议讨论十分繁琐，唯恐延误调查事业，所以政府才进行了此次的改正吧。①

星野通在《明治民法编纂史研究》中也提到过法典调查会总会议从明治二十六年（1893）开始就没召开过几次，而且，自从废除了主查委员和查定委员的区别之后，法典调查会也清洗了一批自由派和与法学无关的人员，例如：关直彦（东京日日新闻前社长，媒体人）、岛田三郎（自由党）、涩泽荣一（商人）、阿部泰藏（商人），大概是因为他们妨碍了法典编纂的速度。明治二十八年（1895）九月开始，法典调查会更进一步加快进度，开会频率从一周两次改为一周三次。正如，明治二十八年（1895）七月三十一日，西园寺公望致伊藤博文的信中所说：

> 拜启。法典调查会昨夜甲第四十一号即寄托之条审议完毕，起草委员草案准备充分，而且委托他们同样为登记法起草委员，八月一个月准予休假，九月一日起开会。两委员会此一个月中十

---

① 《法典調査会規則の改正》，《明法誌叢》第二十五号（明治二十七年［1894］四月二十八日），村上一博编：《〈明治法律学校機関誌〉にみる法典論争関係記事（六・完）》，第404页。

分勤勉，就算本年没有公休，依调查委员会之状态亦要暂时休息，方可以振士气，故做如上决定。民法从最初审议至昨日深夜，共计完成六百七十三条，尚余四百余条。商法除破产法外，共完成六百余条。另外尚存法例若干条。若预计来年全部完成整备，如今一周两回之会议不可能达成，故自九月一日起，改为一周三回。委员皆同意之。上述一应事件可否，您若有疑义请修正之，特此供您专断。谨遵您的命令。①

由此可见，西园寺公望代替伊藤博文，主要负责监督法典审议工作。而他的主要关注点放在审议工作的实施进度上，使调查会务必按照原定计划，在明治二十九年（1896）完成民法全部法条的审议，以应对条约改正的大局。

三、法学家主导的民法内容审议工作

在确定法典调查方针及议事规则后，明治二十六年（1893）五月十二日主查委员召开第一次会议，法典调查会正式开始运作。主查委员第一项工作，就是审议乙号案②所有权相关事项，它是民法财产法的法理问题，也是最敏感的理论问题。起草委员们准备采取先难后易的策略，首先打造民法的主梁，再逐渐添砖加瓦。从"民法典论争"中可以发现，明治时期民法立法最核心的难点在于，如何确定惯习的标准，解决惯习与法理、惯习与实践相互脱节的问题。财产法所有权

① 《西園寺公望書翰伊藤博文宛》，明治二十六年（1893）七月三十一日，《伊藤博文関係文書》第五卷，第51—52页。原文将此封信的时间记为明治二十六年（1893），但是，确切时间应该是二十八年（1895）。详见第五章第一节。
② 法典主查委员会审议议案分为三部分：甲号案、乙号案、丙号案。甲号案乃民法修正案原案。乙号案指解决议案，与民法重大问题相关，甲乙两案不分顺序，预先提交审议。丙号案，属于事务上相关议题。

中的永佃权存续期间条款（第二百七十八条），就集中反映了上述困难。本节接下来的部分，即以法典调查会对该条款的审议为切入点，考察法学家在民法审议中对此一问题的认识。

（一）旧民法与明治民法有关永佃权规定的相异点

民法立法需要遵循法理原则，以此为基础，形成抽象的法条定立逻辑依据。法典调查会审议的内容从所有权规定背后的法理开始，延伸至各条款。明治二十六年（1893）五月二十六日，第三次主查委员会确认了有关所有权的几项关键原则性规定。明治民法草案规定，物权在民法及特别法令规定之外不予承认，与此同时，租借权被视为人权，编纂入民法典人权编。

对于物权在民法及特别法令规定之外不予以认可的法理依据，富井政章解释道：

> 物权乃可以对抗一般人之强力权利，所以要在国家的法律中以法律限制之，新法典（明治民法）、法兰西法典、德意志法典皆如此，并不允许以惯习方式认可物权。若民法实施后，我国以惯习方式认可物权，将会产生种种问题，弊害实大，所以有必要将物权一一列出，而不承认惯习的物权。

> 虽然以前的预先决议案中规定只要不违背成文法，即承认惯习的效力，但是，物权所承认的效力在惯习中却不存在，物权无论如何都要依据成文法的规定，不能说物权是幕府时代的惯习。[1]

物权作为绝对权，具有保护权利所有人的权利不受任何侵犯的意味，是私有财产不可侵犯的法律基础。富井政章明确指出，私有财产不可

---

[1]　法务大臣官房司法法制调查部编：《日本近代立法资料丛书13：民法主查会议速记录》，东京：商事法务研究所，1988年，第58—59页。

侵犯是近代西方国家法律体制下的原则，因此，幕府时代不存在上述认识，任何自幕府时代保留至今的惯习都不能起到保护私有财产不可侵犯的作用。与此同时，明治初期司法实践中规定了"只要不违背成文法，即承认惯习效力"的原则，其中的"惯习"实质上指的是从幕府时代至今一脉相承的所有权认识下的民间权利关系。明治民法草案中"不允许以惯习对抗物权"的规定反映了幕府封建社会中不存在的所有权认识得到立法保护。二者并不冲突。

与物权相关的一个关键问题是租借权。旧民法将租借权规定为物权，与此相对，明治民法草案将租借权规定为人权。关于其立法理由，穗积陈重解释道：

原法典（旧民法）将租借权视为物权，列入财产编第一部分。但是，所谓租借权乃租借人持有租赁之结果，租借人拥有其物的使用及收益的权利。法理上也有学派将其视为物权，但是，这样的做法会产生异议。故采纳将租借权列入人权编的建议，取租借权的狭义规定。从租借权交易的基本性质出发，它本身以人权的创设为目的。而且，租借人决非仅有物上的收益和使用权，还有对于租赁人的种种特别权利，比如，租借人实行租借却不妨碍其保有权等。与此同时，租赁人还负有特别的义务。因此，将租赁的性质视为由人权而产生的交易是适当的。而且，很多国家皆将其视为人权之规定。某国采取买卖破租赁的原则，即将租借权视为人权。例如，德意志帝国和各邦的法典即如此。在普鲁士，虽然无论动产、不动产的租借权皆以物权为主，但是，在买卖过后，租借人产生其他继承人的情况下，租借人赋有一种特别的义务，即在此种情况下采取折中主义的原则。也就是说，租赁人不可以自身的权利对抗特定继承人，特定继承人有权利在一定期限内通知租赁人缩短租赁人的租赁时间。

　　日本若将此种租借权的大体性质视为人权，在特殊情况下，如在对土地、家屋的租借作出规定时，可以借用普鲁士上述的规定来保护租赁人的权利。但，首先要在法理上确认租借权属于人权。若如原法典（旧民法）将租借权视为物权，则法理上租赁人拥有无偿借贷，也意味着他获得该借贷的使用权利。如若因法理上存在有偿借贷与无偿借贷的划分，而将有偿借贷纳入物权、无偿借贷纳入人权也站不住脚。博瓦索纳德氏认为将租借权纳入人权会妨碍农业、工业的发展，但若设置第二项特别规定则会达到保护的目的。①

旧民法将租借权规定为物权，意味着"买卖不破租赁"，保护了租借人"物上的收益权和使用权"。而穗积陈重认为，从法源来看，租借权既可以被规定为物权，也可以被规定为人权。出于法典论争对此一规定产生的反对，故在明治民法草案中将租借权视为人权。之所以如此，主要是因为考虑到民法不但要保护租借人的权利，而且要求租借人同时承担特定的义务。他同时指出，租借权被规定为人权，意味着"买卖可以破租赁"，此种来源于人权的租借权与来源于物权的租借权相比，对租借人来说，具有较大的可变性和不稳定性。为了维持经济社会的平稳发展，需要同时稳定租借双方的权利与义务。在将租借权规定为人权的情况下，还需另立法条，明确租借双方的权利义务，防止因此一规定带来的可变性造成租借人经营方面的困难，妨碍工商业的稳定发展。

　　将租借权视为人权后应另行立法补充特别规定，对此，穗积陈重

---

① 法务大臣官房司法法制调查部编：《日本近代立法资料丛书13：民法主查会议速记录》，第50—51页。

特别提到与永借权相关的永佃农的权利义务问题。旧民法中仅将永借权视为物权，并没有针对永佃农的特殊规定。而其在明治民法中则有所体现，他解释道："有关永借权的问题非常重要，……在草案（明治民法草案）中根据其时间长短，其规定有所区别，乃是出于实际的考量，因为我国存在特别的佃农权。"[①] 由此可见，法理上，租借权被视为人权，永借权也被视为人权，但永佃权仅被视为人权是否妥当，是一个极为特殊的立法问题。因此，穗积认为，针对此一问题应当持谨慎态度，应特别立法作出规定。这是因为其背后存在着永佃农的社会惯习，他们的土地权利归属问题与政权稳定、经济发展密切相关，不得不作为特殊情况，将永佃农的问题放入法理和国情中认真考量。

（二）法典调查会有关永佃权的惯习调查

法典调查会希望审议明治民法草案时，不但依据法理原则，而且应有惯习依据。由此，发起新一轮以土地为核心、有关所有权及其相关事项问题的惯习调查。他们将调查问题刊登在报纸上，欢迎各阶层人士提供答案。其问卷内容如下：

> 1. 借地人根据契约当时的用途有权利使用和收益土地时，可以将旱田变为水田吗？可以将耕地变为宅地、庭院、林地或养鱼地等吗？若存在耕地、宅地的差别，其差别如何？
>
> 2. 租税由地主负担抑或由借地人负担？
>
> 3. 借地租金有和没有的情况下，借地人的权利与义务有何差别？
>
> 4. 借地人是否可以将其借地权让渡于他人或者转让于他人？
>
> 5. 借地人因天灾而受到收益相关损失时，是否可以请求借地

---

① 法务大臣官房司法法制调查部编：《日本近代立法资料丛书 13：民法主查会议速记录》，第51页。

租金的减少或免除？

6. 前项的情况下，借地人是否可以请求借地契约的解除？

7. 借地人在一定期限内未能支付借地租金时，地主是否可以请求解除借地契约？

8. 若存在与借地年限相关的一定惯习，其惯习如何？

9. 在契约没有规定年限的情况下，借地人和地主是否可以申请在任意时间解除契约？

10. 若可以申请在任意期间解除契约时，需要在土地正式让渡前进行通知，还是需要在正式让渡后再支付对方借地租金的一部分，是否存在惯习？

11. 借地租金支付时期前进行土地的正式转让时，其借地租金的收取方法如何计算？

12. 正式让渡时存在的、由租地人建造的房屋或栽种的树木是否可以由借地人随意将其毁坏？

13. 若地主欲买下上述建筑、树木等时，借地人是否可以拒绝？

14. 前十三项相关的永佃农契约和其他借地契约之间存在何种差异？①

根据问题第 14 条，法典调查会将有关永佃权的问题视为 1—13 条问题的特殊情况，他们关注的问题点包括：1. 永佃农可以改变土地使用方式吗？ 2. 向国家缴纳的租税由永佃农负担，还是由地主负担？ 3. 租金与永佃农的权利与义务之间存在何种联系？ 4. 永佃农租借的土地是否可以转租给其他人？ 5. 受不可抗力影响，永佃农是否可以请

---

① 《法典調查会の意見書募集》，《明法誌叢》第三十号（明治二十七年［1894］九月二十二日），村上一博編：《〈明治法律学校機関誌〉にみる法典論争関係記事（六・完）》，第404页。

求减免租金？在上述情况下，地主是否可以解除永佃契约？ 6. 如果永佃农不能按时交付租金，地主是否可以解除永佃契约？ 7. 契约规定的永佃期限一般有多长？ 8. 在契约没有规定年限的情况下，永佃农的契约是否可以任意被解除？ 9. 如果可以解除永佃契约，其解除手续是怎样的？ 10. 永佃农转让土地时，其土地上不属于地主的动产、不动产，永佃农是否有权随意支配？永佃农是否有权拒绝将永佃土地上不属于地主的动产与不动产转让给地主？这些问题基本上囊括了永佃农与地主之间有关永佃土地及其上动产、不动产的使用、收益、让渡、转让及相关手续等各种问题，可见，法典调查会十分希望详细了解永佃权在民间的实际状况。

（三）法典调查会对第二百七十八条永佃权存续期间的审议

鉴于永佃权是日本长期存在的社会惯习，为保护永佃农权利，明治民法草案将永佃权视为不同于永借权的特殊权利，将其视为"唯一的作为物权的借地权"。换言之，地主在转让永佃土地时，"买卖不破租赁"。与旧民法相比，明治民法草案扩大了永佃权的范畴，将农业和畜牧业土地一并纳入永佃土地的范畴当中。富井政章介绍说：

> 永佃权乃支付佃租在他人的土地上耕作或畜牧的权利。在草案中，从前我国通行的永佃权被视为唯一作为物权的借地权，而且统一确定了其存续期间和永佃人的权利与义务，不但将其目的限于耕作，而且增加了畜牧一项，以期适应畜牧与农业一同发展的需要。旧民法虽然承认永借权，但是主要以外国法为模范，其所谓永借权指永久的不动产租借权（旧民法将租借权视为物权），也不限制其目的。现行民法与其大为相异。[1]

---

[1]　富井政章：《民法原論》第二卷《物権編》，東京：有斐閣，1986 年，第 220 页。

通过明确法理原则，将永佃权确立为物权；通过惯习调查，了解永佃农的权利义务状况。在此基础上，明治二十七年（1894）十月五日，法典调查会就永佃制存续期间条款进行审议，最后形成法条第二百七十八条。即

> 永佃权的存续期间为十年以上五十年以下，若设定永佃权之期间超过五十年时，要将其缩短至五十年。
> 永佃的设定可以更新，但期间从更新时开始不得超过五十年。
> 不以设定行为确定永佃存续期间的，特别惯习的情况除外，定为三十年。

明治民法中，永佃权的存续期间被设定为十年以上五十年以下。永佃契约可以更新，但每次签约的存续时间都不能超过五十年。永佃契约中若没有规定永佃权存续期间，默认其存续期间为三十年。

需要指出的是，明治民法中关于永佃权存续期间的规定比明治民法草案中的规定宽泛，后者将永佃权的存续期间规定为三十至五十年。起草委员梅谦次郎介绍修改理由，从惯习适用角度进行说明，他论述道：

> 此项来自原法典（明治民法草案）第一百五十五条第一、二、三、四项，原法典规定永借权必须超过三十年，若不超过三十年即视为租借权，此规定恰当。最长期五十年也与原法典规定相同，在此不加以特别说明。
> 最短期开始未作规定，后来引发议论，乃根据惯习规定最短期为十年。向来惯习中虽然存在永佃，但是日本仅仅以佃农为大多数，而且无论在何地皆为大多数，将超过十年的租借权视为

永借权，在以前的法律中是不存在的。惯习模糊不清，似乎开始时一直将租借超过十年的视为永借权看待，但是今天此种惯习在逐渐减少。而且过去的永佃农现今也渐渐失去土地，变得非常稀少。另外，永借听起来是永远租借，即使在今天的租赁实践中业已渐渐开始出现确定期限的情况，但此种期限也来源于当事者之间随意的约定，很少有明确的存续期间存在。有的情况下，例如神奈川县大住郡十年，静冈县十年以上，爱知县东海郡大沼村某地的意见书中有写明其确定的期限，但是大部分永佃农是不确定期限的。此种情况会产生弊害，有的意见书中建议考虑二十年到三十年。十年的永佃期限在日本的惯习中很少存在，但是也不存在不可以规定永佃为十年到三十年的理由，与期限长相比，还是期限短一些为好。当然也有意见认为完全不规定期限为好。虽然规定十年以上的期限，但是此规定与原法典的立法理由不同。

　　不以设定行为确定永佃存续期间的永佃权存续期间，在原法典的规定中是择取其规定中永佃权最短三十年、最长五十年之间的中间值。本案也采取这样的做法，取十年以上五十年以下的中间值，即三十年作为不以设定行为确定永佃存续期间的永佃权存续期间。①

由此可见，对于此法条的设定，梅谦次郎考虑到永佃制在日本社会中的存在状况。首先，虽然数量很少，但日本社会中永佃农确实存在。其次，地主与永佃农之间有关永佃权存续期间的约定大部分模糊随意，虽然开始出现订立契约、明确有关永佃权存续期间的约定，但

---

① 《第三十四回法典調査会議事速録》，明治二十七年（1894）十月五日，法務大臣官房司法法制調査部編：《日本近代立法資料叢書 2：法典調査会民法議事速記録 2》，東京：商事法務研究所，1984 年，第 242—243 页。

这样的情况数量很少。因此，有必要通过立法明确永佃权的存续期限。再次，确实有少部分地区将永佃权的存续期间规定为十年，没必要通过立法否认上述这种少量惯习的存在。最后，从社会发展潮流来看，永佃农的数量将会越来越少，地主与永佃农之间存在的永佃关系将会随着时间而消亡。因此，立法上永佃权的存续期间规定短些比规定长些要好。

值得注意的是，梅谦次郎自己也提到过，惯习调查模糊不清，此存续期间并非以前法律上存在的事物，也并非完全来源于惯习，它实际上是新事物，是明治法学家基于法理、惯习、时代发展潮流进行综合判断而创造出来的。

横田国臣对民法规定永佃权存续期间提出疑问。横田认为本来永佃农的数量就不多，如果没有此规定，根据时代发展，永佃农制度很可能会永远存续下去。"如果永佃本来就不多，删除此规定的话，他们无论何时皆可拥有永远租借权。"[1]

梅谦次郎从政府对于永佃权的态度出发，回答了此问题：

> 作此规定是考虑到民法施行条例相关问题。民法施行条例的精神是，只要过去的惯习不会产生障碍，即原样保留。而且设定本条也是基于与原法典相同的立法原则，希望将来可以废除永远租借的规定。单纯的佃农其权利仅为地上权一百年、拥有家屋五十年，等等。在永佃权存续期间的规定中却不能如此，故而将永佃权的存续期间设定为五十年。否定此一设定，并非认为设定五十年的永佃权存续期间会造成现在的损失，而是着眼于将来，试问此规定在将来五十年内都可以无障碍施行吗？从来自

---

[1]《第三十四回法典調査会議事速録》，明治二十七年（1894）十月五日，第243页。

各个地方的惯习报告中可以看出，很多人皆要求立法对永佃的期限加以设定，以期在将来将其变为单纯的佃农才不会产生弊害。而且惯习报告也显示出大部分永佃权的存续期间上限皆是五十年。[1]

值得注意的是，梅谦次郎强调，设定永佃权存续期间上限的目的并非着眼于现在，而是立足于将来；不是出于保留惯习的考量，而是出于政府对于永佃权的态度。政府希望以市场为依据，发展土地租赁关系，并不希望固定长时间租赁土地的永佃农在未来长期存在。在政府看来，未来土地价格、地租价格会因市场行情发生重大变动，永佃农的稳定租赁不反映上述市场动态，不利于市场经济发展。

土方宁对此则有不同的见解，他认为梅谦次郎的观点仅考虑到政府的态度，惯习调查仅反映了身为租赁人地主的立场，却没有考虑到身为租借人永佃农的立场。从永佃农的立场出发，可以规定永佃权的存续期间，但是仅设下限，不设上限。他论述道：

　　那些惯习调查显示出来的请求设定永佃权期限、缩短永佃权的主张恐怕皆是来自地主方面的请求吧。从佃农的角度看，他们是不希望缩短永佃期限的。此惯习调查寄出、寄回的对象大概皆来自地主，不可能有来代表普通佃农的主张吧。

　　永佃权存续时间过短会带来如下弊端：永佃与其他佃农不同，他们将租借的他人土地视为自己的土地，他们对别人的土地呕心沥血。永佃权上限为五十年的规定仅意味着子在亲存活期间成为永佃农，如果期限再长些则可以令子在亲死后、在支付佃租

---

[1] 《第三十四回法典調查会議事速録》，明治二十七年（1894）十月五日，第244页。

的情况下照常将他人土地视为自己的土地使用。如此一来，永佃权存续时间短的话，永佃农则可能不会将土地视为自己的土地，不会更加尽心照料土地，进行土地改良。

法律规定更换继承人一定要通知地主，永佃农当然希望亲子之间在永借权的保护下共同为土地劳动，很多地主大概同样希望将土地转租给佃农，自己不需要亲自耕种。大地主当然更是希望自己的土地始终由佃农耕种。所以，永佃权存续时间短也可能会伤害地主的利益。

但是，如果要确实废除永佃权存续期限，可能会引起很多非议，但是至少可以将其进行修改。所以如果规定永佃权存续期间为十年以上，不规定五十年以下的上限也不是没有道理。尽量令期限长一些，使得永佃权等同于所有权亦无害。佃农的权利当然与所有权不同，但是永佃一方的权利若增强，则于地主和永佃农都有利。

另外，对永佃权存续期间的规定没有惯例可循，它或长或短，形形色色。因此，若按照草案（梅的草案，同时规定永佃权的上限与下限）实施，地主则要通知佃农没有长期租赁的希望，这会导致无论他是否另行更换租佃方，永佃农一方皆会认为地主不可信赖，令其在五十年以后还能持续耕种的愿望破灭，他们会为自己的子女尽早另作打算。这样的结果会改变佃农对土地的情感，会造成与土地有一般关系之地主和佃农的双重损失。所以我希望不设永佃权存续期间的上限。[①]

土方宁认为，政府希望通过设置永佃权存续期间废除永佃制，这

---

① 《第三十四回法典調査会議事速録》，明治二十七年（1894）十月五日，第244页。

种认识有失偏颇。永佃权永远存在，可以起到稳定地主与永佃农关系的作用，如此才能令佃农方细心耕种，改良土地，有利于生产力的发展，有利于地主和永佃农利益的增长，带来双赢的结果。因此，不设置永佃权存续期间是最理想的。但是，为了不令一部分希望转租土地的地主对于永佃权的存续期间产生过大异议和反对意见，可以折中考虑，仅设置永佃权存续期间的下限，不设置上限。这样可以满足部分地主关于限制永佃农存在的要求，满足另一部分地主希望长期租借土地的意愿，也可以令永佃农实现长期拥有土地租借权的意图。

针对土方宁的方案，梅谦次郎提出反驳，具体说明了他在前述有关永佃权立法理由中所谓的"着眼于将来……废除永佃权""永佃权弊大于利"的根本原因。他论述道：

慣习调查获得的反馈当中当然存在许多地主的来信，同时也存在很多佃农的来信，另外还有许多局外人来信回答慣习调查的问题，给予了慣习调查中立思考问题的维度。例如，有很多辩护士来信回答慣习调查的相关问题，他们十分了解地方上的习惯和状况。好吧，即使辩护士可能与地方地主相熟，会产生偏袒，但是同样也存在很多来自町村役场（公所）的人的来信。其中有关答复永佃权存续期间的来信却很少见，可能也是因为永佃农本来就数量稀少，而且其他佃农认为永佃权与自身利益无关，没必要回答此一问题的缘故吧。通过慣习调查显示的证据可以看出，永佃农正在显著消亡，有些永佃农虽名为永佃农，但是其实只有十年或十年以上的租借期限；在现实生活中即使慣习没有设定永佃权的期限，租赁双方也会以契约确定其租赁期限，此种现象已然陆陆续续发生，足以证明永佃其实弊大于利。

土方君底气十足，但是否考虑过现实的发展？五十年间土地的状况怎能不变？我认为五十年后土地的状况一定会发生变化，现在连一町步①土地的地租也随地价增长发生很大变化。例如十元地租对今天的佃农来说已经很高，五十年以后的地主则可能认为这点地租根本没有办法支付该块地的开支。五十年以后农业的状态、土地的状态一定会发生变化，所以当然不可能收取与以前相同的地租和相同的佃租。我同时也认为此种观点不仅仅是出于维护地主利益的考量。地主一定会根据土地的状态尽可能高价租佃，大地主不自行耕种土地。今日可能有非常多的地主希望能够一次性将土地出租五十年。土地的状态在日本既是幸事也是酷事。人口增殖，地价相对增长，对地主不利，难道就会对永佃农有益吗？此事并不能以利益角度思量。要言之，别说五十年、一百年、二百年，永佃权再怎么持续下去也不会变成所有权。

维新之始开始分发地券，直至今日，永佃权与所有权业已截然有别。本案的精神是永佃权要比所有权弱。永佃权中"不得施加会产生永久性损害的变更""具有耕作和畜牧的权利"等规定是为了防止永佃农在自己租借的土地上随意废耕作、建家屋。就这些规定来看，永佃权不是所有权，与所有权不同。若果真是永远的佃农，则其权利大概如同所有者，但是事实上永佃农的权利还是比所有者弱，而且，也不能认为永佃农会将借地视为自身的土地，他们一定会意识到那是人家的土地，不会觉得是自己的土地。百年之后，土地所有者依然拥有其记名的土地，但百年之后，租金几乎有名无实。惯习调查反馈中持这样意见的人很多。这确实令收取佃租的所有者感到为难。再极端一些，租税节节升高，地租自身却不升高，地主因拥有土地所有权而赔钱，仅能收

---

① 町步，日本土地计量单位，用来丈量田地和山林面积。

取忽略不计的佃租，这种情况甚至会使得地主巴不得抛弃现有土地。产生诡异的结果难道是经济上所希望的吗？[1]

可以看出，在梅谦次郎看来，惯习调查书的调查对象来源非常广泛。针对土地所有权问题的调查，不但收到当事者地主方面的回复，而且也有很多地方法律相关人士和村町公务人员的热心反馈，基本上可以反映社会的真实情况。

其次，梅谦次郎所谓的"着眼于将来"高瞻远瞩，以对未来经济、社会、技术发展的总体考量作为根本立足点。在客观层面，他考虑到了将来地价和租税的变化、科技的发展对于生产力和生产关系产生的影响。他认为，根据惯习，永佃制确实是存在的，要予以保留。但是，租佃和佃租将根据地价变化进行调整，地主与永佃农的关系将随着市场经济发展而变化，农业发展的根本因素在于科技发展而非永佃农的土地改良，永佃制的存在将不适应日本维新以后及未来土地状况发展的需求。设定法条对永佃权的存续期间加以限制，固然是考虑到现实惯习状况、保护永佃制存在，同时也希望通过立法限制其存在，以期永佃权在将来的岁月中能够自行消亡。

最后，梅谦次郎还阐述了有关永佃权存续期间设置的法理学意义。他认为只有设定永佃权的存续期间，才能够将永佃权与所有权区分开来。事实上，永佃权永远受到限制，它不可能达到所有权那样的支配程度，出于在学理上区分永佃权与所有权的必要，应该设置完整的永佃权存续期间。

富井政章从社会稳定的角度出发，对梅的主张加以补充。他论述道：

---

[1] 《第三十四回法典調查會議事速録》，明治二十七年（1894）十月五日，第245—246页。

　　补充一句，望土方君思量。四五年前大审院的判决例中就有
规定，地价上涨，地主的租金可以上涨。但依土方君意见，会导致
因为民法出台反而令地租无法上涨的结果。日本今日地价变动非
常激烈，尤其近年来地价急剧上涨，五十年以后太过久远，地价
一定会发生显著变动。如此一来，七十年、一百年、一百五十年，
地价无论发生如何变化，地主都会因民法无法上调地租，会造成
非常大的问题，此乃最大之害。①

　　富井引用了大审院的判决例，侧面论证了梅谦次郎主张中政府所
持立场的现实性。如果地价发生变动，而立法保护永佃农的佃租不发
生变动，势必影响双方在租佃方面的讨价还价，无法根据市场原则调
解地价与租金的合理比例，会造成一方利益明显受损。对政府来说，
这有碍社会稳定。

　　综上所述，明治民法在设定永佃权存续期间的问题上，在兼顾
法理与惯习的同时，通盘考量了政府、地主、永佃农三方的利益，其
最终决策的逻辑出发点在于对未来生产力和生产关系发展复杂性的预
测。明治民法立法者们持一种进步主义的立场。在他们看来，随着生
产力的发展，生产关系势必要进行调整，根据市场原则配置生产关系
是最为有利的选择。立法不应有碍于市场原则。永佃制将来存续与否
由市场决定，不能由立法决定。立法只能消极保护现存永佃农的权利
不受侵犯，而不能在未来确保永佃农的权利不受市场左右。因此，有
必要规定永佃权存续期间的上限和下限，规定上限有利于未来由市
场主导永佃制的存在方式，规定下限有利于保护当前永佃农的基本
权利。

---

① 《第三十四回法典調査会議事速録》，明治二十七年（1894）十月五日，第248页。

第五章　明治民法的议会审议

第二次伊藤内阁身为藩阀政府中最有实力的元勋内阁，其中不少成员与民党保持着良好的关系。例如，陆奥宗光与自由党党首星亨交往密切，后藤象二郎与旧自由俱乐部系的自由党员们也关联甚深，连内阁书记官长伊东巳代治都对众议院有着相当的影响力。在此期间，伊藤一方面初步尝试性地发展与自由党系的友好关系，另一方面，竭力完成其毕生愿望，即条约改正。

然而，事与愿违，明治二十六年（1893）十一月，第五次帝国议会期间民党提出"条约励行论"，反对藩阀政府继续修改条约、倡导履行旧条约，形成"对外强硬六派联合"，并在众议院总议席中占据了多数席位。"条约励行论"还得到了贵族院一部分议员的支持。在此之前，十月一日，在大日本协会的成立大会上，贵族院的恳话会派全体议员、三曜会岛津忠亮、大和俱乐部鸟尾小弥太、无所属议员吉川重吉和加藤弘之皆莅临会场。

面对第五次帝国议会"条约励行论"者的反扑，明治二十七年（1894）五月十六日，伊藤博文在第六次临时帝国议会众议院中发表所谓《条约改正方针》的演讲：

> 条约改正乃维新以来至今确定不动之方针。我政府屡屡着手

条约改正，但屡屡未达其目的，不待多辩，至今条约改正的方针依然不变。然不堪回首，上次国会不得已解散众议院，均与条约改正问题有关。事实不容否认，这表面上是因为政府与议会的看法相异，但真正不得已解散议会的原因在于条约励行论。政府最为关注励行法案，但其支持者却并非如此关注，追溯其起源，乃产生于内地杂居尚早论，然后演化成励行法案。我可能会说错话，但我对此的观点是，这个建议案，任何时候我都会将其取消。当然，议会不得已而解散乃出于种种综合原因，但最重要的绝对是励行法案的出台。政府对此绝对反对。万一此建议在议会得到多数支持而获得通过，则会造成很多不可见之影响。当然，如果不是看到了此次有通过的可能性，我是不会着手这么做的。为此就形成了诸君所看见的政府与议会的冲突，此事绝对亦为政府所不喜。只是政府对此冲突的看法，绝没有停留在内地杂居论，或者杂居尚早论，而是对此感到欣慰。但对等条约的缔结与内地杂居并非截然对立，维新以来的方针已为诸君所熟知，在开国主义的基础上获得独立国的权利。欲达成此目的就要根据万国公法的条规进行交际，此交际乃是根据万国普通的惯例，出于交际的必要。但是今日的条约不适应现在形势，所以必须改正。改正当然不容易，但简言之，政府绝对不会将条约励行作为其促进条约改正的手段。议会若认为有必要励行条约则励行条约，政府理应遵从。但是依据维新国是，条约改正乃政府最为重要的一项义务，故政府必将孜孜不断，一直进行以达目的。[①]

在条约改正与条约励行的政治纷争中，明治二十八年（1895）第

---

① 伊藤博文：《条约改正について政府の方針》，明治二十七年（1894）五月十六日，《伊藤博文演讲集》，平塚篤编：《続伊藤博文秘録》，東京：原書房，1982年，第5—6页。

九次帝国议会的民法财产法部分审议、明治三十一年（1898）第十二次帝国议会的民法家族法部分审议拉开了序幕。

第一节　第九次帝国议会财产法部分审议

明治二十七年（1894），甲午中日战争爆发，伊藤博文立刻将法典调查会托付给西园寺公望，自己以首相文官的身份列席设置于广岛的大本营会议，参与战略策划。在战争期间，日本企图刻意依照国际公法处理国际关系，从而获得西方国家对其所谓"文明"国家身份的承认。[1]正如，陆奥宗光在《蹇蹇录》中写道：

> 威海卫丁汝昌降服于我海军遂自杀后，我海军领收之，清国军舰内服役的一些外国人始终被置于我军事处分之下，另外这次战争中我国作为交战国对于作为中立国的欧美各国人民施行财产处置，不似他们平素之习惯，使用领事裁判权制度此利器之场合甚为稀少，偶尔彼此之间多少产生些争论，但其争论不至于甚为激烈，而得结局妥当。在这次战争中，我国陆海军概首次遵由国际公法之规定，给予彼等不容置喙之机会。毕竟我国经年采用欧美文明之主义，百般改革渐渐成功，且今与欧美四五大国缔结对等条约，不日将与其他各国缔结同一条约，不出数年，所谓领事裁判权之痕迹在我国将不再残留。外

---

[1]　参见赖骏楠：《十九世纪的"文明"与"野蛮"——从国际法视角重新看待甲午战争》，《北大法律评论》，2011年第1期。

国政府今也不得不觉悟治外法权之议论乃呶呶之愚计。赫郎博士在其论著中写道，近年比较对照日清两国各自文明思想及改革事业的成绩等差后，认为中国裁判所并诸法典未至满足欧洲诸国之希望，故于该帝国内存有治外法权并未有不当，但欧洲各国将对日本抛弃治外法权之时机业已到来。故日清战争开始如若吾人昭告世人日本参加考试应可以被允许加入文明国，而中国只不过是文明国之候选人，其言语绝非失当，乃是结论。日本是否能真正通过考试另当别论，但这次于我国行使交战国之权利之际，与欧美各国滋生重大之葛藤，无论原因为何，我国基于文明之进步，毫不踌躇一一作答。倘使这次战争发生在十年以前，当时我国尚未达到今日如此重大之进步，我军事行动绝不可能达到如若今日之自由，几乎不容置疑。现我故对国清国尚未设置捕获审检所，假使设置，欧美各国亦不可能安然将其国民之生命财产托付给清国之军事裁判，自不待言。①

以此为契机，明治二十七年（1894）八月二十五日《日英通商航海条约》于伦敦举行换书仪式，日本终于收回了英国的领事裁判权。西方列强开始承认日本在国际社会中的影响力。虽然，因三国干涉还辽，原本逐渐销声匿迹的"条约励行论"势力又结成政友有志会卷土重来，要求召开临时议会；但是，一部分"民党有志之士认为，内外多难之秋，不应徒事政争，而要抛开既往，上下一致共同经营战后大业。虽然国民协会、自由党多数不为此意见所动，但经过伊东巳代治、末松谦澄与以板垣退助为首的河野广中、片

---

① 陆奥宗光：《蹇蹇録》，《伯爵陆奥宗光遗稿》，東京：ゆまに書房，2002年，第422—423页。

冈健吉、林有造等自由党干部的多次交涉，终于于明治二十八年（1895）十一月上旬政府与自由党达成相互提携之默约"。[1] 在这一背景下，明治二十八年（1895）十二月二十八日，第九次帝国议会召开。

从明治二十六年（1893）开始，法典调查会经过为期一年半的工作，至明治二十八年（1895）年中，即三国干涉还辽沸腾之际，修正案财产法部分业已完成，以"民法中修正案"为题提交第九次帝国议会审议。

一、审议时间的缩短与尽速审议的方针

尽管第九次帝国议会中政府与自由党达成默契，但是财产法部分的审议并非一帆风顺，开始即遭遇停会风波。根据众议院议程，明治二十九年（1896）一月三十一日，伊藤博文任命穗积陈重、富井政章、梅谦次郎为法典修正案政府委员，负责"民法中修正案"的议会报告和答疑工作。但是，"二月十一日，朝鲜国王逃亡至俄国公使馆此一激变，令民党各派责问政府之气势高昂，乃至支持政府的国民协会态度亦为之一变，成为攻击政府的急先锋，十五日以同协会领袖佐佐友房的名义向议会提交弹劾政府案"。[2] 政府不得已奏请停会，变更众议院日程，下敕诏命令休会十天（二月十五日至二月二十四日）。直至二月二十六日，众议院才重新将"民法中修正案"提上议事日程。停会风波，客观上缩短了"民法中修正案"的审议工作，从开始审议至三月二十六日闭会，不到一个月的时间。

对此，伊藤内阁确定法典审议的方针，即特别委员审议与尽

① 春畝公追颂会编：《伊藤博文传》下卷，东京：原书房，1970年，第355—356页。
② 春畝公追颂会编：《伊藤博文传》下卷，第273页。

速审议并举。故而，上下两院"民法中修正案"第一读会开始之际，即由议长遴选特别委员，以特别委员会的形式对修正案进行审议。

二月二十六日，议长星亨公布 27 位特别委员名单。就人员构成而言，此次遴选尽管多少存在偏向自由党的倾向，但没有明显的党派偏向，成员身份多样、背景复杂。例如，朝仓亲为①属于中立议员，但夙执着于自由主义；中野武营②曾被誉为实业界的四天王之一，任东京股票交易所执行总裁兼关西铁道会社社长；山田泰造③乃明治十六年（1883）福屿大狱辩护人之一；小西甚之助④农民出身，自由

---

① 朝仓亲为（大分县第三选区，中立，前官吏），旧冈藩藩士，其家世代为郡奉行，明治十八年（1885）任郡长，六等正八位。明治二十三年（1890）众议院选举时辞职，作为大分县第三选区候选者选入众议院。任何政党政社皆未加入，所谓中立议员，但夙执着于进步主义，自言今后的运动中要与在野进步党相互提携。（木户照阳编：《日本帝国国会议员正传》，東京：皓星社，2000 年，第 250 页。）

② 中野武营（香川县第一选区，改进党，商人），旧高松藩士。明治十四年（1881）农商务省权少书记官，与大隈重信一起挂冠为创立改进党鞠躬斡旋。明治二十一年（1888）回乡被选为爱媛县议长，另设香川县也出了很多力。且热心的实业家，曾经被称为实业界的四天王之一。东京股票交易所的执行总裁，而且还是关西铁道会社社长。在实业社会具有凌云的气势。（木户照阳编：《日本帝国国会議員正伝》，第 208 页。）

③ 山田泰造（神奈川县第二选区，自由党，律师），明治十六年（1883），福屿大狱诉诸高等法院，山田君与星亨、大井宪太郎、北田正董一起为其辩护人，而名动天下，实乃其代言人事业中大书特书之一笔。夙民权家，而热心唱导民权，不顾牺牲自身之自由，作为爱国忧世家而组织自由党，成为自由党干事，执掌而来西事物，始终与自由党共进退，虽然明治十六年（1883）自由党解散，但山田依旧坚守自由主义，并且为《自由灯》《公论新报》的发刊尽心尽力。明治二十年（1887）三大建白事件，山田君与青年一辈共同奔走，因保安条例被驱逐而移居东京。（木户照阳编：《日本帝国国会議員正伝》，第 242 页。）

④ 小西甚之助（香川县第二选区，爱国党，农民），在自由民权论响遍天下之际，以特别的方式、特别的行为为日本广大民众所熟知。明治九年（1876）八月，小西结合有志之士创立翼赞社，自任社长，在地方上倡导自由民权论，调动人民的政治思想。为使人民了解自己的权利与义务，创立官令辩解局，从事法律相关的讲座开设，并巡回地方，说明官令的通义，进行官令的普及。明治十三年（1880）八月作为讚岐国国会开设请愿有志人民总代表，将该地方的国会开设请愿书提交元老院，同年十月提交太政官，并恳请天皇陛下接见，自己向天皇陛下陈述民情，但因为其文内容滑稽而不予受理。明治二十二年（1889）条约改正论兴起，朝野一片哗然，小西亦为非条约改正论者，赞同大同团结，携条约中止建白书上呈元老院。（木户照阳编：《日本帝国国会議員正伝》，第 117—120 页。）

民权运动的热心响应者；谷泽龙藏^①乃大津事件辩护人之一，非条约改正主义者；铃木充美^②乃前内务次官，在议会中列籍自由党，以雄辩著称。

贵族院一边，本身就不存在党派属性，议长蜂须贺茂韶遴选15位特别委员的标准是按照身份和地位，其中还包括了业已身在法典调查会中的诸位贵族院议员，例如村田保、菊池武夫、箕作麟祥、青浦奎吾等。

为达尽速审议目的，伊藤博文还亲自莅临上下两院发表演说，敦促议员尽快完成审议，颁布"民法中修正案"。二月二十六日，伊藤在众议院发表演说：

民法修正决议，乃前些年本院决议，将法典延期至明治

---

① 谷泽龙藏，明治九年（1876），代言人规则设定，通过其考试，得到代言人资格，并开设事务所。明治十三年（1880），代言人资格改正，成立大津彦根代言人工会，任会长。明治二十二年（1889），于大津成立政友会，并作为非条约主义者上呈意见。大津事件时与中山勘三一同为辩护人。（北村正武编：《滋賀県会議員正伝》，大津：天怒閣，1892年，第3—7页。）

② 铃木充美（前内务次官），明治八年（1875），庆应义塾毕业，入东京大学法学部就读。十四年（1881）毕业，获得法学士称号，于学习院教书，兼监事。明治十八年（1885），转任外务省御用挂，兼职于调查、翻译、公信三局。明治十九年（1886），任领事，驻扎朝鲜釜山浦，转任仁川港，兼任判事。明治二十一年（1888），转任香港领事。明治二十六年（1893），任众议院议员，在议会中列籍自由党，以雄辩著称。传世演说之一乃第五次帝国议会条约励行反对的演说。演说中指出："现行条约缔结于很早以前，与进步的现世相对照更显得不备不完全，而且比起内地杂居，外国人恐怕更害怕失去治外法权此一特权。励行条约会使本国人与外国人隔绝，此种做法实际上是妨碍内地的进步，误解国民的真情，不但有害于国家，而且绝对没有益处。轻井泽、日光、箱根等地一直为外国人所喜爱，一年不知从外国人处会得到多少利益，所以尽早施行条约改正才是人民的希望。"第二次是第九次帝国议会进步党提出的议案，问责同意三国干涉还辽的政府，准备对其进行弹劾，遭到了自由党的激烈反对。铃木君对此认为："与清朝的开战其本来目的是为了保全朝鲜及整个东洋的和平，现在战争结束，德、法、俄以远东和平的考量为借口要求归还辽东半岛，如果断然拒绝势必重新开战，会扰乱和平，此种做法岂非与开战宣言自相矛盾？而且别以为三国只是虚张声势，如果不得不开战，他方意气风发，而我方百战疲惫，虽然胜败乃兵家常事，但是没有预期的胜算不免为武者所谤，屈眼前之寸，伸后来之尺，才是明大局之有识之士所为。"（栃内吉古［松翠］编：《内外名誉録》第1编，东京：内外名誉録出版事务所，1902年，第3页。）

二十九年。对此政府负有修正义务，即于二十六年组成法典调查委员会，并从从事法典编纂的相关官吏、民间在法律上有所成就或有学术水平的人士中选拔委员组成委员会，从开始的每周一次、两次会议渐渐龟行，以至最后隔日即开一次会议，终于完成总则、物权、人权诸篇，并确认于施行无碍，才向本期议会提出。此法律自明治二十三年延期至今，在延期案规定的时间断限内得以修正，乃政府的义务。能在如此短时间内完成此事，实有赖于各位委员的辛勤工作。本次议会时间业已缩短，经过众议院审议之后，尚要通过贵族院，政府确实希望能够在本次议会期间完成止于贵族院之审议，不要再次提出延期法案，尽全力在本次议会终了前了结此事。[①]

三月十八日，众议院审议完毕传至贵族院审议时，伊藤又莅临贵族院，发表演说：

就本日本院提出的民法中修正案大致作一陈述。本法以明治二十五年（1892）第三次议会要求修正颁布民法之议为基础提出延期法案，经过上下两院通过后于十一月发布，而修正期限定于明治二十九年（1896）十二月三十一日。以上述法案为基础，政府负有修正颁布民法之义务。翌年二十六年（1893）三月，以敕令发布组织修正委员会，本大臣承诏担任其总裁。从此法典调查会的组织来说，首先包括高等行政司法官；其次大学教授、帝国议会议员、辩护士和具有学识经验的民间诸位。其中本院议员中，大概超过三分之一皆被选定为委员。调查会两年有余进行修

---

① 広中俊雄编：《第九回帝国議会の民法審議》，第 51 页。

正得此民法之部分，此次向议会提出。法典调查会中，委员诸位异常勤勉，虽然运作迅捷，但此间尽十分之讨论，十分尽心研究参酌日本习惯与旧来之法律和各国之民法。所以其修正的结果绝非依据法国民法或英吉利习惯法，也并非依据任何诸国民法为机轴修正而成。旧来颁布之民法与日本的习惯多少有些抵触，在实践上会造成障碍，是以延期法案提出，以斟酌、修正法典为目的。为此目的法典调查会成立、实行之修正绝不会在实施上造成障碍。经政府之决议、向帝国议会提出，希望裁可。该法案业已通过众议院审议，再回传至本院。尽管时日有限，但本院议员中有十一名担任法典调查会委员，他们经过尽心讨论、尽心研究才得今日之修正案。政府希望本院在本会期终了前通过审议。望诸君勉力而尽速通过审议。[1]

与众议院演说相比，伊藤在贵族院显得更为迫切，他强调特别委员中参加法典调查会的人数达到全体人数的三分之一以上，强调"民法中修正案"乃各位委员十分尽心研究，参酌日本习惯与旧来之法律和各国之民法的成果，保证其修正结果绝不会在实施中造成障碍。也许是有感于伊藤的苦心，也许是迫于时间的压力，也许是相信调查委员的人格，无论如何，贵族院的民法修正案审议相当快捷，仅仅开过两次会议后，三月二十一日即通过了"民法中修正案"。众议院对"民法中修正案"的审议则相当详尽，从二月二十六日至三月十六日共经过十二次会议的讨论，在对修正案作出某些细节性修正之后，才递交贵族院。

---

① 春畝公追颂会编：《伊藤博文传》下卷，第277—280页。

二、众议院审议中的立法理由书

第九次众议院"民法中修正案"审议尤其突显了政府委员的准备不足，提交给众议院的《民法中修正案理由书》仅包含寥寥数语：

> 原民法条项有失于浩瀚之嫌，并存在一些缺乏稳妥的规定，因故对其修正。明治二十五年法律第八号将其延期以来，政府设置法典调查会进行周密慎重之调查以制定此案，特向议会提出。本案与旧法相比，条数大为缩减，删除不稳妥条款，也对其增加了不少的改良。①

如此草率的理由书自然遭到特别委员的围攻，他们纷纷质问政府为何不向议会提交正式的书面立法解释。

对此，穗积陈重解释道：

> 法典调查委员会屡屡开会，期间对既成民法进行修正，就其立法理由及其他方面的问题，将由起草者对大家进行说明。当时法典调查委员会委员在修正调查时一定具有充分之理由，而且是大家从中达成一致进行的修正，虽然部分理由被记录下来，但并未公之于众。且我们当中尚存辅助委员，他们将调查委员进行调查的要点、决议形成的理由及要点记录下来制作成草案，但现在也未向法典调查委员会成员出示成果，即我们三人仅有自身记录的理由书部分和一部分辅助委员的记录部分，另一部分辅助委员的记录部分也未得见。所以大体来说，现在只有调查会的笔记和如今上呈的理由书给诸位参考。②

---

① 広中俊雄编：《第九回帝国議会の民法審議》，第48页。
② 広中俊雄编：《第九回帝国議会の民法審議》，第49页。

富井政章补充说：

> 最初我们三人在法典调查会中担任起草委员负责起草工作，深感仅依靠理由书无法全面理解法条。开始起草时也一并起草理由书，但此法典调查事业据说要在明治二十九年全部完成，民法浩瀚，再加上商法，而且对民法商法修正，相应对民事诉讼法也要修正，其他法例也要修改，而且尚存许多附属的法律需要修改，此期限当时并不知是否可以推迟，故决定在议会决议的期限二十九年终了前要尽可能完成全部工作。这样一来，若起草条文再附加起草理由书，在限期内完成则变得尤为困难。所以在法典调查会审议中就不再起草理由书，我们三人每次开会以口述的方式向调查会详述修正理由，向议会提交条文却没有理由书的原因即在于此。
>
> 但是明治二十六年一年间，即总则一半的部分我们三人还是起草了理由书，简单但是可以以书面呈现，而且后期至少整理了两遍，但是条文的顺序有过变更，所以当时的理由书与现在条文顺序无法对应。后期写成的理由书，只有物权编的一部分，其他部分特别是债权编的全部却没有来得及写成，今天只有通过叙述的方式，以起草委员为咨询者，向大家说明。我们是想通过速记录再加上自己的考量写出一部理由书，但是现在还未做到纵观全局的程度。①

根据政府委员的说明，可以看出，所谓法典调查会对民法做了"十分尽心之审议"，多少有些言过其实。在总裁伊藤、副总裁西园

---

① 広中俊雄编：《第九回帝国議会の民法審議》，第49页。

寺的控制下，"民法中修正案"的修正速度越来越快。首先，"民法中修正案"大部分是调查会内部通过口述方式进行讨论完成的，详细整理部分尚未结束。其次，"民法中修正案"的修正速度令起草委员应接不暇，以至于他们先期尚有闲暇起草法条的同时起草并整理立法理由书，到中期就没有时间整理立法理由书，而后期竟然到了完全不起草立法理由书的程度。因此，总则编存在整理过的立法理由书，物权编仅存在一部分草议的立法理由书，而债权编却完全不存在立法理由书。最后，立法理由书的问题显示出，伊藤内阁对于议会的重视程度不够，仅将议会作为一个尽速审议通过的程序工具，并不寄望于能够在议会中经过详尽讨论而令法典尽善尽美。由此，提交议会的审议准备并不充分。

明治二十八年（1895）八月十八日，《东京日日新闻》报道：

> 本社就某委员法典调查进度相关之所闻，日下暑期休会中的法典调查会之事业本来明年应该完结，本来一周两次之会议，由下个月开始各位委员更加勤勉励业，改为一周三次，专图议事之进程，或许可以早于预期完成调查。而且法典之一部分将会提交第九次帝国议会吗？调查完结，成案会全部提交议会吗？尚未从调查委员会听闻直接消息。但从调查事业目前进度来看，民法、商法的四分之三皆已完成调查，唯最困难、异论最多的继承法及亲族法等尚未尽审议，相信此次应该不离旧惯、斟酌安排，使其务必适应民度，取得意料之外的好成绩。[①]

相比光鲜的外表，法典调查会内部实则相当吃紧。时间迫近、工

---

① 《法典調査の成行》，明治二十八年（1895）八月十八日，《新聞集成明治編年史》第九卷，東京：本邦書籍株式会社，1982年，第287页。

作量巨大、进度紧逼，外界关注，皆令起草委员不得不失去从容，加班加点赶工，多少会有为求效率而忽略质量的嫌疑。

政府委员对于法典调查会内部工作情况的解释，并不能说服众议院中的特别委员。他们认为，这些理由不能成为政府不提交正式立法理由书就将"民法中修正案"付诸议会审议的借口。最终，经过协调，政府方面做出让步，紧急根据法典调查会会议记录编纂临时参考书，下发各委员；并由政府委员于第二次审议中进行有关"民法中修正案"的提案报告。与此同时，鉴于时间紧迫，众议院方面也做出妥协，以省略三读会的审议方式，在报告结束后随即进入审议，并以直接投票的方式表决得出审议结果。

三、政府委员"民法中修正案"的众议院报告

明治二十九年（1896）二月二十九日，"民法中修正案"众议院特别委员会第二次会议召开。会议首先由梅谦次郎代表政府作有关"民法中修正案"的提案报告。梅谦次郎以法学家的身份，从"民法中修正案"的继受法来源、编排方式、审议原则三个角度进行说明，其内容不偏不倚，中心思想来源于伊藤博文明治二十六年（1893）制定的《法典调查方针》。梅谦次郎的报告并没有对修正案的具体条文进行说明，特别委员虽然不平，但也无可奈何。在报告中，梅谦次郎提道：

> 此度提出的民法中修正案，以原法典为基础，调查了日本向来的习惯，而且对于外国的法律，例如法兰西、德国、奥地利、瑞士、意大利、西班牙、葡萄牙、荷兰、比利时、塞尔维亚和黑山、英吉利、美国、印度等的法律也进行了调查。其中，如德国和瑞士，一国内分不同地区，则对其国内重要邦的法律也进行了

分别调查，还有德国民法草案、比利时民法草案、美国纽约州民法草案，现在仅止于草案阶段，也尽可能进行了调查评判，以此作为参考。

修正案的编制与原法典不同，共分为五编，此部分学者之间有很多争议，虽然各国的法律不同，但皆一一进行了参考。其中，首先法理部分，此种编排方式最为便宜，即总则编揭示权利的共通规则。然后，财产之内首先揭示其物权所规定部分，然后债权所规定部分。在此之后，再编排与财产不同类别的亲族编。把与财产编、亲族编共同相关的继承部分排在最后。这样的编排方式虽然首先是按照学理上的顺序，但在实际上也颇为便利。

因编别方式不同，所以修正案与原法典相互对照纷乱错杂。总则编中包括了原法典中人事编的一部分能力相关内容、其住所的规定、失踪的规定，原法典财产编第二部分有关法律行为的总则，原法典财产取得编中有关代理人的部分中契约之外的代理规定，原法典证据编第二部分中有关时效的规定。

物权编中揭载了原法典财产编第一部分中的大部分内容，原法典债权担保编第二部分物上担保的内容，和财产取得编中物权取得的相关部分内容。例如，先占、添附此等内容也视为物权编的组成部分。根据这样的编排方式，物权的发生、转移、消灭等相关部分也被纳入其中。

债权编中揭载了原法典财产编第二部分的大部分和财产取得编的大部分，将契约视为债权产生的主要目的。另外，还包括了债权担保编中的对人担保的规定。

未出台的修正案中，亲族编则包括原法典亲族、人事编的大部分，债权取得编内继承相关部分、夫妇财产制规定，还有隐居等内容。

而受社会非议最多的继承编中，则会包括财产取得编中有关继承和遗言的相关规定。

原法典中尚存公法相关的规定，此次的修正案中将此作为特别公法让之于行政法，使民法中尽可能只保留私法相关内容。

但是，如果有些特定手续并非一贯手续行为的主要规定，其性质又属于民法，即使以前包含在其他的法律中，修正案中也将其并入民法中。

虽然特别的规定，例如记名债券等，仅在商法中出现，不会出现在民法中；但，例如契约等规定，在商法中存在不少，同时也是民法的规定；二法中同时出现会造成重复和抵牾，解释上会横生枝节。实际上相同的法律事项，受民法支配的同时也受商法的支配，其理解会有很大差异而且不稳妥，故需要斟酌考虑究竟放入商法中还是放入民法中更为合适，则尽可能以便宜而不悖学理为方针进行规定。所以，此民法中的规定，若商法中不存在特别规定，则皆适用于商法。

因此，修正商法中系统规定了大部分契约相关内容，按照此次的编纂方针，与商法中同样的规定不会出现在民法当中。因此，修正案中会缺少很多法人的相关规定，而且仅保留适合一切法律行为的有关法律行为通则。

另外，原法典中定义、种类、引例非常之多，此等方式编纂法典并不稳妥，故此次修正案仅保留类似定义的规定，即使有事例也简单明了，皆具有简明扼要的性质。将没有必要的定义、事例、类别全部省略，此乃本修正案特别注意之处。

原法典将基于同样原则的规定散落于各处，缺乏系统性的归纳概括。鉴于此，修正案设总则编，各种规定始于总则编，对各种问题设置概括的规定，但是却没有规定各条在不同情况下的处理。虽然同一情况下规定了甲为通常情况，却缺乏偶然状况即乙情况的规定，但无论从理论上还是从实际的便利出发，应该不会出现偏差，而且这样的设计可以减少条款数量。

修正案尽可能的设置概括规定，却没有规定其适用情况。换言之，尽量避免详细的细目，而仅设置概括的规定，法学家会对各种适用情况进行解释。之所以认为这样的做法比较便利，乃因为细节的规定仅能涉及立法者凭想象能够想到的适用情况，却无法规定到立法者想象不到的情况。然而，社会上的情况毕竟千差万别，无疑总会存在立法者漏掉的情况于实际中产生。这样的情况下，虽然规定了细节规定，但是却不存在在此特殊情况下的细节规定，如何是好？结果反而恐生疑云，引起法条的不适用。

若仅一一明确原则，而其原则的适用需要由裁判官与立法者进行适当解释，特别是社会上的事情通常具有迷惑性，反而会被其所迷惑。虽然原则不变，但其适用却反而为社会所左右，本当确实贯彻之立法精神却无法通过立法规定得以实施。如此一来，从裁判事例到各种学说，将会越发繁杂，令人生厌。但是，另一方面又因为法条的不切实际，却又没有办法完全、明确违背法条的规定进行审判，反而会产生种种疑云、疑议，无法合乎时势。

因此，一定要设置概括的规定。此规定要随着社会变动，适用于裁判官，适用于法学者，同样也适用于不断进步的社会。

而且，不设置细目，不但是出于体裁上的考量，而且也是出于令修正案尽量简明的主旨，不用太难的言辞，简明易懂，尽量根据过去的习惯来选词造句，避免创造新词的出现。①

---

① 《衆議院民法中修正案委員会速記録》，明治二十九年（1896）二月二十九日（第二号）订正，《帝国議会衆議院議事速記録》第十一卷，東京：東京大学出版会，1979年，第5—7页。

尤其值得注意的是，梅谦次郎在报告的最后提到了对于旧惯习的态度和立法中的实践情况，其中指出：

> 最后，特别针对本修正案对旧惯习的态度进行说明。此修正案编纂之时，能采用日本过去的旧惯习则采用之，不得已必要时才从外部改变此惯习，即参考社会的进步程度，伴随进步的程度对其加以变更是不得已之举。首先，根据不会产生弊端的旧有惯习，在法典调查委员会中，委员并不满足于从自己过去的经历中获得的惯习，或听取行政官厅的意见，或嘱咐地方裁判所的裁判官就司法上的事件进行调查，而且也调查其他各省所管辖之事项。对于其他各省来说，也要咨询各地方的商业会所，调查商业上的惯习，并征求实业家的意见，以供我方参考，以此事件内容，尚在官报、报纸等处刊登广告，征求了解全国惯习之人的解答，并参考其回答内容，对其尽可能采用，此乃此修正案的基础。而且不仅如此，修正案以尽可能采用各地方之惯习为调查精神，例如物权编中有关所有权的界限规定，如果有不同的惯习则遵从该惯习，将其规定为法律的一般行为；修正案第九十二条设定了广泛采用惯习意味的条款，也就是说，务必要贯彻惯习不可打破的精神。[1]

由此可知，对比旧民法立法过程，在明治民法立法过程中，法典调查会得到政府的支持，以更加谨慎的态度对待旧惯习问题，自上而下地展开关于旧惯习的问询，并将旧惯习的地位以立法的形式确认下来。但是，在旧惯习与进步发生矛盾时，依然采用进步主义的态度，

---

[1] 《衆議院民法中修正案委員会速記録》，明治二十九年（1896）二月二十九日（第二号）订正，第7页。

彻底打破含有封建意味的旧惯习，体现了明治民法的先进性特征。

四、众议院特别委员会的审议成果

此次帝国议会的审议，没有采取逐条审议的方式，也没有既定的顺序，完全跟随委员的质询进行，议长仅控制审议的节奏，无法统一审议内容，所以显得纷乱复杂。众议院审议的结果，仅涉及若干细节性改动，没有对整个修正案做出重大的修正。具体改动部分如下：

第三十条第一项，不在者十年生死不明，裁判所得以因利害关系人之请求宣告其失踪。

改为：不在者七年生死不明，裁判所得以因利害关系人之请求宣告其失踪。

第七十条　法人不能完全偿还其债务时，裁判所因理事或债权者的请求以职权宣告其破产。

增加一项：前项的情况下，理事可直接申请宣告破产。

第一百六十七条　所有权以外的财产权二十年不行使则消灭之。

改为两项：第一项，债权十年不行使则消灭之。第二项，非债权或者并非所有权的财产权，二十年不行使则消灭之。

第一百六十八条　定期金债权的前条期间从第一次偿还期开始起算，但债权者若可以证明时效中断，无论何时皆可以要求债务者签署同意书。

改为两项：第一项，定期金债权从第一次偿还期开始二十年不行使则消灭之；从最后的偿还期开始十年不行使亦同。第二项，定期金债权者若可以证明时效中断，无论何时皆可以要求债务者签署同意书。

第一百七十一条 辩护士从裁判时起，公证人、执行人自其职务执行时起，经过三年，对其职务相关往来文书免责。

改为：辩护士从事件终了时起，公证人、执行人自其职务执行时起，经过三年，对其职务相关往来文书免责。

物权编

第一百九十五条 占有他人饲养家畜外之动物者，其占有开始时为善意，且自其逃失二十日内没有接到饲主要求恢复的请求，则取得行使其动物上之权利。

改为：占有他人饲养家畜外之动物者，其占有开始时为善意，且自其逃失一个月内没有接到饲主要求恢复的请求，则取得行使其动物上之权利。

第二百一十八条 土地所有者可以向邻地倾泻雨水，但不得在其疆界或近旁设置屋檐及其他工作物。

改为：土地所有者可以直接向邻地倾泻雨水，但不得设置屋檐或其他工作物。

第二百四十条 遗失物根据特别法规定进行公告后六个月内，其所有者不知时，拾得者取得其所有权。

改为：遗失物根据特别法规定进行公告后一年内，其所有者不知时，拾得者取得其所有权。

第二百四十一条　前项规定准用于埋藏物，但在他人之物中发现之埋藏物，其发现者与其物之所有者折半取得其所有权。

改为：埋藏物根据特别法规定进行公告后六个月内，其所有者不知时，发现者取得其所有权。但在他人之物中发现之埋藏物，其发现者与其物之所有者折半取得其所有权。

第二百五十三条第二项，共有者于六个月内不履行前项义务时，其他共有者可以花费相当的补偿金取得其人的所持部分。

改为：共有者于一年内不履行前项义务时，其他共有者可以花费相当的补偿金取得其人的所持部分。

第二百六十八条第二项，地上权者根据前项规定不抛弃其权利时，裁判所因当事人之请求，得以斟酌工作物、竹木的种类和状况，及其他地上权设定之情况，在十年以上五十年以下的范围内确定其存续期间。

改为：地上权者根据前项规定不抛弃其权利时，裁判所因当事人之请求，得以斟酌工作物、竹木的种类和状况，及其他地上权设定之情况，在二十年以上五十年以下的范围内确定其存续期间。

第二百七十八条　永佃权的存续期间为十年以上五十年以下，若设定永佃权之期间超过五十年时，要将其缩短至五十年。

改为：永佃权的存续期间为二十年以上五十年以下，若设定永佃权之期间超过五十年时，要将其缩短至五十年。

增加一条：（第三百四十九条）：质权设定者可以以设定行为或债务偿还期前的契约作为对质权者的偿还而取得质物的所有权，不得约定不依其他法律规定的方法处分质物。

其他条款后延。

第三百六十三条　以记名债权为质权的目的时，要根据第四百六十六条规定，通知第三债务人有关质权的设定，而且不经第三债权人同意不得以之对抗第三债务人及其他第三人。

改为两项：（第三百六十四条）第一项，以记名债权为质权的目的时，要根据第四百六十七条规定，通知第三债务人有关质权的设定，而且不经第三债务人同意不得以之对抗第三债务人及其他第三人。第二项，前项规定不适用于记名股票。

第三百六十四条　以记名股票或公司债为质权的目的时，要根据记名股票或公司债让渡相关规定，没有计入公司账簿的质权设定，不得以之对抗公司其他第三人。

改为：（第三百六十五条）以记名公司债为质权的目的时，根据公司债让渡的相关规定，没有计入公司账簿的质权设定，不得以之对抗公司其他第三人。

债权
第五百十九条　债权及债务归同一人时其债权消灭。
改为：（第五百二十条）债权及债务归同一人时其债权消灭。但其债权为第三者目的时不在此限。

第六百三条　借贷的存续期间不得超过十年，若进行超过十年的借贷则将其期间缩短至十年。

改为：（第六百四条）借贷的存续期间不得超过二十年，若进行超过二十年的借贷则将其期间缩短至二十年。

第六百三十六条　前三条规定的瑕疵修补、损害赔偿的请求、契约的解除要在引渡工作目的物开始时起算的一年之内进行之。

改为：（第六百三十七条）第一项，前三条规定的瑕疵修补、损害赔偿的请求、契约的解除要在引渡工作目的物开始时起算的一年之内进行之。（同上）第二项，工作物因前项的瑕疵损失或损毁时，订货人要在其损失或损毁时起算的一年之内行使第六百三十四条之权利。（新设）①

从第九次帝国议会财产法的审议中可以看出众议院审议并不充分。首先，在法知识的维度，审议初期，由于立法理由书缺失，议员缺乏审议所需的参考资料。审议过程中，尽管梅谦次郎通过议会报告的方式，再一次明确了明治民法与旧民法形式上的区别，但是，梅以部头浩大为由，拒绝系统地向议员阐述财产法各部分的立法原则，也没有就法条内容进行具体阐述。可以说，财产法并没有在法知识层面得到严格检验。

其次，在政治的维度，民法财产法审议过程，始终受到议会召开时大环境、议会期限等诸多外部因素的影响。第九次帝国议会召开时，正值条约改正的关键时期，政府条约改正的夙愿始终萦绕在民法典审议之上。此外，对于近一千条的民法典进行审议，一个月的审议

---

① 广中俊雄编：《第九回帝国議会の民法審議》，第259—380页。

时间远远不够。

最终，议会仅对于民法典的细枝末节进行了些微调整，并没有触及民法典的重大问题。但是，民法典作为法案的一部分，由法学专业人士起草的民法典却只有通过非专业人士组成的议会审议才可以实现其合法性，从某种程度上反映了知识的弱势与权力的强势。

第二节　第十二次帝国议会
家族法部分审议

明治二十九年（1896），第九次帝国议会业已通过"民法中修正案"，明治民法前三编即总则编、物权编、债权编颁布。其后两编即亲族编、继承编以"民法修正案"为题提交明治三十一年（1898）第十二次帝国议会。

此次审议虽然在众议院顺利通过，但在贵族院却遭遇到阻碍。明治三十一年（1898）六月三日，贵族院设置特别委员会开始审议后两编。至六月七日逐条审议至第八百九十五条终了时，委员加藤弘之提议中止逐条审议，提出继续审议案，要求设置新的审议方法继续审议。若按照加藤弘之提议修改审议方式继续审议，则"民法修正案"至同年十二月才能审议完毕。特别委员会出席委员以 7 比 6 的微弱差距，否定了继续审议案。[①]六月十日，加藤弘之又在贵族院大会上再次提出继续审议案，但在伊藤博文劝说下，贵族院大会最终以 28 票

---

① 　小柳春一郎：《民法典の誕生》，第 34 页。

赞成、204 票反对的巨大差距，否定了加藤的提案。

一、政府委员"民法修正案"的贵族院报告

根据贵族院会议议程，六月三日，议长遴选过特别委员后，穗积陈重即代表政府向特别委员会报告"民法修正案"的提案理由。穗积以所提出的民法残部修正案相当浩瀚，其中涉及之实质无法一一详谈，且附有参考书，不详之处还接受委员质询为由，仅就法典调查会法案调查大致经过和调查方针略作汇报：

> 原法典延期的一大理由，乃原法典并非斟酌我国风俗习惯的立案。因此，法典调查会特别注意此点，博览古代、中世的法律，广泛搜集德川时代到维新以来的法律惯例和判决案例，并对此进行详细调查，依此立案。故修正案确认了古例惯习中的有益部分，没有变更必要即原样保持，使其无害；针对其惯习中有弊害的部分或者矫正弊害，或者设置预防弊害发生的规定。因此，原样保存了大量古例惯习，其中只将虽为惯习但却非常有害的部分修改。
>
> 此次提出的民法残部修正案相对于原法典的部分，涉及原法典人事编和财产取得编的一部分。原法典人事编的编纂方式完全按照个人主义的习惯，将人民视为单个个体，以此为单位组成法律全体。因此，如户主权、亲族关系等规定被置于亲族编的末尾，视为人事相关规定的一种变体。日本乃依据家族制度而成立，所以修正案将户主和家族、家族制置于本编的开端。但是，根据社会的进步，家族制度今朝与往昔差异很大。家族者，每人皆有公事和私事的权利，例如行使公权、当选为议员、担任官吏的权利，其他的事情也是以个人为单位而行动。而且经营工商业

者也是以个人为单位在社会上行动。所以，此等以个人为单位的行动和亲族关系一起成为家族制的基础。以此原则设置不妨碍此原则的规定。

因此，从全编的编制来看，修正案与原法典截然相反。修正案将置于原法典末尾的户主、家族关系的条款放到开端，此种编制方法是根据亲族相关规定而形成的。

而且，原法典将继承相关规定完全视为财产取得规定，将其编入财产取得编中。此种编排固存在合理的一面，即继承乃财产取得的权利，但是，在实行家族制度的我国，财产转移大部分被视为户主权的继承、家督继承的结果。所以，原法典将其编入财产取得编中最为不当。因此，修正案另设继承编，依照家督的规定进行编排。所以修正案的财产编中并不存在家督的相关规定。这两方面即与原法典相比编排的大致区别。

最后法典调查会此次提出的两编，乃其讨论和立案花费时间最长的部分。因为既要适当保存我邦的惯习，还要应时势的必要添加新的规定。①

由此观之，穗积主要从三个方面论述了民法残部的编纂方针。首先是对于惯习的理解。残部的编纂体现了与前三编不同的取材模式，后者取材主要来源于外国成文法典和法例，参酌本国惯习编纂而成。与此相对，残部编纂则参考了大量的日本惯习，主要依据德川时代至维新时期的判例和规定，体现了法典调查会的一贯立法理念，即"旧来惯习之无弊害者，固宜力予保存，当编纂法典之始，宜就各种事项，详审其惯习如何，可采用者，取为法典之一部，殆决定惯习法之

---

① 《貴族院議事速記録》第十二卷，東京：東京大学出版会，1968 年，第 146—147 页。

应取应舍。编为法典之后，则宜依法典所规定者，适用于万事，或一事偶无所依据，亦宜解释法律全体，以发现可以适用之法理"。[1]

其次，编纂方针明确了以家族主义为核心的立法理念。但是，在穗积的解释中，此核心仅体现在编纂的线索上，即将家族法部分和家督继承部分放置在法典中相对清晰、相对重要的开端位置。在这里，他避免提及婚姻关系、亲子关系、家督继承、财产继承等敏感问题，或许是出于策略，或许是出于真实考量，将基于原法典的修正更多地体现在形式而非内容的介绍上。

最后，穗积强调民法残部编纂的复杂性，说明此残部乃花费时间最久、争论最多的一部分，暗示各位特别委员应当信任法典调查会的工作，隐含着敦促特别委员会尽速审议的意味。

二、贵族院特别委员会的质疑波澜

民法残部在贵族院特别委员会审议的初期，按照流程，按部就班，顺利进行。有关华族问题的质询就是一个典型例子。男爵小泽武雄提出质询，法典颁布之际与华族令是否会存在矛盾。穗积陈重对此表示理解，并细心加以说明，赢得了贵族院的好感。

> 本院华族议员最多，故宜重点说明此事。华族相关规定与亲族继承等关系重大，修正案立案开始即照会宫内省，而且此案提出之际也将其必要部分提交宫内省，经过爵位局的各位局员与法典调查会的起草委员屡屡商讨才做出规定。但是华族相关的规定在民法之外进行特别规定为宜，尤其是隐居、婚姻、家督继承等相关规定还有待特别斟酌。与民法颁布相应，华族令可能有必要

---

[1] 富井政章：《民法原论》第一卷，陈海瀛、陈海超译，北京：中国政法大学出版社，2003年，第56页。

修改。但是在此修正案中不设华族的特例也不会有所偏差。修正案中有若干就家督继承等问题设置特例的规定，此乃与宫内省商讨的结果，大概都适合华族的种种相关规定。①

然而，当审查开始涉及关键问题时，穗积陈重的报告就不再让特别委员会感到满意。比如，久保田让针对修正案之于原法典的修正力度发问：

　　民法自二十三年颁布，到二十五年延期，受到了相当多的非难，所以政府决定延期，又设置委员会。根据委员会调查，今日提出此修正案。根据政府委员的陈述，修正案对于原法典进行了根本上的大改动。但是，此改动源于原法典以个人主义为基础的编排体例，此次编排以家族制为依据，且此改动乃民法修正案第一重要之改动，改动仅仅存在于体例编排，而非内容上吗？

　　原法典从程序上来说并不草率，从数年前就设置种种委员，或在司法省设置特别委员，以郑重的程序制定法案。但是，此次改正从何种程度上可称为尽十分之力的大改动呢？

　　修正案残部与国家风俗习惯、伦理道德关系重大，必须要尽全力调查。即使相信本修正案确实是极其完全的改正，但仅仅五年间将法律作如此彻底的变动，即使在今天仍然存在许多疑义。

　　本委员并非专业法学者，也没有相关专门知识，但是根据学者社会即大学教授和其他专业学者的说法，此修正案今日即使在学者中尚存在许多议论，在学者中间都未达成一致。法典调查会的委员中也并非全员一致，毫无疑义，仅仅是通过少数服从多数

---

① 《貴族院議事速記錄》第十二卷，第 147 页。

的方式决定。

尽可能讨论，尽可能调查，才会形成尽可能完全的改正。而且，其实施会对本国的习惯风俗、伦理道德等造成何等的影响尚存悬念。具有如此重大作用的法律，在如此短期的议会中，由政府提出，并希望其尽速通过，政府也太过自信了吧。虽然政府坚信修正案与风俗习惯、伦理道德没有一点不相适应，但是，根据外国的情况，此修正起码要花费十年、二十年的时间。

政府下令调查，法典调查会秘密进行此项工作，并未为社会所知，从最初提出议案开始到现在仅仅一周到十日之间，希望尽速通过，此种做法过于心急。不得已的理由，恐怕在于该法律与条约改正的关系，该法律不通过条约改正就无法完成。①

于此，久保田让从三个方面质疑了报告委员报告的可信程度。首先，尖锐指出报告委员仅就法典形式的改变进行详细汇报，却没有汇报法典内容的变动情况。其次，法典编纂时间过短。旧法典经过二十年尚且无法轻易获得各界认同，遭致延期的命运。而修正案仅在短短时间内即一蹴而就，其成果令人怀疑。最后，修正案是否适应本国的国情和风俗习惯、伦理道德，需要花费相当长的时间和讨论才可以达成相对一致的结论，而政府如此自信，竟然希望利用短期议会尽速通过讨论。

虽然久保田的发言并没有直接提出延期审议案，但是，其字里行间透露出对于此修正案提案方针的疑虑，在贵族院审议开始之际就埋下了怀疑的种子。

针对久保田的质疑，梅谦次郎从法学家的角度，避重就轻解释

---

① 《貴族院議事速記録》第十二卷，第 148 页。

了修正案内容与条约改正没有任何关系，企图以法理掩盖政府的政治意图，即政府急于利用帝国议会协赞通过修正案，为条约改正扫清障碍。梅谦次郎说道：

> 此修正案残部与前三编相比，同条约改正更加没有关系，但也不能说完全没有关系。例如，外国人要在本国结婚，就必须依据本国的法律，但是，就婚姻的形式等问题，也会出现不根据日本法律的规定，或者根据外国人所在国法律规定结婚的情况。但，这些情况都要根据民法的规定来判断适用。继承问题，外国人不需要家督继承，但是，遗产继承，即处理家属的遗产继承问题时，要按照被继承国的法律，即日本人乃被继承人的情况下，即要按照日本的法律来执行。只有修正案残部中的此两点规定涉及外国人。[①]

三、贵族院特别委员会继续审议案的提出

六月三日至六日，贵族院中虽然蔓延着质疑政府是否因为条约改正而意图快速通过修正案的氛围，但审议仍在按部就班进行。直至七日，民法残部审议到第 46 页第八百九十五条时，加藤弘之提出暂时中止逐条审议，并提出继续审议案，要求设置继续审议委员，在议会议期结束后继续审议，直至本年十二月完成审议。根据此提案，贵族院暂时中止审议，质询内阁对此提案的看法。

根据侯爵黑田长成回忆，继续审议案的提案原因在于：

> 民法亲族、继承两编与我国伦理道德、风俗习惯关系重大，

---

① 《貴族院議事速記録》第十二卷，第 148—149 页。

不能轻易确定。但，此残部如此浩瀚，本届议会实乃短期议会。在这样的情况下，委员很难对其进行彻底审议，而且短期快议甚为草率，感到将来实施的不安心。所以提议设置继续委员尽可能调查。①

然而，当局认为，此次提出的民法修正案若无法在本次议会通过，则会对一直以来的国是即条约改正造成很大影响，可能会导致改正条约难以施行，造成海关关税收入和其他经济方面的很大损害。因此，无论如何希望此次议会能够通过。但是，持继续审议态度的议员认为，海关税算来算去几百万日元，本国风俗习惯更为重要，不能以牺牲伦理道德为代价供经济得利。并且，外交乃当局者的伎俩之一，怎么谈判都能与外国缔结条约，此际没有这两编缔结条约也绝不困难。如果修约失败，也只能怪外交官技巧不足。再者，仅仅将改正条约实施的期限延长半年，不会对条约改正的前途产生多大影响，还能尽可能审议该法案，使其不会不适应本国的良风美俗。更为重要的是，特别委员对于此修正案中是否存在从根本上破坏社会伦理的规定存有疑虑，不设置继续委员进行调查，恐怕难以确认。②

至此，政府与特别委员会之间的争执已不可调和，特别委员会内部也产生分歧，各委员意见相异，各执一词，遂付诸投票。结果，"当日15人委员中有一人缺席，14人出席，委员长表决票不计，7人对6人仅仅以一人多数否定了继续委员会审议案。委员长其实同意继续委员会审议案，如果计算委员长的票数，继续委员审议案实则7票对7票"。③

----

① 《貴族院議事速記録》第十二卷，第240页。
② 《貴族院議事速記録》第十二卷，第242—243页。
③ 《貴族院議事速記録》第十二卷，第243页。

四、贵族院大会的继续审议案论争

针对上述结果，特别委员会出于慎重的考虑，并没有根据规定强行通过审议决议，而是在六月十日将之付诸贵族院大会。此时离本次议会结束只剩五日。至此，"民法修正案"的贵族院审议路线业已发生了偏离，从逐条审议内容转变为论争是否需要设置继续审议委员会于议期外继续审议民法残部。

久保田让代表特别委员会反对继续审议，进行了发言，他认为：

> 该法典修正案与其他法律不同，乃重大法律提案。但是，不得已如此审查，大致根据委员所见的现有情况通过法典审议案，是因为以此可以换取数十年开国进取之国是所追求的条约改正事业的成功，所以无论如何，法典都要尽速审议。此条约改正乃数十年来上下一致热心谋划所追求的事业，甚至不惜为其泼洒热血、忍受屈辱，也要换取国权的恢复。直至今日，条约改正才渐渐随着时势的改变，以和平的方式，获得成功，明年七月就可施行。此际，委员会以少数服从多数通过继续委员审议案，是不可取的。朝野上下如斯急于条约改正，当局者能知其事，全然根据舆论，才判断应尽可能尽速实施法典，如此才可以与外国缔结条约。迄今为止，普通人在社会中对此事没有异论。如此，当局者才认为制定这样的方针是非常适当的。

> 若依据外交上的规矩，有人认为，就算不实行此民法最后两编，条约改正也能完成。但是，条约国有很多，一两个国家或许容易达成意向，得到全部国家的同意却很难。今日我邦向外国提出变更条约改正条件，此举不甚稳妥，一旦欧洲诸国以条件变更为借口，条约改正的期限可能再次无限期延迟。此举与帝国的威信名誉大大相关。

　　反对论者希望审查此法典到今年十二月，对此内容自行调查，但是，此民法业已经过二十三年的公布、二十五年的初步延期，又在二十九年延期至本年六月三十日，其间花费了大概十年。如此看来，已经给予社会足够的研究机会，今日之议难以轻忽。

　　此法案去年第十一次议会开会时已分发至各位议员，亦提供参考，留给希望研究的人足够的余地，商法亦然。虽然商法此后经过了法典调查会陆续的修正，但民法却没有听到质疑的声音。虽然仓促之际难以理解，但是业已两度延期的法案，此次第三度延期，再逾越此定期，将法案交由继续委员会审议，到时难保诸君当中没有人不对继续委员会的审议意见再次持反对意见。如此一来，延期至何时即成为未知数，恐会导致法典实施之期尚不可期，帝国议会丧失信用。

　　二十九年议会决定将原法典延期至本年六月三十日，所以理所当然旧法典应于本年七月一日开始实施。旧法典因其不完备，而两度延期，具有修正的必要。但是，如果不通过此法典草案，按道理，旧法典下月一日就要开始在社会上施行，此点不容忽视。痛击本案的诸君应该反过来担心比起本案更为危险的，是让旧法典在社会上实施所引发的后果。原法典以西洋个人主义为基础，下个月一日实施，反对者一定认为，仅仅提出另一个延期法律案于本次议会上通过，足以阻止这件事情发生。但是，这样违背立宪的宗旨。一旦该法案众议院可决回复至本院，短短期限内，民法实施延期案再次传至众议院，同一议会中将众议院的立场置于何地。宪法虽然不否决意志截然相反的议案在同一议会中被提出，但是如果真要在同一会期中提出相反意志的议案，有违宪法的精神。就算觉得通过该法案不安心，也请诸君顾虑我条约改正，慎重考量，此事与国家前途关系重大。[①]

　　久保田从四个方面论述了不可继续审议的理由。首先，从条约改正与法典立法的关系上来说，条约改正乃明治维新以来的国是，现在逐渐可见完成之曙光。为实施改正条约，法典通过势在必行。不通过，恐怕影响改正条约实施的进度，而且会损害国家的信用，甚至会令外国找到借口，使条约改正再生波折。其次，从议会审议自身的进度来看，法典修正案吸取了第九次帝国议会的教训，此前一年业已下发各议员，令其有充分的时间自行进行研究。他暗示，充分进行研究无论是出于各位议员的自身意愿还是议员义务，法典调查会业已给予了充分的时间，继续审议论者不能将没有时间充分研究作为借口。再次，从法典立法的复杂性来说，法典立法本身就充满了不同理念、不同意见的争执，旧民法的命运业已证明了这一点。他希望民法修正案不要重蹈覆辙，如果延期进行议会外的继续审议，恐怕会引发更多各界不同的声音，造成对法典的继续非议。如此，则法典成立之日将遥遥无期。最后，从宪政体制的角度来看，应按照宪法精神，严格遵守议会决议，若此修正案无法在本次议会通过，则社会就要面临接受明治旧民法的命运。根据明治二十五年（1892）延期法案，旧民法延期至明治二十九年（1896）施行；再根据明治三十年（1897）延期法案，延期至明治三十二年（1899）。如果不通过此修正案，则意味着政府有可能根据议会法案在明治三十二年（1899）实施旧民法。果真如此，则一切批判旧民法、阻止其实施的努力皆将化为泡影。

　　但是，赞成继续审议的议员似乎并不认同久保田的意见，尤其是加藤弘之。加藤依然从宪法与民法的关系出发，赞成继续审议，认为

[①]《貴族院議事速記録》第十二卷，第242—243 页。

设置特别委员乃不得已之举措。加藤阐述说：

　　设置继续委员并不违背政府的意愿和人民的意愿，实乃不得
已之举。委员会审议仅仅三日，此三日间还要听取民法和法例的
大体说明，逐条询问不明之处。法律行文简单，与论文不同，不
容易理解，似懂非懂的条款很多，讲解起来相当困难，而且时间
有限，无法详细讲解，只能大体答疑。三日时间审议了不到一
半。虽然本期议会敕诏延长至十五日，但也仅剩七八日时间。而
且，民法之外，议场中还在审议与其有密切关系的诸法案，如
民法施行案、户籍法案、人事诉讼手续法案等。修正案残部851
条，有一些程序相关条款，有一些简单条款，但是，也有像户籍
法案那种受到种种质疑的问题法案。法例与民法传阅的时间也仅
有五六日，简直是非人的工作量。

　　民法的亲族编、继承编格外重要，是仅次于宪法的法律。宪
法乃国家生存的基本，而民法的该两编乃社会生存的基本，虽非
伦理道德，但是却与伦理道德密切相关，不能轻易审议。

　　根据法典调查委员会所言，民法与如今的施行法案、人事诉
讼手续法案、户籍法案有很大关系，不能使其相互矛盾，再加上
八百五十一条，如此浩大的工程七八日之间，非人力所能完成。①

　　加藤弘之从两个方面论述了贵族院审议完毕所面临的困难。首
先，出于工作量的考量。根据六月三日至七日的审议进度推算，如此
短时间内完成整个民法残部的工作几乎非人力所能完成。且需要审议
的，不仅有民法修正案，还涉及与之相关的法例、户籍法、人事诉讼

---

① 《貴族院議事速記録》第十二卷，第246页。

法、民法施行案等。审议民法残部尚且困难，何况如此多部法律一并进行审议，实在是勉强之举。其次，加藤强调，民法残部与国家伦理道德关系重大，事关治国之根本，必须慎之又慎，详加思量，充分讨论，方能得出结论。

谷干城的态度则代表了摇摆于两派之间的中立派。谷干城说道：

> 会期只有五日，审议完毕简直像痴人说梦。审议到本月末，就可以给大部分委员争取到数日的研究机会，不过，这样加紧赶工大致应该能保证完成审议。无论如何，此会期已然过半，但如果真到本月中还是无法完成审议，则设置继续审议委员会也是没有办法的事情。
>
> 该法律要在七月一日以前实施，令一年以后的条约实施没有障碍乃我所望，同时，法典顺利实施，于社会行使毫无障碍也是我所望。
>
> 如果修正案不通过则原法典得利，此甚不合逻辑。我认为再次延期前提出延期法案不会有偏差，也不会违背众议院的意志。这与旧民法作为废案在上一会期中提出延期性质不同，因为此次是不得已而为之，所以此次法典审议还是可以延期，并设立期限，延期没有问题。
>
> 要言之，无论如何，五日无法完成，议会委员会中有很多法典调查会外部的委员，同一委员身兼数职出入议场五日间绝对不可能完成审议，只能盲判。盲判带来遗憾，情非得已，只能选择比较重要的进行讨论。①

---

① 《貴族院議事速記録》第十二卷，第248页。

谷干城赞成继续审议，只不过他认为如果全力以赴审议，延期到六月末即可完成，似乎不必如加藤所主张那样延至十二月。针对修正案不通过可能导致旧民法得利这一问题，谷干城以为完全可以采取提案的方式，经过上下两院通过，将旧民法第三次延期。

至此，贵族院内争论陷入胶着状态，赞成方、反对方、中立方各持己见，无法达成共识。

五、伊藤博文的贵族院演说

在此关键时刻，伊藤博文登上贵族院讲坛，发表"民法得失论"的演讲，力挽狂澜，避免了修正案延期审议的命运。

> 民法得失论，我自认不敢再喋喋不休加以说明。在此，我要探讨的问题是：民法，或者说诸法典与国家之间存在的关系。从维新以来三十年的历史观之，上下就此问题未曾存任何疑议。条约改正，或者说与维新的国是方针共存的国权恢复事宜，是三十年如一日都在被倡导的问题。而条约改正二十四五年的历史，也为一般人所共知，在此无细述之必要。

> 条约改正可谓颇为紧要，事关日本的独立权，即一国统治之权。邦土之上，其国之国法若无法行使，则何谈行使独立之权利。在本国国土上行使权利，即条约改正，乃多年来上下之希望，皆存于诸君之记忆中。而条约改正之施行，政府和民间议论纷纷，谈到进行不完全的条约改正问题，则意见更为多样。因为这些纠结于道理的评论，条约改正屡屡延期而至今日，亦未曾完结。现在，好不容易宇宙之各国，大概同意我国之要求。以此为背景，今日之议会中提出法典问题，并非凭空议论，万望诸君三思。政府要求议会短时间内完成法典审议，实为不得已之举。

二十九年度之议会中，上下两院已通过民法之一部分，现今业已实施。……即使民法今日之部分无法实施，前之部分业已成为法律。此残部横于今日之议会。条约改正并非由兴国之希望、兴国之愿望而产生的问题，乃是日本的固有要求。若日本自己的法律皆已齐备，施行条约哪有存疑之道理。时至今日观之，二十四五年披星戴月，条约改正业已完成，各国君主及我国天皇陛下亦批准。此改正条约也是日本国之上、舆论所关心之法律也。此条约附有期限，日本国亦承诺此期限内履行条约，此乃协议所定。今日民法若延期，或为此，条约改正谈判也将变其旨趣，绝对没有相商之余地。我请诸君无论如何尽速审议此民法法案，作为国务大臣，作为本院议员中之一员，不得不再次相请。

刚倾听过加藤君之演说，我诚挚认为，无论是未经深思随便之言论，还是实际思考的难言之语，议员们皆未提出该法案何处需要修正。然迫于事实情势，期限的问题已为众议院所认可，所以如果该法案在贵族院不获得通过，将会产生很多后续问题。下院既已通过，上院未必服从下院之决议，但事关国家全体之形势，上下两院亦认可条约改正乃国家之方针，政府亦不得不服从此归一之方针。

兹事体大，时间如斯迫切，不能仅讨论此法乃善法抑或恶法，与自然物之成行之结果等问题。而且，若去年之议会未至解散，将此法案上报两院议事，或许可以给予诸君更多研究时间，但不得已，去年议会不幸被解散。如斯短期之议会决定如此浩瀚之议案，确实勉强。诸位有疑议情有可原，政府亦恳请各位顾虑到此乃国家至关重大之事，务请权衡轻重。特别是改正条约实施与否，实与国运消长相关，若与世界之各国再度毁约，再赴谈判，可能又要花费十、二十年。新条约有实施期限。此条约案现在业已完成修正。民法至此，连鬼神亦无法预知实施之利害得失。法律若不适民事，可再行改正，亦是无奈之举。民法经过改正，亦不是源于个人意见，上下两院已然在公开性的专门场所会同学者进行过讨论。……探讨过利害得失。政府也表示同意，进而提出该法案，个别学者也著书立说对该草案进行了解释，而且民法绝非仅与此亲族编相关的法律。今日之际，对于设置继续委员继续审议，政府无论是否有异议，都没有说话的资格。议会若同意设置继续委员继续审议，一定也要设置一定的审议期限，务必保证其不半途而废。若此民法法案无法通过，前后花费了三十年的条约改正事业终将化为泡影，万望各位委员深思熟虑。[1]

至此，伊藤博文终于在公开场合确认了条约改正与民法立法的主从关系。他将条约改正视为维新以来的国是，事关日本的独立权，实乃多年来上下之希望，与国运消长有重要关联。而民法立法乃条约改正所必需的条件，无论如何都要在条约改正之前审议完毕，为新条约实施扫清障碍。从文意可知，伊藤并不太在意学者和各种著述所提出的有关民法立法的提案。相反，他认为只有实施才可以验证民法的利害得失，不经过实践，凭空讨论，无异空中楼阁。如果在实施中存在问题，也可以根据其产生的问题一点点进行修改。民法的利弊可以通过实施来验证，修改不急于一时，但是，改正条约的实施却迫在眉睫。伊藤强烈要求各位议员审时度势，避免条约改正功亏一篑，尽速通过民法，确保改正条约的实施毫无障碍。

---

[1] 《民法修正について》，明治三十一年（1898）六月十日，《伊藤博文演講集》，平塚篤编：《続伊藤博文秘録》，第12—14页。

　　不知是受到伊藤的感召，感受到政府的迫切，还是出于条约改正的希望，抑或对法典调查会的信任，就在伊藤发表演讲的当天，贵族院形势丕变，不但以绝对多数的票数否决了法典继续审议案，而且还出现要求略过第一读会直接进入第二读会，甚至有直接通过审议的呼声，当即提案通过审议。

　　最终，"民法修正案"获得审议通过，伊藤博文得偿所愿。"（明治三十一年六月十五日）经帝国议会协赞，民法第四编亲族、第五编继承订立，并公布之。明治二十三年法律第九十八号民法财产取得编、人事编废止，于是民法全编完成，本日亦订立法例、户籍法、竞卖法，并公布之。而且，确定与明治二十九年法律第八十九号公布的民法第一编、第二编、第三编一并于明治三十一年七月十六日施行。"①

第三节　明治民法颁布、改正条约实施与"七博士事件"

　　明治民法典前三编颁布于明治二十九年（1896）四月二十七日，后两编颁布于明治三十一年（1898）六月二十一日，二者均于三十一年（1898）七月十六日开始实施。然而，相较于民法立法时的轰轰烈烈，尤其是"民法典论争"中法学家、启蒙思想家热切投身其中那样一种氛围，明治民法的颁布与实施实在过于平静，没有引起太大反响。唯有福泽谕吉和部分法学家还在关心民法的后续工作。在社会层

① 《明治天皇纪》第九卷，東京：吉川弘文館，1941 年，第 446 页。

面，福泽谕吉积极启蒙民众，以法典立身，人人学法，承担起普法的工作。在学理层面，持本业论的法学家开始著书立说解释新颁布的民法典，促进德国注释法学派在日本兴起。但是，从整体上来看，对于政府与舆论界来说，似乎法典颁布即已完成任务。至于人民从何种渠道了解、认识这一新的法律规范，新的法律规范实施中是否会出现问题，此类问题似乎都不再重要。

　　这也难怪，无论政府还是舆论，此时的焦点完全放置在外交上面。在日本国内，条约改正几乎吸引了所有注意力，民法典颁布不过是其实施诸多准备工作中的一项。在国外，俄国正借着义和团运动，大肆扩张其在华势力，这使得日本产生某种紧迫感。在这样的氛围中，即便法学界也有相当一部分学者持政务论的态度，以学者的姿态针砭时政。其中尤为引人注目的是"七博士事件"，他们主张日俄开战，与媒体相互声援，形成巨大声势，由此开启大正时代学者论政的端倪，也预示着日本民族主义的勃兴。

一、民法实施余波与注释法学派的形成

　　尽管民法典的实施没有在社会上引起太多反响，但也绝非一帆风顺，颁布后仍然在修改、调整。明治三十三年（1900），由于高知县农民请愿，法律第七十一号追加民法施行法第四十七条第三项，规定民法施行前租赁期间设定为永久期限的永佃农，因自民法施行之日起其永佃权被缩减至五十年，故而，在民法施行当日起算至第五十年的前一年，所有者可以向永佃农支付相当额度的赔偿金，并请求其永佃权的消灭；如果所有者放弃此权利，则在一年后，永佃农可以以相当的代价买取所有者的土地所有权。[①] 明治三十五

---

① 福島正夫編：《日本近代法体制の形成》下卷，東京：日本評論社，1982 年，第 97 页。

年（1902），家族法进行了一次微调，第七百四十三条后追加第三项，将直系卑属划入分家之后的家族。[①] 明治三十八年（1905），颁布非常特别税法改正案和继承税法，为弥补明治民法抵押制度的不完备，在普鲁士法的影响下进行了一连串的抵押立法。[②] 明治四十年（1907），政府鉴于民法、刑法部分内容在实践中所暴露出的问题，决定对其进行再次正式修正，"制定法律取调委员会规则，该委员会置于司法大臣监督之下，调查审议其指定之民事、刑事相关法律，五月二十一日，司法大臣松田正久为委员长，特命全权大使都筑馨六等四十人任法律取调委员"[③]。

与此同时，法学者们开始著书立说解释民法典，推动着德意志注释法学派在日本的勃兴。明治民法虽然参考了各国法典，但主要以法国民法典与德意志民法第一草案为依据。而且，其形式完全是德国式的，与旧民法纯粹法兰西主义的风貌相比，具有浓厚的德意志色彩。另一方面，二十世纪初世界法学的中心业已从法兰西转向了德意志，德国新锐的法律学者辈出，影响力波及各国。"形势为之一变，再没有人言必称自然法。法是民族精神的体现、历史的产物，此一名言为大部分日本法学者所信奉。"[④] 故而，不但老一辈民法学者或多或少受到德意志法学的影响，新一代的民法学者受到政府推崇德国法学、伊藤博文欧洲宪法调查的影响，在十九世纪末纷纷留学德意志，回国后创建了日本的注释法学派。"要言之，当时日本的民法解释由梅、富井、横田、川名、石坂五人大概完成了其前三编的部分，其他学者皆

---

① 《日本法史年表》，第 284 页。
② 《日本法史年表》，第 286 页。
③ 《明治天皇纪》第十一卷，東京：吉川弘文館，1941 年，第 718 页。
④ 岩田新：《日本民法史——民法を通じて見たる明治大正思想史》，東京：同文館，1928 年，第 200 页。

受其影响，无法将其学说置于考量之外。"①

　　老一辈民法学者的民法解释著作当中，最著名的还是梅谦次郎和富井政章的民法解释书籍。梅谦次郎"作为日本最后的自然法学者，处于历史法学派与现行法学派的围攻中，空守落日孤城，慨叹孤军奋战"。②自明治二十九年（1896）民法前三编公布，至明治三十三年（1900），梅谦次郎先后出版《民法要义》五卷。到明治四十二年（1909）梅谦次郎逝世时，短短数年间，《民法要义》再版三十余次，乃明治时代拥有最多读者的法律著作。法国法学派的学者富井政章兼修自然法学派与历史法学派，自明治三十六年（1903）至大正时期，共出版《民法原论》二卷本，"集慎重思考与绵密研究于一身，首次建立日本民法学的学科框架，其中兼顾了法国法思想与德国法思想"。③荫蔽在梅、富井的光环之下，但实乃法学界一方重镇的还有横田秀雄，他在明治三十八年（1905）至明治四十三年（1910）间出版《物权法》《债权法》总论各一册，为德国法学派的著作。另外，法典调查会其他相关诸委员也纷纷著书立说。例如，英国法学派学者中，明治三十三年（1900）小泽政许出版《日本契约原论》，但"几乎没有得到任何大的反响"④。明治三十二年（1899）至明治三十三年（1900），仁保龟松、松波仁一郎、仁井田益太郎合著《帝国民法正解》，则"大抵乃纯粹的德意志法学派的法学见解"⑤。

　　二十世纪初，留学德国的日本少壮派法学者纷纷归国，成为民法学研究的中坚力量。他们著作的一大特色是"几乎皆隶属于注释

---

① 岩田新：《日本民法史——民法を通じて見たる明治大正思想史》，第 213 页。
② 岩田新：《日本民法史——民法を通じて見たる明治大正思想史》，第 203 页。
③ 岩田新：《日本民法史——民法を通じて見たる明治大正思想史》，第 206 页。
④ 岩田新：《日本民法史——民法を通じて見たる明治大正思想史》，第 207 页。
⑤ 岩田新：《日本民法史——民法を通じて見たる明治大正思想史》，第 207 页。

法学派"。自此,"日本民法学专治注释法学,推动了其理论洞察力的显著进步"。① 大正初年,鸠山秀夫、穗积重远、末弘严太郎等第三期少壮派学者由欧洲归国,延续了注释法学派的传统。其中主要著述包括:明治四十五年(1912)川名兼四郎出版的《日本民法总论》;明治四十四年(1911)至大正四年(1915)石坂音四郎出版的《日本民法债权》三卷、《民法研究》三卷;中岛玉吉自明治四十四年(1911)开始陆续出版的《民法释义》;明治四十三年(1910)作为《注释民法全书》的一部分,鸠山秀夫出版的《法律行为乃至时效》、松本蒸治出版的《人、法人及物》、三潴信三出版的《所有权》,等等。

从法律知识的继受角度来说,旧民法以法国法学派为依托,"民法典论争"始于法国法学派与英国法学派的对立,明治民法乃法国法学与德国法学的综合体,明治民法的解释又以德国注释法学派的著作为主流。其间的迂回曲折,值得深入研究。

二、民法实施与福泽谕吉的民众普法论

作为"日本近代教育之父""明治时期教育的伟大功臣",福泽谕吉毅然承担起明治民法的普法工作。明治三十一年(1898)六月二十一日民法典后两编颁布,九月二十四日,福泽谕吉在其亲手创建的三田演说会② 上以《法律与时势》为题目发表演说,殷殷教导青年学子和普罗大众要学法懂法,"不学习法律就没有不吃亏的。希望大家尽心学习法律。并非为了成为辩护士或是裁判官,而是作为一

---

① 岩田新:《日本民法史——民法を通じて見たる明治大正思想史》,第210页。
② 三田演说会由福泽谕吉创立,希望通过演讲和讨论的方式,以自己的意见启蒙多数民众,明治十七年(1884)正式确立了演说的形式和规章制度,并作为正式组织向大众开放。其最初的演说场馆三田演说馆,目前已成为日本重要的历史文化遗产之一。

般的人，了解法律实乃必须。"① 福泽指出，法律与工作、生活息息相关。

在今日的社会中，供职于政府也好，从事商业也好，从事工业也好，一切万事不知法律则无法具有发言权。没有法律思维的人无论如何都没有发言权。例如，某公司如何啊，某股票如何啊，借款贷款如何啊，婚姻继承如何啊，没有一样不与法律相关。一事一物皆为法律所创造。……不知法律者不知何为品行不端，不知法律者不知何为不务正业，此乃不争之事实。即使居家不从事商业买卖的人也必须要了解法律，不但男人要了解法律，妇人也要了解法律。持家为一家之主的岁月中，即使女子也必须具有法律思想，此乃不争之事实。②

一年后，福泽又在《时事新报》上撰文呼吁普通民众研究法典的必要。他告诫民众，随着民法、商法的颁布，"旧有的规则布告所存很少，法律界面目一新，日本国民更是处于新法规的支配之下，无论其职业如何，都有通晓法典原则的必要"。如果只有法学家钻研法律，而"普通人若怠于一般性研究，则恰如在黑暗中行动一般，会造成很多误解和偏差。……单单将惯习上的善恶观念作为唯一标准，将标准诉诸常识一隅签订诸种契约的结果即产生纠纷，造成挽回不了的损失，怨恨法律，认为法律不能带来公平正义"。③

他驳斥法律知识非必要论，指出："虽然有人说法律的知识对于

① 福沢諭吉：《法律と時勢》，明治三十一年（1898）九月二十四日，《福沢諭吉全集》第十九卷，東京：岩波書店，1963 年，第 758 页。
② 福沢諭吉：《法律と時勢》，第 755—756 页。
③ 福沢諭吉：《法典研究の必要》，《時事新報》明治三十二年（1899）五月二十九日，《福沢諭吉全集》第十九卷，第 522—523 页。

普通民众来说并不是必要的，在必要的情况下，咨询专门负责人员则万事足矣，而且，法律的规定想象了很多事物的极端状况以防万一，平常无事之时没有必要特别注意，但是，本来人事之间的分歧就是在平素当事者不介意、忽略过的细节中产生，若不注意极端的情况则无法期待平素权利之万全。"普通民众如此，商人更是如此。"日常频繁进行交易行为的商人等，更要挂心于了解其法律规定。……固然，诉讼产生之时一定会麻烦专业人士解决，但是，日常迅捷的商业买卖及其他行为，并不可能一一咨询于专业人士，并没有时间去借鉴他们的知识。"①

福泽谕吉深谙法典研究的必要性。"法典确定了国民的行为准则，从身体财产的权利到婚姻、养子收养、继承和其他的关系，人的行为是否适应法律的原则，与当事者的利害相关重大。"进而，他把法典研究比作武士习武，不为害人，只为防身。"昔日封建武士常常练武，未必为了杀人，而是为了预防因为不懂得武术而可能招致的侮辱。懂得武术之时，不动刀剑冥冥中也能遏其势力，保全体面。"②

福泽谕吉把研究法典放置在文明论中加以把握，将之提升到文明社会生存的必要手段的高度。"在文明世界中，学习法律乃是预防因无知而产生危险之道，法典研究的必要绝不限于专门学者。"他希望普通民众能够转变对法律的态度。"将法律等同于刑罚，将法律看作惩罚恶人的法度，并非将其视为处事的正道"，已经是落后于时代的法律认识。文明时代，"人间的一切关系悉数为法典网罗"，了解法律乃是国民的权利。③

在福泽谕吉看来，学习法律具有方法论的意义。

---

① 福沢諭吉：《法典研究の必要》，第 522 页。
② 福沢諭吉：《法典研究の必要》，第 522—523 页。
③ 福沢諭吉：《法典研究の必要》，第 523 页。

　　法律虽然是为了制止邪恶维护正义而设计，但是要确认事实，需要一定的形式，不依此形式的事实不能被视为事实。若要依据法律的保护维持自己的权利，就必须要了解法律面前，正义之所以为正义的条件，即必须要具备法律的必要形式才可以彰显正义。如果条件不具备，而作无谓之争，纵使有真实正当的理由，从法律的角度看来，亦不会将其视为真实正当，结局当然会导致失败。不理解这个道理，毫无理由地认定所谓事实云云，失去权利云云，此乃不公平，而因此怀恨在心，实乃怨恨者的愚蠢。①

对于法律的研习，不仅要掌握法律的内容，更要把握法律的形式。在文明社会中，正是透过法律这一形式，确定出事实，进而形塑出正义。正是在这个意义上，法律规范着文明社会的生活秩序。

　　同时，明治日本的特殊形势，也使得学习法律具有必要性。在条约改正完成后，日本人将面对外国人在内地杂居的状况，如果不学习法律，将会带来不便。"西洋诸国人民富于权利思想，生活于进步的法律之下，事事物物皆以权利观念作为行动的习惯。如今与彼等内地杂居后，他们也锐意将法律调查作为接受日本法律支配的条件。而对此事物关联重大的日本人却意外冷淡，于今后内外交易应酬之际，见我国国民法律思想幼稚如此，即使日本法典如何完备，国民的知识如不与其同步，外国人内心深处一定会抱着轻侮之念，我对此可谓遗憾万千。……研究法典不但出于与外国人交际的必要，而且此乃谋划处事安全中不可或缺的一环。日本国民一定要注意学习法典的要领。"②

---

① 福沢諭吉：《法典研究の必要》，第 523 页。
② 福沢諭吉：《法典研究の必要》，第 523 页。

该文发表两年后，明治三十四年（1901）二月三日，福泽谕吉与世长辞。在其跌宕起伏的一生中，福泽谕吉见证了日本条约改正圆满完成，宪法、民法顺利颁布，他所梦想的那个文明开化的日本，似乎就要到来。此文可谓福泽谕吉留给日本民众最后的教诲。

三、改正条约实施与普法推广

在第十二次帝国议会上，伊藤博文之所以不惜用略带威胁的语气促成法典后两编尽速通过审议，乃是由于法典是条约改正的必要条件。然而，定立法典并非条约改正的唯一条件。民法典颁布实施以后，政府卸下心头大石，转而致力于处理改正条约实施的其他后续工作。不过，在此过程中，却也间接进行了某些普法工作。

为确保改正条约能够顺利实施，伊藤博文深入各界进行演讲。在一次演讲中，他说道：

凡一国国民之风俗，或一国国民之社会行为，并非一朝一夕可以改变。不改变，外国人亦可以理解。唯有行政机关、司法机关或县治、郡治、自治体或关税、警察、登记这些要用机关应对此最为严肃对待，谨防疏漏，此乃必须。并非因为外国人来日居住而至的表面功夫，此乃法律所常命，日本国民也必须如斯对待。而且，国民遵奉法律观念增强，必须按照法律行事，以达到法治国家之目的，与所谓文明之民的称呼相契合。

条约订立该如何行事，虽然存在不同见解，但外国人来日本得到保证，于日本国的法律之下，保护其生命财产安全。与此相对，国民也受到此约定之保护，在各缔约盟国（邦交国）会得到同等待遇，无异于其本国国民。即你来我这，我给你同等待遇；我去你那，你也给我同等待遇。即居住自由、旅行自由、商业自由、组合商业自由、股份公司自由，从事各种事业之自由。虽然其中会有些许例外，但，大体上，外国人在条约中所得之权利，国民亦会如斯得到。

对于日本之国民该采取如何之态度对待为宜呢？日本之国民，即在国者，经商也好，经营手工业也好，不欺客，互以信用而从事活动，并不只对外国人，对于同胞兄弟也要如此，此乃合宜之处事方法。其他新的事情没有必要。虽然时至今日还会讶异外国人来日本居住、经商，但无论是个人，还是在全国之社会，确实都没有必要改变风俗。不需要产生其他特别的担心。刚才提到的，日本国民出国，根据与彼国国民得到同等待遇之约定，日本国必须对外国人进行同一对待。相互得到权利、负担义务，此乃理所当然。虽然不过是尽义务，但要在观念上做好充分之准备。仅从居住于日本国来看，外国人来日，经商、开工厂、自由旅行居住，看到会觉得新鲜，但也必须考虑到居住在外国的日本国民，去外国也可以得到同样的自由自在，尽量给予外国人亲切之对待，在商业上、教育上、全部之事情上给予方便，亲切处理。此乃我等心怀之观念，并以同一之观念，无差别对待外国人。①

---

① 伊藤博文：《条约改正と国民の自覚》，明治三十二年（1899）五月十三日，赤间关商业会议所马关实业家招待会的演讲，《伊藤博文演讲集》，平塚笃编：《続伊藤博文秘録》，第102—109页。

不过，相较于认识、了解法律，政府的关注点更多放在即将到来的外国人在日本自由居住、经商的场景，及其可能引发的问题。一方面，政府念兹在兹的是，训诫全国人民要注意日本帝国的体面，与外国人和平友好交往。明治三十一年（1898）七月十六日明治民法正式实施，为确保次年七月十七日新改正条约顺利实施，八月九日，板垣内相发布谕告，叮嘱在即将实施新条约之际，民众要注意对待外国人的态度。

> 明年七月开始的新条约实施相关，板垣内务大臣本日以官报的形式向普通民众发布告谕。政府决定于明治三十二年七月以后实施新条约，业已向各缔约盟国（邦交国）通知了条约上之规定。此乃维新以来朝野翘首之所望，如今此气运终臻完成，得以与列国平等交际，而且为期不远，仅在今年之后。盖既已获得权利，就必须履行与其相伴之义务，我国人民对待外国人民的态度，不但体现了文明的程度，而且关系到国家之颜面。所以我国人民宜以宽宏大量、友情好意之心态待人接物，发扬国民的声誉，彰显帝国的荣光。以上为告谕。
>
> 同时内务大臣内训各地方长官，新条约实施之际，国民与外国人的接触增多，若发生损伤我国体面、妨碍条约实施前途之事，会使国家陷入困境，所以以告谕之精神为基础，对一般人民进行特别教诲和指导，并采取必要应对之方法，务必努力明察告谕的宗旨。[1]

明治三十二年（1899）七月，民法典实施一年将至，新改正条约

---

[1] 《新条约实施に伴う板垣内相の谕告》，明治三十一年（1898）八月九日，《明治ニュース事典》第六卷，东京：每日コミュニケーションズ，1985年，第318页。

即将实施之际，内阁和文部省① 又分别以训令的形式叮嘱全国人民，务必深体圣意，保证外国人在本国生活的安乐，确保新条约顺利施行。《新条约实施相关内阁训令》（内阁训令第一号）：

> 条约改正之事业，维新以来深烦圣虑，且为人民长久恳盼之所望。明治四年（1871），特命全权大使出使欧美盟国（邦交国），商议改定事宜，开条约改正之端绪至今二十有余年，其间累积与各国的几番交涉，才得以与大不列颠国缔结改正条约，而后与各国陆续改定直至悉数终了，终于要见其实施。是故改正现行条约，与欧美各国缔结对等条约，乃维新开国之宏谟，彰显国家之荣光，增进人民福利之事。但是若其实施方法不得宜，不但会消亡改定之目的，而且会失去友邦之信任，损毁帝国之威信。因此，作为条约改正的结果，我国当然会收回应收回的权利，得

---

① 《新条约实施相关文部省训令二件》：

> 文部省训令第十号，北海道厅、府县：本大臣就任之初，衷心忧虑于学校事态。本年四月地方长官召集之际，本大臣反复督促其注意严正学校风纪、纪律。如今改正条约实施之期不出数日，此际，天皇新下此诏敕。盖将来外国人于内地往来居住者定会越来越多，在此之际，若学校学生放纵不自制，或者藐视礼节，或者举止粗野，见到外国人认为其行为古怪而窃笑，并助长此种陋习，不但会失去教育上之体面，而且会导致国家的威信下降，难保不会玷污国家的体面。宜公奉睿意，督促学校校长及教员，在此之际严加戒备，谨守本分，以期不误学生教养之道。明治三十二年（1899）七月一日，文部大臣伯爵桦山资纪

> 文部省训令第十一号，直辖学校：本省直辖学校因处于对于全国各公立、私立学校之模范地位，故要尤其严肃风纪节制，以期名副其实，此乃本大臣所切望。如今改正条约实施日期迫在眉睫，此际，天皇新下此诏敕。盖今后外国人于内地往来居住者会日益频繁，此际若学校学生放纵不自制，或者藐视礼节，或者举止粗野，见到外国人认为其行为古怪而窃笑，并助长此种陋习，不但会失去教育上之体面，而且会导致国家的威信下降，难保不会玷污国家的体面。对此，本大臣此次训令各地方长官，令其不误学生教养之道，盖模范作用则寄望于直辖学校。苟任职于直辖学校之校长及教官，宜公奉睿意，严厉学生管理，谨守本分，严肃纪律，以期显示模范作用于全国诸学校。明治三十二年（1899）七月一日，文部大臣伯爵桦山资纪

> 《新条约实施に关する文部省训令》，明治三十二年（1899）七月二日，《明治ニュース事典》第六卷，第318页。

以正确地维护利益，同时也要保全外国人的权利，使各国人民能够安心、快乐地在我国内居住，此乃帝国政府之责任所在，也是国民之义务所在。当局者要深体圣意，务必注意。明治三十二年（1899）七月一日，内阁总理大臣侯爵山县有朋 [1]

对此，《时事新报》撰文评论道：

　　昨日报纸刊载了改正条约实施相关之诏敕及训令，以供国民阅读，以体圣意。条约改正乃维新以来之大事业，上下官民同心一体，方取得今日之成果，终于将在本月十七日及八月四日开始实施，实乃全体国民欢心之所在，时时将新条约实施记挂于心，尽力确保其万无一失。天皇陛下对此尤其挂念，如慈母之于赤子，亲切殷勤垂询条约改正事宜，期待并注意其进展和结果。即如内阁之训令所言，我国在收回应得之权利并正确维护权利的同时，也要负有确保外国人的权利，并使其安心地居住于我国内的义务，此乃官民需要共同注意不可忘却之点。上述诏敕与内阁训令一起，特别是文部大臣下达于各府县及直辖学校之训令，皆明确表示在今后外国人日益频繁居住于内地之际，官立学校的学生若放纵不自制，或者藐视礼节，或者胆敢举止粗野，见到外国人认为其行为古怪而窃笑，并助长此种陋习，不但会失去教育上之体面，而且会导致国家的威信下降，难保不会玷污国家的体面。此点一定要注意，乃此段训诫中心之所在。向来世间往往有轻蔑外国人之风气，往往将见闻当作事实，此风气在官立学校的学生中尤其盛行。从教育的原则出发，我辈应该屡屡尝试对其进行告诫，即使此

---

① 《新条約実施に関する内閣訓令》，明治三十二年（1899）七月二日，《明治ニュース事典》第六卷，第318页。

告诫逆耳，但在时运到来、条约最终实施之际，当局者应对此现状感到忧心，自行检讨缺点，方能深体圣意。今后世间对待外国人的风气将为之一变，令人感到欣喜，前段时间有传言说高等教育会议即将发布的私立学校令中将排斥外国人作为教育目的，但由文部大臣此番训令之精神推断，此私立学校令断然不会被颁布。此训令仅为条约实施仪式之一隅，实际效果并不可见。但是诏敕一发，众疑皆消，政府当局和国民一定会专心一致深体圣意，条约改正取得成果实乃开国之国是，维新以来之大事业，乃我辈一直希望之所在。[①]

另一方面，政府还要处理诸多涉及外国人的法律问题。理论上说，新条约实施后，外国人要像本国人一样遵守日本的法律，规范民众交往的民法，在实施过程中针对外国人的适用问题，本该成为处理法律问题的重心。但实际上，当时明治政府要面对的首要问题是向外国人收税的问题。因此，政府对于法律问题的关注，聚焦在税法，而非民法。

改正条约与外国人课税

本月十七日即将开始实施改正后的条约，本邦居住的外国人将悉数处于我国法律支配之下，不免要缴纳各种税款。税法的手续即将而且会立刻得到实施。例如印花税等各种证券、邮票、账簿发行的同时会被课税。所得税方面根据所得税法第八条，具有纳税义务者每年四月中应详细记录并向政府申报其收入的种类及金额，而且还要确定纳税期限。至于营业税，营业者每年一月三十一日止要详细记录并向政府备案其营业名称及课税标准，每年五月、十一月按照纳税的规定两次缴纳税收，任何一次征税都不得早于本年度七

---

① 《新条约実施に当たって——時事社説》，明治三十二年（1899）七月二日，《明治ニュース事典》第六卷，第 319 页。

月十七日。也就是说，以上二税皆要从来年一月以后开始征收。当政府编制来年年度收入预算时，当然要将预算的新收入纳入考量范围。只是从外国人处征收到的税款与全国的总税额相比，实则不过占据非常小的一部分，但是外商的营业税大大高出本国商人的营业税，所以据说虽然征收范围小但却占有税额的很大比例。

诸税法与居留外国人

伴随着改正条约的实施，本国居住的外国人将受到我国的税法支配。这些外国人对于其必要的税法一直不懈怠地进行研究，为给予其便利，我国税法的主旨业已翻译成英文、汉文。而且所得税法中规定的调查委员的选举权属于公权利，不会给予外国人，具有资格的外国人仅有对于他人所得调查的权利，却不具有同本国人相同的政治上的关系。所得税纳税人无论本国人外国人皆有作为调查委员的选举权与被选举权，明年现任调查委员任期已满，将要进行半数改选，在横滨、神户等外国人聚居地区或许会产生外国人的调查委员。①

另一个摆在明治政府面前的现实问题是撤销外国人居留地的问题，它占据了政府大量精力。

新条约终将在日本实施，按其实施相关顺序，将大略记录如下：

日法、日奥二条约的实施期限定于八月四日，外务省已于今春与二国交涉，尽可能要求其与其他诸国一起在七月十七日实施，但是此种做法被视为条约改正后的改正，故而要履行该手续还要

---

① 《条约改正に伴う外人课税の问题》，明治三十二年（1899）七月八日，《明治ニュース事典》第六卷，第319页。

另行签约，就不得不面对对方国家议会的再次承认，会带来很多不便，已为二国拒绝。仅此二条约，将在今日之后择日实施。

居留地将于本日开始撤除，将其编入所在的市区，需要履行居留地共有财产的相关后续的繁杂手续，上述法、奥二国居留地如果延期撤除，在实际上甚为不可行。所以我国特地以允许二国国人与其他诸国一起可以在内地自由旅行为条件，要求二国与他国同时撤除居留地，二国公使各自上报本国政府之后妥协，接受我方要求。如此法、奥二国仅是将领事裁判权存续到八月四日，居留地从本日起撤除。

与德国的旧约规定，其领事裁判权与其他诸国的任何一个国家共享，其间均沾特权让与，所以其领事裁判权与法、奥二国一同存续到八月四日。如此，从本日居留地撤除开始到八月四日，存有领事裁判权的国家尚有法、奥、德三国。[①]

尤其是，居留地撤除与税费问题纠缠在一起，使得问题更形复杂，甚至引发外国人反抗，成为舆论关注的焦点。

改正条约的实施令外国人对其房产缴纳房产税及其他附加税。外国人中有人认为此项违反新条约的原则，英语报纸对此批判尤盛，各国公使也对此向我国政府质询。

认为对居留地外国人的房产课税违反新条约的理由在于《日英条约》第十八条，即居留地中，对于现有财产拥有的现行永久借地券被视为有效。但是此项却没有说明对上述财产除了承认其上述借地券有效之外的其他附加条件。

---

① 《新条约の実施で居留地は撤去》，明治三十二年（1899）七月十七日，《明治ニュース事典》第六卷，第319页。

以此为基础，因为永久借地券中没有规定缴纳房产税，所以一些外国人认为免于课税实乃理所当然。但是，与此相反的见解是，《日英条约》第十八条仅仅保障了其土地的永久租借权，并没有保障其附加的条件，所以与房产无关。现行《日德条约》第十八条中，财产即是地产的代名词。故从字义来看，所谓财产不等于包含房产的地产，更不用说《日英条约》中对于财产的概念只字未提。永久借地券仅限于所持之财产，即因永久借地券而获得的地产。如此，《日英条约》中所谓的财产应该等同于《日德条约》中所谓的地产。永久借地券与房产无关，所以对于房产课税乃日本政府的自由解释，此乃理所当然。①

直到明治三十五年（1902），因新条约实施而产生的外国人抗税问题才初步得到解决，政府也终于可以名正言顺地向外国人征税，条约实施最终进入轨道。

横滨在住的外国人中，许多不服从本邦的法律，不缴纳税金，或者与市政府的账面有很大出入。直至一两日前，拒绝缴纳税金的带头人拉布鲁确认了日本政府的调查结果，并承认了缴纳义务，履行了房产纳税人的手续。而且拒绝缴纳所得税及营业税的马顿也于同日履行了纳税手续。而且据说市政府已经发出催告令，通知另外三十二三名拒绝纳税的外国人尽早履行纳税义务。②

根据以上叙述，可以看出，明治三十三年（1900）前后，明治政

---

① 《居留地课税に条约违反と外人が抗議》，明治三十二年（1899）十一月五日，《明治ニュース事典》第六卷，第320页。
② 《横浜在住外人、纳税の义务を认める》，明治三十四年（1901）七月四日，《明治ニュース事典》第六卷，第322页。

府聚焦于改正条约实施带来的外国人在日本内地居住、经商所可能引发的种种问题。至于民法这一对日本社会有更深远影响的事物，在其实施之后，如何向民众普法，如何评估其实施效果等问题，政府似乎已无暇顾及。

四、法学家的分化：注释法学与"七博士事件"

明治民法的实施不但令法学家们获得了进行研究的新资料，而且"民法典论争"、法典调查会的经历也令他们获得了政治资本和舆论关注，为其站在学者的立场上针砭时政创造了便利条件。正是在这种背景下，发生了著名的"七博士事件"。

所谓"七博士事件"[①]即"户水事件"，乃"东京帝国大学法科大学教授为中心的七位博士，认识到日俄战争的重要性，在不同场合向当局建言，启蒙舆论，要不辞一战。虽然东京大学教授参与行政立法早在明治十年（1877）左右即已开始，但是，就外交问题而建言的七人组合，立于政府与舆论的面前，不得不说是一种异象。以后的大正和昭和时代虽然不是没有类似的运动，但到底不及当时的盛况"。[②]故而，"七博士事件"被作为民族主义运动的一部分载入史册。

作为一个群体，七位博士的经历大略相仿。他们都以青年学者自居，金井 26 岁、中村与富井 27 岁就担任教授，都有出国留学经历，并在回国之后直接进入大学任教，也都曾担任或从事过政府的相关工作。例如，户水曾有过身为判事的经历；高桥有过从军经验，也曾起草过外交文书；富井政章则以民法起草者之一为世人所知。

---

① 虽说是"七博士"，但是，前期、后期加入和退出有所出入，总体来来共十人，分别为：户水宽人、中村进午、寺尾亨、高桥作卫、金井延、富井政章、小野塚喜平次、松崎藏之助、建部遯吾、冈田朝太郎。详情参见宫武实知子：《"帝大七博士事件"をめぐる舆论と世论——メディアと学者の相利共生の事例として》，《マス・コミュニケーション研究》第 70 卷，2007 年。
② 河合荣治郎：《明治思想史の一断面——金井延を中心として》，《河合荣治郎全集》第八卷，东京：社会思想社，1969 年，第 259 页。

"七博士"对时局问题的关注发端于一九〇〇年的义和团运动。明治三十三年（1900）九月二十八日，富井、户水、寺尾、金井四人各持有关义和团运动善后处理的建议书，拜访首相山县有朋和外相青木周藏。四人没有见到青木外相，但却见到了山县首相。于是，四人向山县陈述了警惕俄国的扩张，甚至不惜开战的对外意见，要求政府确立明确的外交方针。十月初，"挟大学教授之权威，以影响政治策略与社会的对外认识为目标"，这些意见结集成册，名为《诸大家对外意见笔记》。尽管政府担心建议书流传会造成社会混乱，屡屡禁止其出版，但是，《诸大家对外意见笔记》"却于报纸杂志上几经转载，引起社会的广泛关注"。[①] 这从一个侧面，反映出当时明治社会中弥散着的对外扩张主义的氛围。

富井政章属于"七博士"中的稳健派，他在《诸大家对外意见笔记》中以国际法学与国际政治学的视角详细分析庚子议和的局势[②]，很能代表"七博士"的基本看法。在意见书中，富井政章认为当时局势有四个方面值得注意：

第一，"现今世界的局势主要取决于英俄竞争。而极东问题乃与我国有最紧要利害关系的问题，不可将自己置于超然旁观者的位置。因此，如果仅是出于不伤害任何国家的感情而为此事计，则到底会处于被压制的地位"。

第二，议和谈判中，德国与俄国狼狈为奸，一方面，"德国趁此次谈判的机会，不但运送海军陆军官兵入京，而且作为俄国的内应，不顾北京早已陷落的事实，依旧派遣元帅入京令其指挥，其目的是为了压制英国和我国的势力，毫无疑义，其具有称雄于东洋的野心"。

---

① 朴羊信：《七博士と日露開戦論》，《北大法学論集》，1998 年 1 月，第 962 页。
② 参见富井政章：《法科大学教授法学博士富井政章君の意見》，《诸大家对外意见筆記》，1901 年，未刊行，第 1—10 页。以下富井政章的意见均引自此文。

另一方面，"俄国对于东三省的企图是板上钉钉的事实。……虽然声明没有占领满洲的意图，但是却又进行着占领满洲的准备。如果俄国对于满洲的占领成为事实，并完成与辽东的连接，则会危及与我国密切接壤的朝鲜的独立，不知会造成多少祸端。对于我国实际上乃生死存亡的大问题"。因此，"具有如此狼子野心的二国会提出多少过分的要求，而且如果列国的均势和东洋的和平被打破，则我国会处于相当困难的地位"。

第三，他妄言"中国已经没有独立的能力，终究不免分割的命运，所以主张保全中国实乃迂腐之极"。他声称中国将不免"被列国分割而取之的命运，我国必须事先有所防备。假使中国被分割成数块，必须确定自己的立场，为防止与强国开战而使得己方失利，则与英国、俄国任何一方结盟皆为得策"。

第四，"虽然对于中国的谈判将会如何尚未分明，但是，先决问题乃是要提出交涉满洲和辽东的问题。此问题甚为关键，因为它自然关系到朝鲜独立问题的解决"。"决定中国的善后处理，确立能够确保将来东洋和平的策略实乃上好的机会。如果没有任何的策略，会白白放过此等机会，那么，待俄国对于清朝东北的经营完成，不知会造成何种后果。……如今清朝事变的善后策最为紧要的问题乃预先确定满洲辽东的占领问题。"

富井政章提出，面对当前局势，外交方针上有二计可供参详："此时，我国有必要要求与列国誓约，欲从满洲撤兵，将来不会以任何名义占领满洲，此为一计；另一计则是将满洲和辽东作为中立地带。……必须确立防止俄国侵略的方法，宁可不取朝鲜，将其作为永久的中立国。朝鲜现在是独立国，今后则有必要将其变为中立国。若是此计无望，则要与列国共同宣言其中立，将来无论任何国家皆不能以任何名义占领其领土。"外交策略上则要做到"与我国有相同利害关系的英美二国相互提携，实乃至关重要。三国互为内应互相声援，成功的几率会大大提高，效果亦会很显著。而且要离间德国，使其与俄国相互隔离也不是没有可能的事情"。理清最后的底线，即迫使俄国"放弃满洲的占领，绝不能让俄国轻易取得满洲"。为此不惜一战。因为与俄国在"数年内大的冲突将不可避免。然而如果错过今朝，使得俄国的北清经营逐渐成功，我方的胜算会日益减少"。同时，考虑到与俄国开战的可能性，战争需要有财政和外交的支持。"今日国库中目前中国的赔偿款尚有八千六百余万元。其他三种作为军费的资金余额尚有大概四千万元，合计一亿二千六百万元。明治二十七、二十八年度之役时仅有军费两千九百万元，与此相比，实乃四倍以上。故此资金若确定用途不做胡乱消费滥用，而作为紧急支出，则对于我国来说是来之不易的好机会。"而且"若在外交上施行敏活的计策，或许可以避免实际战争。毕竟此时的目的乃外交上的胜利"。

总体而言，富井政章认为压制俄国实乃正道，虽然大战在远期不可避免，但是，近期只要在外交上利用灵活的手腕，严肃外交立场，还是可以兵不血刃地阻止俄国对于中国东北（近代日本史料中，中国东北被称作"满洲"）的经营。

相较富井的稳健主张，小野塚喜平次和中村近午则对于扩张表述地更为露骨。前者从国家利益出发，认为"对外政策应该膨胀。膨胀与收缩相反，它意味着进步；膨胀与消极相反，它意味着积极。国家一定要有意对外扩张其领土、经济范围及文化范围。扩张要以维持现状为基础。扩张的结果不但可以增进国民的幸福，而且可以提高国家的信用"。[①] 后者从国际形势出发，认为"对于先和平后战争的异议，在今日看来并非空论。观古往今来邦国盛衰之迹，好战兴邦，不好战

① 小野塚喜平次:《对外政策概论》,《国家学会雑誌》,1903 年 10 月,第 6 页。

亡国。我日本，面积颇为狭小，不足以立足于强国之间。若欲膨胀，不得不经数回大战。不经战争手段而欲霸天下，无异缘木求鱼"。①

　　"七博士事件"对政局的影响巨大。当时的政治家就曾指出，政府对俄国采取强硬姿态，与"七博士"的主张有很大关联。"我国民多数不欲进行战争，此乃事实。政府因受七博士最初倡导日俄开战论，又频频组织对俄同志会倡导强硬论的影响，而如斯压制俄国。因此，即使日俄谈判成立，也可能会意外地演变成战争。"②

---

① 戶水寬人：《平和と戦争》，《外交時報》，1902 年 3 月，第 58 页。
② 原奎一郎编：《原敬日記》第二卷《続編》，明治三十七年（1904）二月十一日条，東京：乾元社，1951 年，第 143 页。

终　章

明治维新到明治宪法体制的确立是条约改正的时代，同样也是政治性革命与文化性革命的时代。明治民法典立法过程体现了明治民法作为继受法而造成的理论困境，虽然继受法立法的核心问题是如何令西洋母法适应日本的国情，但是无论是政治家、官僚，还是学者、思想家都无法回答这个问题。这是明治维新所造成的知识断裂与西洋制度引入而引起的社会变化共同作用的结果，以此为时代背景形成的明治民法典立法过程是知识与权力共同作用的结果。

一、明治民法典立法的知识性

旧民法立法所体现的知识性是潜藏在社会思潮背后的，此时接受西方继受法知识时日尚短，民法学在学界不具备独立的发言权，仅能跟随着思想界的呼声随波逐流。它首先受到跟随万国公法继受而引入的自然法、性法观的影响，其后受到宪法思潮、法制官僚对于西方国家构想反思的影响，表现出对于惯习的重视，随着明治十四年政变的发生，传统儒学和德国学的地位因克制英法自由主义而加强，产生了德国派、英国派、法国派三足鼎立的继受法局面，其中还掺杂着传统儒学的因子。本国法学不强大的现实，亦迫使政治家选择外国法学者作为法典草案的起草者，也引起了德国法学派与法国法学派在政权内部依靠法理而进行的政治较量。

"民法典论争"虽然无法回答继受法立法的核心问题，但是它向政府发出信号，主动要求本国法学家在民法立法中的决定性地位，它随着非条约改正的浪潮在社会舆论中日渐势大。同时，它主动与政权相结合，无论是延期派还是断行派，皆是此次论争的受益者，因为正是靠着内部论争所引发的争端，本国法学者向政权证明了自身的独立性，令他们有资格参与民法修正，给予他们机会展示自身的法学素养。

正如穗积陈重所言：

> 法典编纂固为政府之行为，但是如若无法得到全体法律家之翼赞，则不能轻易奏其功效。盖一国法律思想落后，国民中如果没有产生一种所谓的法律家族群，就可以认为没有必要得到法律家的辅助编纂法典，但是振兴法律学，增加学者、裁判官、代言人，使法律从业者产生于民间，对其立法、司法大业俨然拥有话语权，如此编纂、颁布法典之后，才可以实地任用裁判官、代言人以及学者从事法律注解批评工作，其不可之时，其编纂难成，自不待言。①

虽然研究证实旧民法与明治民法在内容上没有什么不同，但是明治民法是本国法学家独立立法的产物，是本国法学者面对继受法知识和本国传统惯习的矛盾独立作业的成果。他们以近代法理为指导思想，以社会环境为评判标准，宽容当时依然存在的过时旧惯，将立法的视野扩展至将来，利用立法技术限制旧惯对社会生活的破坏作用，

---

① 穗積陳重：《法窗夜話》，第 179 页。

独立思考，独立判断，体现了知识自身发展的独立性。

与此同时，民法典的制定对于社会关系的整合及其体系化具有重大意义。民事单行法规只能处理本领域的具体问题，各个单行立法间却无法进行逻辑化、体系化的融会贯通，从而导致立法状态碎片化。反之，法典并非以前各种情况下个别的、断裂的诸法令的汇集，它对于各种应急的、废止的、变更的法令皆具有限定意义，连接全部的、零散的、个别的单行民事法规，具有因将来时代的变化而进行部分改正的可能性，乃总体上国家永恒的法规。因此民法典之于日本，除了条约改正的必要性之外，更具有一种象征性的意义，象征着文明、进步的维度。

二、明治民法典立法的权力性

从明治初年江藤新平确定民法立法开始，到明治民法立法结束，无论是旧民法还是明治民法，其根本目的皆是着眼于内政，有利于外交的。江藤新平的"兵法一致"观着眼于内部整顿，他的政治理想是通过民法立法规范日本国民的日常生活，以此迎接西洋的冲击。他受到万国公法的启发，在性法理念支配下认为一切法律皆有移植的可能性，奋不顾身投入本国民法立法的事业当中，没有经过深思熟虑，确实有些冒进的嫌疑，其中也存在着明治初年继受法贫乏的客观状况，但是其冒进的本质属性却并非以改正不平等条约为目的。

大木乔任担任民法编纂局总裁长达六年，社会思潮中对于宪法、刑法、民法的反思以法制官僚井上毅等为载体延伸入政府内部，引发了继承法论争。多年的司法卿裁判经验令大木在采用继受法形式立法时更为重视社会惯习层面，令他采取任用外国人起草财产法、本国人起草家族法的双轨制立法模式，此举开辟了社会惯习调查的先河。在条约改正的态度上，大木的态度极为端正，重视主权胜于一切。

山田显义被称为法典伯，在他任法典取调委员会总裁期间制成了旧民法和旧商法。他受命于危难之际，尽力采取内外兼顾的态度，一方面拨乱反正，调整井上馨法典取调委员会时期差点丧失立法权独立性的状态，在立法战略上采取谨慎态度，另一方面在战术上，他以强权加强立法力度，为条约改正铺平道路。此等左右逢源的态度招致元老院的不满，山田自身的固执也未令矛盾得到调和，旧民法自此拥有了体制内的最大敌人，以村田保为代表的元老院势力站到了旧民法的对立面。

时值《大日本帝国宪法》颁布，国内民众摩拳擦掌，跃跃欲试，妄图臧否任何事件，在人潮中找到自己的声音；而非条约改正运动也沸沸扬扬，国内弥漫着一种民族主义性质的怀疑主义氛围。旧民法竟然在这样一个敏感的时间点颁布，还因为其尴尬的继受法身份招致法学者的不同评论，无疑雪上加霜。它失去了得到社会宽容和理解的机会，更何况当时的社会根本对任何事情都不打算采取宽容和理解的态度。第三次帝国议会时期，议会通过民法、商法延期案，山田显义身死，大木乔任离职，意味着旧民法失去了最后的政治庇护，它的生命也自此走到了尽头。

明治民法则因第二次伊藤博文内阁的建立而获得了良好的生存空间。伊藤博文对于旧民法的态度暧昧，是主动的断行派，被动的延期派。他以条约改正作为奋斗目标，民法立法则是其实现条约改正的必要条件。但是，条约改正的重大挫折令以往对民法典立法持旁观态度的伊藤博文转而重视明治民法的立法工作。他希望建立行政权高于立法权的"行政国家"，而模仿法国民法的旧民法中存在许多限制行政权的规定，有碍"行政国家"的建立，最终被抛弃。伊藤博文转而决定模仿德国式民法制定新民法。他采取学政分立、权责明确的态度经营法典调查会，在把握进度和人事以及民法立法大方向的同时给予了本国法学者足够的起草自主性。

在明治民法的审议过程中，面对改正条约实施在即的压力，伊藤博文甚至不惜利用略带威胁的口吻对议会加以劝说诱导，其自身的实力对议会来说本身就是一种威压，议会在此情况下不得不采取顺从政府的态度尽速审议，明治民法终于在伊藤博文的保驾护航下有惊无险地获得了合法性。

三、明治民法立法——知识性与权力性的互动

立法是一种主权国家的行为，是社会实践抽象化为国家制度的过程，民法典立法更是因为其本身的知识属性和作为政治立法而产生的权力属性而需要经受更多的考验。

首先，民法典立法过程中必须经过三道门槛，第一道起草，第二道审议，第三道才是社会实践。前两道试题皆属于国家权力主导下的考试，所以说，民法典立法首先需要通过国家权力的检验，然后才可以付诸社会的考验。

其次，无论起草阶段还是审议阶段，皆充斥着知识性立法与权力性立法两大原则，前者确立立法方针，决定立法内容；后者明确立法方向，给予立法环境，影响立法进度。民法典立法乃是由法学家与政治家共同完成的。

再次，政治家从政治需求角度确立立法方向，对于立法知识加以选择，此种选择同样受到知识和政治两方面的影响，前者分为知识对政治的主动性影响和被动性影响，后者代表了局部政治必要性和整体国家大环境。

政治家容易察觉知识对自身的主动性影响，但是也因唾手可得而不容易判断其利害得失，令其取舍两难；他们不容易察觉知识对政治的被动性影响，但此种影响又是润物细无声的，是不可抗拒的，容易

为政治家的潜意识所吸收，而于某次机会中脱颖而出，对其政治判断产生很大影响。江藤新平、大木乔任、山田显义、伊藤博文，这些政治家在确定民法的立法方向时，受到知识界对民法立法看法的影响，同时也以自身的知识储备为判断依据，决定日本到底是应该编纂法国式的民法，还是德国式的民法。

局部政治乃政治家采择知识的基本出发点，但因为局部政治容易受到国家整体大环境的影响，所以政治家对立法知识的选择容易因国家整体大环境的改变而发生动摇；但当局部立法一旦成为制度，顺利过关斩将，通过起草和审议阶段，则其本身所蕴含的权力性规则也会反馈至整体国家大环境中，对其产生不可磨灭的影响。局部政治立法中所蕴含的知识则会鲤鱼跳龙门，它会因为权力的保驾护航而成为知识的主流，在同种类知识中居于优势地位。明治民法立法过程一直受到条约改正进程的影响，随着条约改正的进度而改变自身的立法进度。不过，一八九八年明治民法实施之后，明治民法对日本国民国家建设的影响远深于条约改正，这在一九九八年日本法学界为纪念明治民法实施一百周年的纪念中，集中体现出来。

法学家从立法知识角度对局部政治必要性施加主动性和被动性影响，主动性影响体现在积极参与政治立法，但容易过度沉溺于政治环境而失去知识分子的独立性思维；被动性影响体现在社会思潮当中，此种影响是细水长流、绵绵无声、隐约不可见的，但也容易因为一直处于等待被政治选择的状态而失去了有针对性影响局部政治的机会。

在法典起草阶段，知识和权力、政治家和法学者之间既存在合作，也存在竞争。政治家在立法实践中处于主导地位，法学者必须在其确立的立法大方向下进行工作；同时，知识的延续性却使得政治家不得不在立法理念上服从法学者所代表的知识。

另外，法学者和政治家还有一个更重要的任务，即确定双方共同努力下的立法可以通过国家整体政治环境的审议和检验。在此阶段，他们一定要同仇敌忾，既要对抗国家权力，也要对抗其他同种类知识。国家整体政治环境中权力性的审议对于立法的实施具有直接性的决定作用，其他同种类知识因为对立法的反抗，也可以通过各种途径对权力性审议施加影响。所以，权力性审议作为矛盾的漩涡中心，既体现了国家权力性，也体现了其他知识反抗的必然性。

最后，民法典立法因为民法典本身的法条浩瀚，部头庞大又是群体性立法，很容易出现内部的反叛者。如若内部的反叛者过于强大，他们一旦与外部的反对势力相结合，则有可能直接将民法典在审议阶段置于死地。

综上所述，民法典立法作为制度性立法，确实是淘尽黄沙始到金的过程，前途是诱人的，它象征着文明、制度和理性的理想，但是过程是艰涩的，其立法的任何一个环节出问题，都可能功亏一篑，一招错算全盘皆输。

它的完成需要具有独立思维和主动出击的法学者与强势但不失妥协的政治家。而且二者皆需具有慧眼，能够在选择中认同彼此，在起草互动中调和矛盾，在审议过程中一致对外，处理好知识与政治的关系，处理好内部实际运作中主流与支流反对者之间的关系，处理好速度和内容的关系，处理好起草和审议的关系，处理好局部政治性立法与国家整体大环境的关系，处理好其他各式各样的细节性关系。

另外，社会环境要对民法典立法采取一种宽容的态度，任何文明的理想前进都是社会与国家共同努力的结果。民法典实施在短期内可能会对局部地方利益造成损害，因为它代表着国家权力的统一；但是从长期发展来看，实则利大于弊，有利于各地毫无障碍地处于同一标准之下，有利于人民以同一的标准接受裁判，体现了公平和正义的理想，促进了国家内部的交流。

总之，民法典立法事关重大，功在千秋，它的成功是知识和权力共同作用的结果，也有赖于相对宽容的社会环境。

参 考 文 献

基本史料

村上一博編：『「中外商業新報」にみる商法典論争関係』，『法律論叢』，
　　2013 年 1 月。

村上一博編：『「東京経済」にみる商法典論争関係』，『法律論叢』，
　　2012 年 12 月。

村上一博編：『「日本之法律」にみる法典論争関係（一～六・完)』，『法
　　律論叢』，2008 年 2 月―2010 年 9 月。

村上一博編：『「明治法律学校機関誌」にみる法典論争関係（一～六・完)』，
　　『法律論叢』，2004 年 9 月―2011 年 6 月。

早稲田大学大学史資料センター編：『大隈重信関係文書』，東京：みす
　　ず書房，2004 年。

吉村道男監修：『伯爵陸奥宗光遺稿』（日本外交史人物叢書 12），東京：
　　ゆまに書房，2002 年。

加藤周一、遠山茂樹、中村政則、前田愛、松本三之介、丸山真男、安
　　丸良夫、由井正臣編：『日本近代思想大系』，東京：岩波書店，
　　2000 年。

星野英一、ボワソナード民法典研究会編：『ボワソナード民法典資料集
　　成』，東京：雄松堂，1998 年。

国学院大学日本文化研究所編：『近代日本法制史料集』，東京：東京大

学出版社，1987 年。

明治佛教思想資料集成編集委員会編:『共存雜誌』，京都: 同朋社，
　　1986 年。

広中俊雄編:『第九回帝国議会の民法審議』，東京: 有斐閣，1986 年。

富井政章:『民法原論』，東京: 有斐閣，1986 年。

明治ニュース事典編纂委員会編:『明治ニュース事典』，東京: 毎日コ
　　ミュニケーションズ，1986 年。

日本大学精神文化研究所、日本大学教育制度研究所編:『山田顕義関係
　　資料』，東京: 日本大学精神文化研究所、日本大学教育制度研究
　　所，1985—1987 年。

西田長壽、植手通有編:『陸羯南全集』，東京: みすず書房，1968—
　　1985 年。

明治編年史編纂会編:『新聞集成明治編年史』，東京: 本邦書籍株式会
　　社，1982 年。

平塚篤編:『伊藤博文秘録』，東京: 原書房，1982 年。

早稲田大学大学史編集所編:『小野梓全集』，東京: 早稲田大学出版
　　部，1982 年。

伊藤博文関係文書研究会編:『伊藤博文関係文書』，東京: 塙書房，
　　1973—1981 年。

法務大臣官房司法法制調査部監修:『日本近代立法資料叢書』，東京:
　　商事法務研究所，1983—1989 年。

穂積陳重:『法窓夜話』，東京: 岩波書店，1980 年。

『貴族院議事速記録』，東京: 東京大学出版社，1979 年。

『帝国議会衆議院議事速記録』，東京: 東京大学出版社，1979 年。

『明治文化全集』，東京: 日本評論社，1968 年。

佐佐木高行著，東京大学史料編纂所編:『保古飛呂比・佐佐木高行日
　　記』，東京: 東京大学出版社，1979 年。

明治文化資料叢書刊行会編:『明治文化資料叢書』第三巻『法律篇』，

東京：風間書房，1975 年。

家永三郎編：『大井憲太郎・植木枝盛・馬場辰猪・小野梓集』，東京：
　　筑摩書房，1973 年。

春畝公追頌会編：『伊藤博文伝』，東京：原書房，1970 年。

的野半介編：『江藤南白』，東京：原書房，1968 年。

渋澤青淵紀念財団龍門社編：『渋沢栄一伝記資料』，東京：渋沢栄一伝
　　記資料刊行会，1958 年。

久米邦武：『特命全權大使美欧回覽実記』，東京：宗高書房，1976 年。

仁井田益太郎編：『旧民法』，東京：日本評論社，1943 年。

宮内庁編：『明治天皇紀』，東京：吉川弘文館，1941 年。

穂積陳重：『穂積陳重遺文集』，東京：岩波書店，1932 年。

吉川半七編：『南白江藤新平遺稿』，東京：吉川半七，1900 年。

福地源一郎：『懐往事談』，東京：民友社，1897 年。

ブスケ：『教師質問録』，出版地不詳，1872 年。

大隈重信：『开国五十年史』，上海：上海社会科学院出版社，2007 年。

日文著作

小室正紀編：『近代日本と福沢諭吉』，東京：慶應義塾大学出版会，
　　2013 年。

『日本の七大思想家：丸山眞男、吉本隆明、時枝誠記、大森荘蔵、小林
　　秀雄、和辻哲郎、福沢諭吉、小浜逸郎』，東京：幻冬舎，2012 年。

明治維新史学会編：『立憲制と帝国への道』，東京：有志舎，2012 年。

青山忠正：『明治維新』，東京：吉川弘文館，2012 年。

宮地正人：『幕末維新変革史』，東京：岩波書店，2012 年。

坂本一登：『伊藤博文と明治国家形成：「宮中」の制度化と立憲制の導
　　入』，東京：講談社，2012 年。

五百旗頭薫：『条約改正史：法権回復への展望とナショナリズム』，東
　　京：有斐閣，2010 年。

勝田政治：『小野梓と自由民権』，東京：有志舎，2010 年。

瀧井一博：『伊藤博文：知の政治家』，東京：中央公論新社，2010 年。

伊藤之雄：『伊藤博文：近代日本を創った男』，東京：講談社，2009 年。

小口恵巳子：『親の懲戒権はいかに形成されたか：明治民法編纂過程からみる』，東京：日本経済評論社，2009 年。

大石一男：『条約改正交渉史：一八八七〜一八九四』，京都：思文閣，2008 年。

奥島孝康、宮島司編：『商法の歴史と論理：倉澤康一郎先生古稀記念』，東京：新青出版，2005 年。

澤大洋：『小野梓の政法思想の総合的研究：日本の憲法学と政党政綱の源流』，秦野：東海大学出版会，2005 年。

小股憲明：『近代日本の国民像と天皇像』，堺：大阪公立大学共同出版会，2005 年。

福岡博：『佐賀の幕末維新八賢伝』，佐賀：出門堂，2005 年。

藤原明久：『日本条約改正史の研究：井上・大隈の改正交渉と欧米列国』，東京：雄松堂出版，2004 年。

片倉比佐子編：『家族観の変遷』，東京：吉川弘文館，2002 年。

坂田聡編：『家族と社会』，東京：吉川弘文館，2002 年。

小宮一夫：『条約改正と国内政治』，東京：吉川弘文館，2001 年。

梧陰文庫研究会編：『井上毅とその周辺』，東京：木鐸社，2000 年。

山本茂：『条約改正史』，東京：大空社，1997 年。

富田仁：『岩倉使節団のパリ：山田顕義と木戸孝允その点と線の軌跡』，東京：翰林書房，1997 年。

日本大学精神文化研究所編：『山田顕義の憲法私案』，東京：日本大学精神文化研究所，1993 年。

星野通：『明治民法編纂史研究』，東京：勁草書房，1993 年。

福島正夫著，吉井蒼生夫編：『日本近代法史』，東京：勁草書房，1993 年。

日本大学総合科学研究所編：『山田顕義：人と思想』，東京：日本大学

　　総合科学研究所，1992 年。

手塚豊：『明治民法史の研究』，東京：慶應通信，1991 年。

鈴木鶴子：『江藤新平と明治維新』，東京：朝日新聞社，1989 年。

福島正夫：『日本資本主義の発達と私法』，東京：東京大学出版会，
　　1988 年。

毛利敏彦：『江藤新平：急進的改革者の悲劇』，東京：中央公論社，
　　1987 年。

早稲田大学大学史編集所編：『小野梓の研究』，東京：早稲田大学出版
　　部，1986 年。

福島正夫編：『近代日本の家族政策と法』，東京：東京大学出版会，
　　1984 年。

福島正夫編：『近代日本の家族観』，東京：東京大学出版会，1976 年。

家永三郎：『家族観の系譜』，東京：弘文堂，1974 年。

清水伸：『伊藤博文による明治憲法原案の起草』，東京：原書房，1974 年。

ジョージ・アキタ著，荒井孝太郎、坂野潤治訳：『明治立憲政と伊藤博
　　文』，東京：東京大学出版会，1971 年。

宮川澄：『旧民法と明治民法』，東京：青木書店，1965 年。

日本大学編：『山田顕義伝』，東京：日本大学，1963 年。

中村菊男：『近代日本の法的形成：条約改正と法典編纂』，東京：有信
　　堂，1963 年。

福島正夫編：『明治民法の制定と穂積文書：「法典調査会穂積陳重博士
　　関係文書」の解説・目録および資料』，東京：民法成立過程研究会，
　　1956 年。

星野通：『民法典論争史：明治家族制度論争史』，東京：河出書房，
　　1949 年。

星野通：『民法典論争史』，東京：日本評論社，1944 年。

星野通：『明治民法編纂史研究』，東京：ダイヤモンド社，1943 年。

日文论文

瀧井一博：「明治国家をつくった人びと（27）民法典論争と歴史法
　　学――バルタザール・ボギシッチの日本民法論」，『本』，2010 年
　　10 月。

河上正二：「『法典論争』に学ぶ――民法（債権法）改正の動きの中で」，
　　『法律時報』（特集　民法［債権法］改正　基礎法学・法の歴史の視
　　点から），2010 年 9 月。

重松優：「大木喬任と『天賦人権』――民法典論争における大木喬任の
　　舌禍事件」，『ソシオサイエンス』，2007 年 12 月。

重松優：「自由主義者たちと民法典論争」，『ソシオサイエンス』，2005
　　年 11 月。

玉井朋：「明治民法にみる『家』・『家庭』観」，『藝文攷』，2005 年
　　10 月。

石澤理如：「民法典論争とその時代――民法典論争を見直す」，『日本思
　　想史研究』，2004 年 2 月。

高田晴仁：「福沢諭吉と商法典論争」，『法学』2002 年 8 月。

岩谷十郎：「資料　ウィグモア宛ボアソナード書簡一四通の解題的研
　　究――民法典論争と二人の外国人法律家」，『法学研究』，2000 年
　　11 月。

小柳春一郎：「民法典論争と日本社会」，『法律時報』（特集　民法典と日
　　本社会），1999 年 4 月。

嘉戸一将：「正統性・立法・知――民法典論争の一断面」，『社会システ
　　ム研究』，1998 年 1 月。

稲福日出夫：「ティボーの初期とキーフナーのティボー批判――『法典
　　論争』への予備的考察」，『同志社法学』，1994 年 11 月。

白羽祐三：「民法典論争の理論的性格――民法起草者・穂積陳重論」，
　　『法学新報』，1994 年 3 月。

石部雅亮：「いわゆる『法典論争』の再検討――『サヴィニーと歴史法学』

研究（一）」，『法学』，1993 年 3 月。

岡孝：「明治民法と梅謙次郎——帰国 100 年を機にその業績を振り返る〔含年譜〕」，『法学志林』，1991 年 3 月。

池田真朗：「手塚豊著作集第七巻『明治民法史の研究（上）』」，『法学研究』，1990 年 9 月。

井上琢也：「ティボーと初期自由主義運動——法典論争再検討の手がかりとして（二・完)」，『法学論叢』，1989 年 11 月。

井上琢也：「ティボーと初期自由主義運動——法典論争再検討の手がかりとして（一）」，『法学論叢』，1989 年 5 月。

中村忠：「民法典の形成とその歴史的論理構造について——民法典論争を介して」，『高崎経済大学論集』，1987 年 9 月。

大和正史：「商法典論争に関する一考察——大阪商法会議所の商法断行決議をめぐって」，『関西大学法学論集』，1986 年 6 月。

沼正也「第二次法典論争始末」，『法学新報』，1984 年 6 月。

田村譲：「明治民法典に関する一考察——民法典論争を中心として」，『帝京法学』，1980 年 1 月。

福島正夫：「兄弟穂積博士と家族制度——明治民法の制定と関連して」，『法学協会』，1979 年 9 月。

依田精一：「法典論争と明治憲法体制——政府系新聞を資料として」，『東京経大学会誌』，1976 年 3 月。

依田精一：「民法典論争と近代社会思想（明治末期における社会思想特集)」，『季刊社会思想』，1973 年 2 月。

水林彪：「第一議会における憲法第 67 条問題と第三議会における民法典論争」，『法学協会』，1972 年 12 月。

有地亨：「明治民法起草の方針などに関する若干の資料とその検討」，『法政研究』，1971 年 1 月。

大島美津子：「民法典論争（家族主義か，個人主義か——家父長的家族制度の確立）——近代日本の争点（59）」，『エコノミスト』，1967 年

8 月。

高梨公之：「民法典論争と日本法律学校」，『松山商大論集』，1966 年
　　12 月。

熊谷開作：「商法典論争史序説」，『松山商大論集』，1966 年 12 月。

井ヶ田良治：「民法典論争の法思想的構造（続）」，『思想』，1966 年
　　8 月。

井ヶ田良治：「民法典論争の法思想的構造」，『思想』，1965 年 7 月。

宮川澄：「旧民法と明治民法（七・完）」，『立教経済学研究』，1964 年
　　10 月。

松本暉男：「民法典論争の家族制度史上の意義」，『関西大学法学論
　　集』，1964 年 5 月。

宮川澄：「旧民法と明治民法（六）」，『立教経済学研究』，1964 年 3 月。

宮川澄：「旧民法と明治民法（五）」，『立教経済学研究』，1963 年 8 月。

宮川澄：「旧民法と明治民法（四）」，『立教経済学研究』，1963 年 7 月。

宮川澄：「旧民法と明治民法（三）」，『立教経済学研究』，1963 年 6 月。

宮川澄：「旧民法と明治民法（二）」，『立教経済学研究』，1962 年 7 月。

松岡正美：「日本商法典成立史序説――『商法典論争』をめぐる諸問題
　　（一）」，『立命館法学』，1960 年 12 月。

中村雄二郎：「『家』の再編と家族国家思想の形成（上）――民法典論
　　争の思想史的意義（二）」，『法律論叢』，1960 年 11 月。

中村菊男：「民法典論争（二）」，『綜合法学』，1960 年 6 月。

中村菊男：「民法典論争（一）」，『綜合法学』，1960 年 5 月。

中村雄二郎：「民法典論争の思想史的意義――『近代日本における制度
　　と思想』研究の一環として（一）」，『法律論叢』，1960 年 3 月。

宮川澄：「旧民法と明治民法」，『立教経済学研究』，1962 年 1 月。

中村菊男：「民法典論争論の経過と問題点（下)」，『法学研究』，1956 年
　　8 月。

中村菊男：「民法典論争論の経過と問題点（中)」，『法学研究』，1956 年

7月。

中村菊男：「民法典論争論の経過と問題点（上）」，『法学研究』，1956年
　　4月。

中村菊男：「旧民法と明治民法」，『法学研究』，1955年10月。

熊谷開作：「戦後における法典論争論の展開」，『阪大法学』，1955年
　　1月。

中村菊男：「条約改正と民法典論争」，『法学研究』，1955年7月。

中村菊男：「旧民法と民法典論争」，『法学研究』，1955年1月。

星野通：「民法典論争」，『ジュリスト』，1954年1月。

宮川澄：「日本民法典論争の社会・経済的基礎について（三）」，『立教
　　経済学研究』，1952年12月。

中村菊男：「民法典論争の性格」，『法学研究』，1952年10月。

石井金一郎：「法典論争の一考察——家制論と外見的立憲主義」，『広島
　　女子短期大学研究紀要』，1952年2月。

宮川澄：「日本民法典論争の社会・経済的基礎について（二）」，『立教
　　経済学研究』，1952年2月。

遠山茂樹：「民法典論争の政治的考察」，『法学志林』，1951年8月。

宮川澄：「日本民法典論争の社会・経済的基礎について（一）」，『立教
　　経済学研究』，1951年7月。

青山道夫：「星野通著『民法典論争史——明治家族制度論争史』」，『評
　　論』，1950年4月。

手塚豊：「星野通教授著『民法典論争史』を読みて——明治家族制度論
　　争史」，『法学研究』，1950年3月。

中村吉三郎：「明治民法史における小野梓と大井憲太郎（二）」，『早稲
　　田法学』，1948年12月。

中文研究著作
何勤華主编：《外国法律史研究》，北京：中国政法大学出版社，2004年。

何勤华：《20世纪日本法学》，北京：商务印书馆，2003年。

何勤华主编：《外国法制史》，上海：复旦大学出版社，2002年。

何勤华主编：《法的移植与法的本土化》，北京：法律出版社，2001年。

何勤华：《外国法律制度史》，上海：上海教育出版社，2001年。

何勤华主编：《法国法律发达史》，北京：法律出版社2001年。

何勤华：《中国法学史》（第一卷、第二卷），北京：法律出版社，2000年。

何勤华主编：《二十世纪百位法律家》，北京：法律出版社，2000年。

何勤华主编：《德国法律发达史》，北京：法律出版社，2000年。

信夫清三郎著，周启乾等译：《日本政治史》，上海：上海译文出版社，1988年。

中文论文

吴治繁：《民法法典化的历史追究》，西南财经大学博士学位论文，2011年5月。

陈华彬：《20世纪的德国民法学》，《法治研究》，2011年3月。

陈阵：《日本明治旧民法典的编纂、论争及其延期实施的原因分析》，东北师范大学硕士学位论文，2009年。

孟祥沛：《日本"旧民法"和明治民法》，《华东政法学院学报》，2006年9月。

丁明胜：《日本明治时期民法典论争与我国清末礼法之争（二）》，《北京政法职业学院学报》，2004年9月。

丁明胜：《日本明治时期民法典论争与我国清末礼法之争（一）》，《北京市政法管理干部学院学报》，2004年3月。

孟祥沛：《民法近代化比较研究》，华东政法学院博士学位论文，2004年。

孟祥沛：《东亚近代法制史上的两次大论争——清末"礼法之争"与日本"法典论争"的比较》，《比较法研究》，2003年11月。

于敏、丁相顺：《私立法学教育与日本法制近代化的历史考察》，《法学家》，2003年10月。

丁明胜、武树臣:《日本明治民法典研究（二）》,《北京市政法管理干部学院学报》, 2003 年 9 月。

刘建锋:《日本民法典的百年历史》,《日本问题研究》, 2003 年 6 月。

丁明胜、武树臣:《日本明治民法典研究（一）》,《北京市政法管理干部学院学报》, 2003 年 3 月。

封丽霞:《世界民法典编纂史上的三次论战——"法典化"与"非法典化"思想之根源与比较》,《法制与社会发展》, 2002 年 8 月。

丁相顺:《日本近代"法典论争"的历史分析》,《法学家》, 2002 年 6 月。

渠涛:《日本民法编纂及学说继受的历史回顾》,《环球法律评论》, 2001 年 8 月。

谢怀栻:《关于日本民法的思考》,《环球法律评论》, 2001 年 8 月。

马作武、何邦武:《传统与变革——从日本民法典的修订看日本近代法文化的冲突》,《比较法研究》, 1999 年 6 月。

李卓:《明治民法典论争与日本的家族制度》,《天津社会科学》, 1992 年 12 月。